シリーズ・現代の世界経済 5

現代東アジア経済論

三重野文晴／深川由起子 編著

ミネルヴァ書房

『シリーズ・現代の世界経済』刊行のことば

　グローバリゼーションはとどまることを知らず，相互依存関係の高まりとともに，現代の世界経済は大きな変貌を見せている。今日のグローバリゼーションは，瞬時的な情報の伝播，大規模な資金移動，グローバルな生産立地，諸制度の標準化などを特徴としており，その影響は急激であり多様である。たとえば，一部の新興市場諸国は急激な経済発展を遂げその存在感を強めているが，他方で2008年の世界金融危機による同時不況から，いまだに抜け出せない国々も多い。国内的にもグローバリゼーションは勝者と敗者を生み出し，先進国，途上国を問わず，人々の生活に深い影を落としている。

　グローバリゼーションの進展によって世界の地域や国々はどのように変化し，どこに向かっているのであろうか。しかし，現代の世界経済を理解することは決してたやすいことではない。各地域や各国にはそれぞれ固有の背景があり，グローバリゼーションの影響とその対応は同じではない。グローバリゼーションの意義と限界を理解するためには，様々な地域や国々のレベルで詳細にグローバリゼーションを考察することが必要となる。

　このため，本シリーズは，アメリカ，中国，ヨーロッパ，ロシア，東アジア，インド・南アジア，ラテンアメリカ，アフリカの８つの地域・国を網羅し，グローバリゼーションの下での現代の世界経済を体系的に学ぶことを意図している。同時に，これら地域・国とわが国との関係を扱う独立した巻を設定し，グローバリゼーションにおける世界経済と日本とのあり方を学ぶ。

　本シリーズは，大学の学部でのテキストとして編纂されているが，グローバリゼーションや世界経済に強い関心を持つ社会人にとっても読み応えのある内容となっており，多くの方々が現代の世界経済について関心を持ち理解を深めることに役立つことができれば，執筆者一同にとって望外の喜びである。なお，本シリーズに先立ち，ミネルヴァ書房より2004年に『現代世界経済叢書』が刊行されているが，既に７年が経ち，世界経済がおかれている状況は大きく変貌したといって決して過言ではない。本シリーズは，こうした世界経済の変化を考慮して改めて企画されたものであり，各巻ともに全面的に改訂され，全て新しい原稿で構成されている。したがって，旧シリーズと合わせてお読み頂ければ，この７年間の変化をよりよく理解できるはずである。

　2011年2月

編著者一同

はしがき

　本書は，「シリーズ・現代の世界経済」の第5巻として，東アジアの経済を
テーマに刊行されるものである。刊行にあたっては，旧シリーズ「現代世界経
済叢書」の『アジア経済論』（北原淳・西澤信善編）を引き継ぎつつ，構成の骨
格も執筆陣も全面的に再構成した。本書の対象は，第2巻『現代中国経済論』
で取り扱われている中国を除く，北東アジアと東南アジアの全域である。前書
が出版された2004年は，1997年から始まるアジア金融危機の余波とそこからの
回復過程の真最中にあり，その金融的混乱への関心が強かった。その後，東ア
ジア経済は金融面の直接的な回復よりは，むしろ実物経済面の工業化による手
堅い成長を実現しつつ，2008年からの世界金融危機以降は，中国を含む域内の
生産・貿易関係の緊密化によって強靱な成長構造を形成して，世界経済の中核
の1つに躍り出た。そして2010年代に入り，一旦はそのように確立した成長構
造に様々な課題が見えはじめ，その解決に向けて踊り場に立つ段階に至ってい
る。低い付加価値率や技術革新の遅れなど従来型工業化の限界，環境との調和
の困難さ，格差の広がりと人口動態の変化に対応した再分配政策の要請などで
ある。本書は，このような東アジア経済の特徴を大きく見通すことを主眼にま
とめられている。

　そのために本書が留意したのは，あくまで経済学の分析枠組みを一貫した骨
格として据え，その足場から，東アジアの経済や成長の構造を全体として見通
すという立ち位置である。そのために，本書では類書でしばしばとられる細切
りの各国論はあえてとっていない。

　「東アジア」という領域分類に対しては，北東アジアと東南アジアの相違点，
あるいは東南アジアの内でも新興の移行経済国の特殊性などの多様性を強調す
る見方が依然としてある。しかし，本書では，むしろ経済成長と工業化のなか
でそれらの地域が有機的につながり，そしてかなりの側面で同質化がおこって
いることに着目し，この地域の経済に底通した問題を主に捉えて整理しようと
している。

本書は，以下の３部構成となっている。

　第Ⅰ部「成長と分配」では，東アジアの経済成長と工業化のメカニズムとその諸相について視点を提供する。経済成長と工業化の理論を軸に据えて東アジアの成長を考えてみるとともに，その過程で生じてきた域内・国内の経済格差の現実が示される。東アジアが過去数十年に経験した経済成長のメカニズムとその果実の光と影が，理論の骨組みのもとで理解されることを，狙っている。

　第Ⅱ部「貿易と金融」では，東アジアの経済発展を演出した主要なコンポーネントである２つの部門について詳述する。東アジアの経済活動はもともと一次産品の貿易によって彩られていた。そして1970年代以降の工業化の過程で加工貿易関係が段階的に広がってきた。それが2000年代以降，地域全域での生産工程の分散化とそれをつなぐ分厚い供給網の形成によって，貿易は生産そのものと密接で不可分の活動となり，その様相が様変わりしている。第Ⅱ部の２つの章で，その生産・貿易のダイナミズムとその理解のための理論枠組みが示される。

　東アジアは，流動化が進む国際資本移動の影響を受け続けてきた。時にそれが国内の金融部門に混乱をもたらし，不況の原因を作ってきた。1990年代終わりのアジア金融危機以降は，金融の側面がこの地域の経済の強い規定要因となっていることが認識されるようになってきている。続く２つの章では，そうした国際金融の環境変化と東アジア経済の関係，そして銀行部門を中心とする国内金融システムの問題が解説される。

　第Ⅲ部「地域統合と多様性」は，北東アジア，東南アジア，東アジア移行経済の３つから代表的な国に焦点をあてて，その経済の発展経緯の特徴と直面している課題を解説するものである。工業化が進み先進国に至った北東アジア，農業産品の生産拠点を脱して工業化を達成し中進国の段階に入った東南アジア，内戦と社会主義の遺制を克服して工業化に踏み出す移行国を，韓国，先行ASEAN4カ国（タイ，マレーシア，インドネシア，フィリピン），ベトナムに代表させてその歴史経緯を含めて鳥瞰する。そして，そうした多様な経済が，近年，ひとつの経済地域として統合されていく流れを，「東アジア地域統合」の過程としてまとめている。

　なお，巻末の基本資料と年表の作成では，小西鉄氏（大阪経済法科大学）の尽力に依るところが大きい。

　本書の刊行にあたっては，東アジアを研究対象とする多くの経済学者に参加
いただいた。本書が企画されたのは2010年代初めであったが，編者チームの管
理能力の不足により，一部の執筆者には早くから原稿を完成していただいたに
もかかわらず，刊行が大幅に遅れてしまった。各章を担当いただいた執筆者と
それを支えてくれた多くの方々に対し，編者からお詫びと，そして刊行をお待
ちいただいたことへのお礼を，申し上げたい。そして，もっとも忍耐強くわれ
われを牽引いただいたミネルヴァ書房の東寿浩さんにも感謝申し上げたい。

　最後に，本シリーズの企画を主導された神戸大学の西島章次先生と加藤弘之
先生が，その完成を見ずに故人となられてしまった。先生方に本巻の極端な遅
れをお詫びするとともに，本シリーズがついに完成したことを報告したい。

2017年7月

三重野文晴・深川由起子

現代東アジア経済論

目　次

はしがき

第Ⅰ部　成長と分配

第Ⅱ部　貿易と金融

第Ⅲ部　地域統合と多様性

序　章
新しい「東アジア経済論」を求めて

　東アジアは，もともと多様性をもった社会であり経済であるが，ここ数十年の経済発展の中で，間違いなくひとかたまりの経済圏としての共通性と集合性を形成してきた。その基礎となっているのは，日本から北東アジア，先行ASEAN諸国，そして中国へと重層的に続いた先発国からの投資と技術普及を伴う工業化の拡大過程であり，その過程で製造業そのものが複雑な生産・供給網の中で成り立つ形態に変貌し，それに各国が国境を越えて巻き込まれてきたという工業化の特性である。その結果として生まれる消費社会や文化もまた東アジアの共通性を強めている。

　このような動きは，特に2000年代に加速したもので，その過程では，日本経済の相対的な比重の低下，中国経済のそれの急激な拡大，それに次ぐ先行ASEAN諸国の成長が起きてきた。北東アジアでは所得水準の収束がほぼ達成されたが，中国経済や先行ASEAN諸国の所得水準はいまだ世界の平均程度であり，今後の余地が大きい。

　東アジア経済の分析には，従来から，基層社会の違いからくる多様な地域固有性を重視する地域研究と，地域全体としての共通性・集合性の動態に着目する経済分析の間で知見の分断がある。本書では，この地域固有性と共通性・集合性を併せ持つ東アジア経済を適切に理解できるよう，読み解く道具としての経済理論の説明に重点をおいて，解説していく。

1　地域研究と経済分析の接点

　本書は，伝統的な「東アジア経済論」に混在してきた2つのアプローチ，すなわち地域研究と経済研究の接点を，各国ではなく，「地域」に求めた，新しいタイプのテキストを目指している。

　議論を「東アジア」という空間に限定した時，そこに実現した経済発展は地域の固有性から切り離されて存在するのではない。人口や民族構成，資源賦存

といった初期条件や生活規範を含む基層社会，経路依存という意味での歴史，といった固有性は経済活動に大きな影響を与える。日本ではとりわけ自身が「東アジア」に位置し，貿易のみならず，一時期は戦争や植民地経営という形で各国と深く関わってきた。この経緯から東アジアが「政策研究」のフィールドとなってきたことが厚い地域研究の基盤を形成し，東アジア研究では，学際的な地域研究アプローチが先行してきた面がある。

　他方で，東アジアの「経済」を考える場合，この地域は中南米や中東，南西アジアなどと比べても，比較的早くから開放的な政策体系を取り，国際経済体制の一角に位置してきた。この地域の経済発展は貿易や直接投資，技術移転，金融の深化など，普遍的な市場機能の拡大・強化プロセスとして続いてきた。また1980年代の累積債務危機や，1997年のアジア金融危機など，国際収支危機からの構造改革では，地域固有性の論理とは無関係に政策が推進されたことも多かった。こうした改革の過程で統計やサーベイ，資料のアーカイブ整備が進み，マクロ・ミクロ両面における実証分析が幅広く，精緻になってきた。さらには国際機関では，大規模パネルなどによるクロス・カントリー分析によって普遍性を求める研究を進められてきた。

　この2つのアプローチはその体系や方法論で親和性に乏しかった。例えば地域研究型のアプローチは危機対応でしばしば，国際通貨基金（IMF）が示すどの国にも同じ（One-fits-all）処方箋に反発してきたが，財政・金融に限定された経済危機への処方箋では経済研究とは異なる代替政策をエビデンスをもって提示できたとは言えなかった。

　ただし，実はスレ違う2つのアプローチには奇妙にも1点の共通点がある。両者とも分析基礎の単位は結局，「国」であって，東アジアという「地域」ではなかったことである。固有性を重視した地域研究では東アジアのそれはあまりに多様で，単位が国やサブ地域に限定されるのは当然であった。他方，クロス・カントリー分析などによっても東アジアはバラつきが大きいことが多く，OECDのような統計基盤の共通化もまだそれほど進んでいない。マクロデータによる金融分析やミクロデータを使った家計分析は国・地域の個別「事例」となるか，せいぜい似た構造を持つ国との比較で終わることが少なくなかった。

2　「東アジア」経済の成立

　しかしながら，このような2つのアプローチの間の分断は，そろそろ克服されるべき段階に来ている。多様性の一方，すでに地域としての「東アジア」経済が現実に成立し，これを単位に分析する必要が生じてきているからである[(1)]。

　その第一の点は，各国や地域が，過去約50年に及ぶ地域での拡大・重層的な工業化のダイナミズムのなかで，「東アジア」として共通の開発体験を重ね，経済発展史の一部を共有しつつあることである。1960年代の日本の高度成長，1970〜80年代の韓国・台湾の高度成長，80年代後半からの先行ASEAN諸国の高度成長と90年代半ばからの中国の高度成長は，それぞれが連続した同種の経験であった。また，1985年のプラザ合意で円高修正を迫られた日本は，フルセットで国内に抱えた産業を空前の規模で東アジアに再配置し，その後を韓国・台湾が，さらにその後を先行ASEAN諸国や中国が追うという形で，先行する経済からの資金，技術の導入が連続的に域内に波及するメカニズムによるスパートがアジア金融危機まで続いた。1997年にタイで始まったアジア金融危機が，東アジア中に急速に伝染した事実は，ある側面からみれば，この地域で生まれてきた各国の輸出構造の類似性や競合性の1つの証左になったとも言える。この過程を通じて，東アジア経済はさらに一体化したものとして強く認識されるようになった。やがて危機後は中国がWTOに加盟すると共に地域の経済大国として急速に浮上した。中国は経済規模で日本を追い抜き，輸入アブソーバーとしてのみならず，資金や技術の出し手ともなり，かつての日本中心の時代と似たメカニズムがASEANの後発国であるカンボジア・ラオス・ミャンマー・ベトナムのCLMV諸国に向けて波及しつつある。

　第二は，この重層的メカニズムによって市場統合が現実のものとなった点，つまり「東アジア経済」圏の成立にある。2015年時点で東アジアのGDP総額は世界全体の26％を占めるに至り（後述の**図序-1**参照），今後も世界で最も成長可能性の高い経済圏として見込まれている。成長の過程で，域内の貿易関係は極めて複雑で重層的な相互依存関係を持つようになった。これは2000年代以降の製造業の生産技術が，運輸・通信費の劇的な下落もあって，生産工程ごとの分業が極めて細分化され，かつ外注化も進んだこと（fragmentation）と表裏を

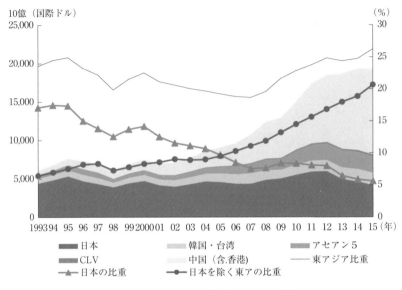

10億（国際ドル）
25,000

20,000

15,000

10,000

5,000

0
1993 94 95 96 97 98 99 2000 01 02 03 04 05 06 07 08 09 10 11 12 13 14 15（年）

（%）
30

25

20

15

10

5

0

■ 日本　　　　　　■ 韓国・台湾　　　　　■ アセアン5
■ CLV　　　　　　■ 中国（含.香港）　　　── 東アジア比重
─▲─ 日本の比重　　　─●─ 日本を除く東アの比重

図序-1　東アジア地域の名目GDPの推移

注：ミャンマー，ブルネイ，東チモール，北朝鮮を除く。

出所：World Development Indicator, World Bank, 2016（台湾についてはSDDS, Central Bank of the Republic of China（Taiwan））.

成して東アジア全域にわたる生産・供給網（supply chain）が形成されてきたことによる。いまや，生産が不可分となった複雑な取引の網が東アジア全域に広がっている。

　以上のような貿易・生産両面での結びつきは経済政策の協調の必要と機運を生み出し，市場主導型の統合を制度化した「経済統合」を志向する動きにつながってきた。ASEAN経済共同体（AEC）やASEAN＋3（日中韓）による政策協調などがその例である。アジア金融危機後の東アジアはほぼ貿易・直接投資の自由化のみならず，資本市場の自由化やドル・ペッグからの離脱，変動相場制への移行を終えており，中国やベトナムなどのASEAN後発国も同じ方向性にある。経済体制全般に及ぶ制度的収斂が見えてきたことは地域協力機構の整備を後押ししてきた。ASEANではASEAN共同体（AEC）のような貿易を越えた包括的な統合が希求され，ASEAN＋3のアジア金融協力のようなマクロ金融政策における協力，経済法分野での協調にも及んでいる。やがて経済圏としての東アジアの台頭は，環太平洋戦略的経済連携協定（TPP）や東アジア地域

包括的経済連携（RCEP）のような他地域を巻き込んだメガ自由貿易協定（FTA）の中軸地域となっていることからも，みることができる。

　第三の点としては生産構造面でのつながりがさらに，都市の生活文化や消費・投資行動にも共通性を生み出し，市場統合を促していることがある。もともと東アジアはエレクトロニクス産業の集積が大きいため，安価なハードウェアの供給力があり，通信の規制緩和が進むと，世界的にみてもIT化が速く浸透し，SNSなど情報プラットフォームの共通化が進んでいる。インターネット統制が強化された中国でさえ，中国独自のプラットフォームが形成され，むしろ巨大市場を背景に，決済から流通までフィンテックなどを含んだサービスや，シェアリング・エコノミー，モノのインターネット（IoT）化では中国は世界をリードする側に回りつつさえある。IT化は都市化が進む東アジアの消費や投資構造の同質化という点で今後とも新たな推進力になるとみられている。

　また，情報共有とともに，東アジアでは人的な移動の膨脹も拡大している。日本を先頭に東アジアでは人口動態の高齢化までが重層的に進展しており，巨大人口を抱えた中国までがすでに労働人口減少局面にある。韓国が日本以上の外国人労働者を受け入れているなど，域内での労働力移動は今後も拡大するだろう。他方，日本や中国のみならずASEAN先発国でも富裕層の多くは海外旅行を楽しむようになり，人の移動がIT化と共に消費パターンを変え，市場の一体化を促進しつつある。未曾有の訪日観光客を日本に送り出してきた中国では制度の変更もあり，訪日時の爆発的な消費は下火となったが，代わって日中間での電子商取引（E-commerce）が急速に拡大し，観光目的は文化イベントにシフトするなどの変化が観察されている。東アジアの生産ネットワークは中間財中心に拡大し，最終財の輸出という意味ではまだ域外とのつながりが深い。しかしながら，人の移動を伴う経済のサービス化と国境を越えた取引の拡大は文化や距離の近さといった固有性があり，消費面でも面としての「東アジア経済」成立を後押していく動きもみられる。

3　成熟に向かう「東アジア」経済

　では「東アジア経済」は現在，どのような姿となっているのだろうか。図1は，東アジア諸国の1990年代初めからの名目GDPの推移を示している。2000

年初め頃まで全体としては大きな増加はみられなかったものが，2000年代半ば以降急速な増加に転じて高度成長軌道に乗る。急速な成長は2010年代初めまで続き，ここ4，5年は再び成長が緩やかになっている。各国別でみると2000年代の中国の成長が著しく，2000年代初頭に成長が加速し，世界金融危機の2008年頃を境に一気に経済規模を拡大して，人口規模に見合う存在感を示すようになっている。規模の面で中国ほど目立たないが，先行ASEAN諸国も2000年代半ば以降に大きな存在になっていることもわかる。韓国・台湾にも継続的な成長傾向がみられる。

　東アジア経済の世界に占める名目GDPの比重はさほど変化しておらず，むしろ下降する時期もあるが，これは日本経済の比重の低下によるものである。日本の名目GDPはこの20年間ほどほとんど横ばいで，世界に占める比重は17％から5％への継続的に低下してきた。中国などその他のアジアがそれを埋める形で成長してきたのである。

　東アジア内のGDPの内訳をもう少し詳しくみてみよう。**図序-2**は，1990年代からの地域のGDP（名目，国際ドル）の構成比を整理したものである。一番左側には人口構成比（2010年）も記されている。1990年代には地域のGDPの約4分の3を日本が占めていたものが，2000年代からの中国の急成長によって2010年にはほぼ同等になり，直近では中国に凌駕されるに至っていることがわかる。しかし，日本を例外として，その期間ほかのアジア諸国の比重は微増傾向にあることもまた重要である。中国の急速な経済発展と同軌道で，北東アジア，先行ASEAN諸国もまた急成長を遂げ，最近ではインドシナ諸国もこれに続いている。

　このようななかで，標準的な「豊かさ」を示す1人あたりGDP，はどのような水準にあるのだろうか。**図序-3**は，ドル建ての購買力平価で2015年の1人あたりGDPを測り日本を1として標準化したものである。都市国家のシンガポールと香港は日本の1.5〜2倍の水準に達している。韓国もすでに日本と同等の所得水準に至っており，台湾は日本よりむしろ高いことがわかる。北東アジアにおいては経済水準は収斂の段階にすでに至っているとみることができる。先行ASEANの4カ国にはかなりの格差がある。日本の70％程度に迫るマレーシアを筆頭に，タイがその半分あまり，インドネシアはさらにその半分程度になる。フィリピンは後発グループのベトナムとの差が小さくなっている。

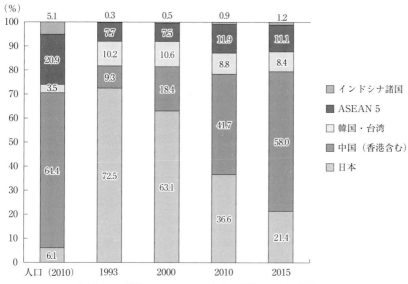

図序-2　地域の人口・GDP(名目，国際ドル）の構成比

注：ミャンマー，ブルネイ，東チモール，北朝鮮を除く。
出所：図序-1と同じ。人口についてはStatistical Database System, Asian Development Bank,（台湾については
　　　SDDS, Central Bank of the Republic of China（Taiwan））.

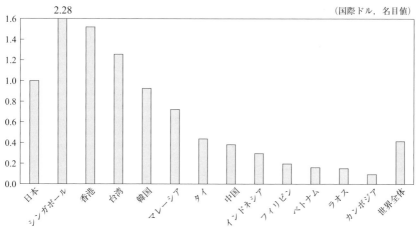

図序-3　1人あたりGDPの比較（購買力平価）

注：シンガポールについては数値で表示。
出所：World Development Indicator, World Bank, 2016,（台湾はWorld Economic Outlook Database, IMF, 2016）.

急成長を遂げる中国も，1人あたりGDPの水準でみると日本の40％程度で，タイに近い水準であることがわかる。偶然にもこのあたりの水準が世界全体の平均である。

4　本書の構成

　本書は，東アジアの急速な成長や経済圏の形成をもたらしたメカニズムを，経済学の観点から読み解いていく。第Ⅰ部「成長と分配」では，東アジアの経済成長と工業化のメカニズムについての視点が理論の骨組みのもとで説明される。第1章「東アジアの経済成長」（東郷賢）では，経済成長理論に基づいた東アジア経済の成長の特徴が示され，ガバナンスや教育など東アジアの成長論に関わる様々な論点を取り上げる。第2章「工業化政策と経済発展」（横田一彦）では，産業発展に焦点をあて，工業化の理論を軸に据えて東アジアの成長を解説する。規模の経済や技術移転といった基本概念を検討し，あるべき工業化政策が論じられる。第3章「経済格差と所得格差」（三浦有史）では，成長に伴って現れてきた経済格差の現実を俯瞰し，あわせて経済格差を生み出すメカニズム理論の理解を試みる。格差の是正には時間がかかることを前提に，是正のために市場統合のますますの深化や社会的セーフティーネットの整備・充実が重要であることが解説される。

　第Ⅱ部「貿易と金融」では，東アジアが経済発展を遂げた1980年代以降，大きな変貌を遂げた2つの部門の特性から，この地域の経済発展を読み解く。第4章と第5章は貿易・生産システムの部門に関するものである。2000年代以降，東アジア域内での製造業は，生産工程の分散化（fragmentation）とそれをつなぐサプライチェーン網の形成という国際分業の進化によって，貿易は生産そのものと不可分なものへと変質した。第4章「国際的生産ネットワーク」（木村福成・安藤光代）では，東アジアの成長の基盤となったこのような生産様式の変貌と，それを捉える産業集積の理論，そして産業の高度化をはかるための政策のあり方が解説される。第5章「東アジアにおける産業集積」（熊谷聡・黒岩郁雄）では，東アジアでみられた先発国から後発国への産業移転を通じた経済発展という考え方を，東アジアの事例による理論的な検証をする形で説明する。伝統的な「雁行形態発展理論」と最近の空間経済学の考え方の比較やその共通

点が解説され，それをふまえて，先進国への生産拠点の逆流といった最近の新しい動きについての解釈も示される。

　第6章と第7章は金融部門に関するものである。東アジアは，流動化が進む国際資本移動の影響を受け続けてきた。時にそれが国内の金融部門に混乱がもたらし，経済成長の阻害要因となってきた。最近では，金融の側面がこの地域の経済の重要な制度課題であることが深く認識されるようになってきている。第6章「国際金融環境と東アジア経済」（金京拓司）では，このような国際金融市場の資本移動の環境のトレンドと，それが東アジア経済にもたらした影響と混乱について，アジア金融危機や世界金融危機の2つのイベントを中心に解説し，さらにそうした混乱をさけるためにアジア諸国が取り組んできた枠組みを紹介する。つづく第7章「東アジアの金融システム」（奥田英信）では，この国際金融環境と国内のマクロ経済をつなぐ金融のもう1つの論点である，銀行部門や証券市場，そして企業金融の問題を中心に金融システムのあり方が解説される。金融システム発展の基本理論をふまえて，特に北東アジアと比較した時の東南アジアの金融システムの特性が示され，その上で各国ごとの違いも整理される。

　第Ⅲ部「地域統合と多様性」では，北東アジア，東南アジア，東アジア移行経済からそれぞれ代表的な国に焦点をあてて，その経済の発展経緯の特徴と直面している課題が論じられる。第8章「経済発展の『北東アジアモデル』──韓国の事例を中心に」（深川由起子）では，工業化の末に先進国に至った北東アジアの代表例として韓国に焦点をあてている。1980年代にいわゆる「新興工業化経済」（NIEs）の世代として登場し，政府主導で経済発展がはかられた韓国経済の特徴とそれが抱える問題について解説される。第9章「東南アジア経済──ASEAN4カ国の成長経路」（三重野文晴）では，農業産品の生産拠点を脱して工業化を達成し中進国の段階に入ったタイ，マレーシア，インドネシア，フィリピンの4カ国の経済成長と成長戦略を比較検討する。ここでは，北東アジアと異なり，当初は豊かな天然資源や農産物に依存し，しかもそれぞれに多様な環境下にあった4カ国の産業発展戦略が，試行錯誤を繰り返しながらもそろって民間・直接投資主導の輸出工業化にシフトして，高度成長が実現されていく過程が解説される。第10章「東アジアの移行経済──ベトナムの発展成果と制度的課題」（トラン・ヴァン・トゥ）では，CLMV諸国の先行的な一事例と

してベトナム経済を取り上げている。ベトナムが1つの典型として抱える旧社会主義体制からの移行経済としての経済課題が，経済改革と経済制度の整備の観点を中心に解説される。

　最後に，第11章「東アジアの経済統合──ASEAN経済共同体（AEC）の創設とRCEP」（清水一史）では，こうした多様な背景をもつ各国が相互関係を深めて経済圏を形成し，今日，経済統合に向かっていく様を見ていく。経済統合は，多国間・二国間の自由貿易協定や経済共同体の形での取り決めによって実体化していくが，その過程自体が重層的でまた競合や補完の関係にあることが，詳細に説明される。

　このように本書は東アジア経済が持つ多様な側面を取り扱っているが，教科書の性質として，各分野・地域の問題を述べるにあたって，できるだけ関係する経済理論を丁寧に解説し，その応用としての東アジア経済の解釈を記述するよう心がけた。その意味で，本書は東アジア経済の教科書であるとともに，東アジアを題材とする経済発展論の教科書でもあり，東アジア経済に関心を持つ人のみならず，幅広い読者に興味を持ってもらえるものではないか，というのが編者らのささやかな期待である。

●注
（1）　シリーズ「現代の世界経済」では，中国（第2巻）と日本を，東アジアと区別して取り扱っている。しかし，実態として東アジア経済の共通性と集合性は中国と日本と不可分な側面があるので，序章ではこれらの国の位置づけ含めて述べたい。

（三重野文晴・深川由起子）

第Ⅰ部

成長と分配

第 1 章
東アジアの経済成長

　本章では経済成長に関する研究の流れを概観し，その上で東アジアの経済
成長の要因を考察する。経済成長に関する研究は1980年代半ばに世界各国の
実質所得を比較可能にするデータ・ベースが整備されたことから，一気に加
速し現在に至っている。1980年代半ば以前は理論モデルより導かれる「所得
の低い国は成長率が高い」という仮説が実証的証拠も無いまま信じられてき
た場合もあったが，1980年代半ば以降，その仮説は否定され，経済成長の要
因を探求する研究が精力的に行われてきている。東アジアの国々は日本も含
め，途上国から中進国，先進国に発展してきた。東アジアの国々の成長の過
程を精査することは，経済成長の要因分析に手がかりを与えることになる。
近年の研究で成長要因として指摘されている「ガバナンス」，「教育」につい
ては高成長の東アジア諸国が必ずしも他国よりも優れていたとは言えず，
「リーダーシップ」については韓国やシンガポールなどの顕著な例はあるもの
の，ほかの高成長国については必ずしもあてはまらない。経済成長をもたら
す要因については，まだまだ議論・研究が続いている。

1　はじめに——東アジア経済と経済学

　初めに，東アジア経済を読み解くために経済学がどのようなアプローチをと
るかについて，簡単に紹介しておきたい。経済学とは「世の中の仕組み」を分析
する学問で，世の中の仕組みを表す抽象的な理論モデルを構築し，その理論モ
デルより導かれた仮説をデータで検証し，そのモデルの正しさを判断する。理
論モデルの構築を理論研究，データによる検証を実証研究という。この作業の
結果，正しいとされた理論モデルが生き残っていき，世の中の仕組みを少しず
つ解明していくこととなる。このとき，理論モデルは数学をベースに構築され，
データによる検証は統計的手法を用いて行われることが多い。このようなアプ

ローチゆえに経済学は社会科学のなかで最も理系に近い学問といわれている。

　本章のテーマである経済成長について言えば，所得の成長メカニズムについて理論モデルを組み立て，それより得られる仮説，例えば「所得の低い国の方が経済成長率は高い」といった仮説を実際の各国のデータを用いて検証することとなる。

　現時点で経済成長の仕組みを一筆書きのように簡潔に説明できるモデルは未だ発見されていない。この意味で，上で述べた「理論モデル構築」→「仮説の導出」→「統計的検証」という地道な作業が，経済成長を研究テーマとする世界中の研究者によって日々鋭意行われている状況である。

　以下では経済成長モデルおよびデータによる検証結果の変遷を紹介し，そのなかで東アジアの成長経験がどのような位置づけになっているかを簡潔に紹介する。東アジア諸国の多くは途上国として出発し，高成長を遂げた国が多く，この意味で経済成長のメカニズムを考察する上で大変重要なサンプルとなっている。

2　経済成長モデルとデータ検証の変遷

（ 1 ）　ソロー・モデル

　経済成長を説明するモデルはいくつもあるが，ここでは最も有名なソロー・モデルについて紹介することとしたい。ソロー・モデルは米国のマサチューセッツ工科大学（MIT）のロバート・ソロー（Robert Solow）教授が1956年に書いた論文（Solow, 1956）の中で紹介されたモデルである。以下，そのエッセンスを紹介する。より詳しい内容については東郷（2008）を参照されたい。

　このモデルでは生産関数というものを想定する。これは世の中全体で財が生産されるメカニズムを数式で表したものである。具体的には，以下の（ 1 ）式がその生産関数である。

$$y = f(k) \tag{1}$$

　ここでの y は労働者 1 人あたり財の生産量をあらわし，k は労働者 1 人あたりの資本ストックの量を表す。「財」とは経済学の術語で商品を意味し，例え

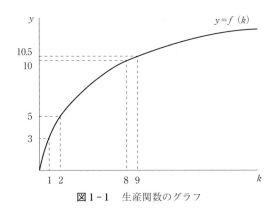

図 1-1　生産関数のグラフ

ば，自動車，テレビ，きゅうり，などすべての商品を抽象化したものである。
資本ストックとは，実際に生産に使う機械や道具などの総称である。

　右辺の$f(k)$は関数を表す。関数とは高校の数学の授業で学んだように，xの
値を決めてやればyの値も一意的に決まるという関係を数式であらわしたもの
で，高校では$y=f(x)$と表した。（1）式は労働者1人あたりの資本ストックの
量kを決めてやれば，労働者1人あたりの生産量yが一意的に決まるというこ
とを示している。

　例えば，Aという工場の生産関数であれば，労働者2人，機械4台でラジオ
を10台生産している場合，1人あたりの生産量は$10 \div 2 = 5$（台），1人あた
りの資本ストックは$4 \div 2 = 2$（台）となり，$5 = f(2)$となる。生産関数は
個々の工場に関しても考えられるし，日本という一国に関しても考えることが
できる。

　この（1）式をグラフで表したのが，**図 1-1**である。ここで注意しなけれ
ばならないのは，この関数が上方に丸みを帯びたカーブになっていることであ
る。なぜこのような丸みを帯びたカーブになるのか。それは，生産要素の限界
生産力は逓減すると想定しているからである。逓減とは「次第に減少」するこ
とである。

　経済学でいうところの「生産要素」とは生産のために使用されるもので，こ
こでは労働者と資本ストックを想定している。「限界生産力」とは，この生産
要素を1単位増やしたとき，それによる生産物増加がどのくらいであるかを意

味する。例えば，いま労働者1人あたりの資本ストック（つまり機械）の量を1単位から2単位に増やしたとき，労働者1人あたりの生産物が3単位から5単位に増えれば，そのときの資本ストックの「限界生産力」は2単位となる。

この「限界生産力」が生産要素の量を増やすにしたがって，減少していく状況を「限界生産力が逓減していく」という。図1-1でいえば，資本ストックが1単位の時は，限界生産力は2単位だったのに，資本ストックが8単位の時は労働者1人あたり生産量が10単位で，これを資本ストック9単位にしても生産量が10.5単位にしか増えない，即ち限界生産力が0.5となる，という状況である。

なぜ，限界生産力が逓減するのか。これは例えば，労働者1人でいままで1台の機械を使用していたのが2台になれば，増えた1台を有効に使って生産がさらに拡大すると考えられるが，すでに労働者1人が8台の機械を使用していた状況で，さらに1台増えて9台になっても，この1台増加分の生産への貢献は小さいと考えているからである。

ソロー・モデルでは，この生産要素の限界生産力逓減を特徴とする生産関数が一国全体の生産メカニズムを表していると考える。そして，生産されたものは必ず誰かに購入され，生産者の所得になると想定し，経済成長モデルを表した。労働者は生産に従事し，そこで得た所得の一部分を貯蓄し，その貯蓄は新たな資本ストックの購入に使用される。そして，資本ストックの増加は，生産の増加につながるので，「①資本ストックの増加」→「②生産の増加」→「③所得の増加」→「④貯蓄の増加」→「①資本ストックの増加」→「②生産の増加」→……という循環的なメカニズムが発生すると考える。

ただし，ここで注意しなければならないのは，労働者が増加する（あるいは減少する）可能性である。いま，労働者4人で機械を20台使用していれば，1人5台の機械を使用していることとなるが，労働者が25％増えて5人になれば，1人4台の機械を使用することとなり，1人あたり労働者の生産は以前より減少してしまう。前と同様に1人5台の機械を使用するためには，機械の数を同じく25％増やし25台としなければならない。

つまり，**図1-2**の循環的なメカニズムのなかで，「④貯蓄の増加」→「①資本ストックの増加」となるかどうかは，この「貯蓄の増加」が「労働者の増加」を上回ったときのみとなる。もし，「労働者の増加」が「貯蓄の増加」と

図1-2　ソロー・モデルの経済成長メカニズム

等しくなれば，資本ストックの量は現状維持となる。

　ここで，先ほどの生産要素の限界生産力逓減が効いてくる。限界生産力が逓減するということは，その結果発生する所得の増加も逓減し，所得が逓減すればその一部分である貯蓄もさらに逓減することを意味する。貯蓄が労働者増加による労働者1人あたりの資本ストック減少分を埋め合わせる金額に到達すると，そこで経済は定常状態となる。上の例でいえば，労働者25％の増加による労働者1人あたりの資本ストック減少分を埋め合わせるだけの資本ストック25％増を実現できる貯蓄になったとき，1人あたり資本ストックの量は一定となり，経済はそこで拡大もしなければ，縮小もしないという安定的な状態になる。このような状態を定常状態と呼ぶ。

　このソロー・モデルからどのような仮説が得られるであろうか。それは，「1人あたり所得が低い国の経済成長率は高く，1人あたり所得の高い国の経済成長率は低くなる」という仮説である。この仮説をグラフで示したものが**図1-3**である。$\Delta y/y$のΔはギリシア文字でデルタと読み，増加分を表す。したがって，$\Delta y/y$は1人あたり所得の成長率ということである。図1-3では，1人あたり所得が300ドルのときは，4.5％成長，700ドルのときは2.5％となり，やがて1,200ドルのときにゼロ成長となる。これはAという国が1960年には所得300ドルで4.5％成長を遂げ，1980年には所得700ドルになり成長率は2.5％に低下する，と考えても良いし，すべての国で生産関数が同一とすれば，1960年にA国は1人あたり所得が300ドルで4.5％成長，同じ年にB国は所得700ドルで成長率2.5％と考えても良い。後者の場合，この仮説はすべての国がある一定の所得水準に「収束，または収斂」していくことを意味するため収束仮説と呼ばれている。

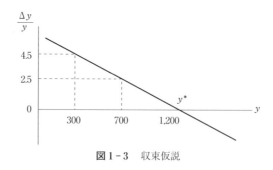

図 1 - 3　収束仮説

　なぜ，ソロー・モデルでは「1人あたり所得が低い国の経済成長率は高く，1人あたり所得の高い国の経済成長率は低くなる」のであろうか？　これは，（1）式の生産関数より1人あたり資本ストックの低い国は1人あたり生産額も低くなる。人々の所得は，生産したものを売って得られることから，1人あたり資本ストックが低いときは，1人あたり所得も低くなる。ただし，資本ストックが低いときは限界生産力が大きいので，生産増加は大きい。即ち所得の増加も大きい。限界生産力逓減より，資本ストックが大きくなれば，生産の増加は小さくなり，所得の増加も小さいということである。このように，収束仮説が正しければ図1-3のような所得と成長率の関係となる。

（2）　収束仮説の検証

　この収束仮説の検証が1980年代後半から始まった。1986年にボーモル（Baumol）は，英国，米国，日本など先進国16カ国の1870年から1979年までのデータを使用して，各国の1870年における労働者1時間あたりの生産額と，その後の成長率のグラフを描いたところ，右下がりになっていることを確認した（Baumol, 1986）。つまり，収束仮説はデータで支持されるということである。

　図 1 - 4はボーモルが使用した国（ドイツを除く）について，1960年の労働者1人あたり実質所得と1960年から1996年の労働者1人あたり所得の平均成長率の関係をグラフにしたものである[(1)]。やはり，収束が生じていることが伺える。

　しかし，このボーモルの研究に対し，1988年にデロングは他の国々も含めると，収束は生じていないと反論した（De Long, 1988）。実際，他の国々をサンプルに含めて同じグラフを描くと，確かに収束は生じていない。**図 1 - 5**は図

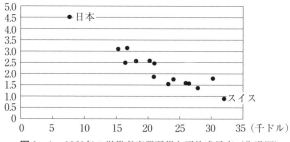

図 1-4　1960年の労働者実質所得と平均成長率（先進国）

注：労働者 1 人あたりの実質所得は1996年ドル基準の値，平均成長率は
1961〜96年の値。
出所：Penn World Tables.

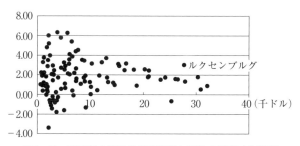

図 1-5　1960年の労働者実質所得と平均成長率（全世界）

注：労働者 1 人あたりの実質所得は1996年ドル基準の値，平均成長率は
1961〜96年の値。
出所：Penn World Tables.

1-4 と同じ期間で対象国をデータが利用できるすべての国に広げたものである。

　このようにしてすべての国を対象とすると，収束仮説は否定された。図1-5を見てわかるとおり，所得の低い国でも成長率が低い国が数多く存在する。

　しかし，ボーモルが発見したように現在の先進国グループのなかでは収束仮説が成立している。ひょっとするとある種の同じような特性をもった国のグループの中では収束仮説は成立しているのかもしれない。実際，図1-6のグラフはいくつかの途上国のデータを使用して，同じグラフを書いてみたものである。多少ばらつきはあるものの，収束傾向があるようにみえる。

　しかし，ボーモルの使用した国と上の途上国のデータを一緒にするとどうな

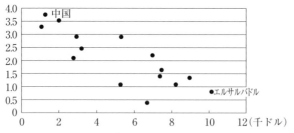

図 1 - 6　1960年労働者 1 人あたり実質所得と平均成長率（途上国の一部）

注：労働者 1 人あたりの実質所得は1996年ドル基準の値，平均成長率は1961～96年の値。

出所：Penn World Tables.

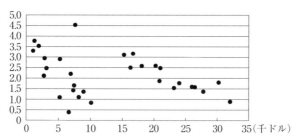

図 1 - 7　1960年労働者 1 人あたり実質所得と平均成長率（先進国と途上国の一部）

注：労働者 1 人あたりの実質所得は1996年ドル基準の値，平均成長率は1961～96年の値。

出所：Penn World Tables.

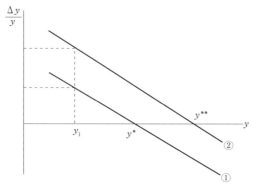

図 1 - 8　条件つき収束

るか？　**図1-7**は図1-4と図1-6を足したものである。全体としては収束しているようには見えない。

　つまり，これは全体としては収束していなくても，何らかの条件で国をグループ分け（あるいは調整）することができれば，その中では収束している可能性があるということである。このような収束を条件つき収束という（条件がついていない収束をこれと区別するために絶対収束ということがある）。条件つき収束をグラフで表すと，**図1-8**のとおりとなる。①と②は異なるグループの収束経路を示しており，辿り着く先の所得も②のグループの方が高い（y^{**}）。同じy_1の所得のときでもグループ②に属する国はグループ①に属する国よりも成長率は高くなる。このグループ分けの「条件」とは何か，というのが現在の実証研究の大きなテーマとなっている。

（3）　新成長理論

　収束仮説では所得の高い国はゼロ成長に近づいていくはずだったが，先ほどの図1-5をみてわかるとおり，ルクセンブルグのように高所得国でも持続的な成長を遂げている国があることが発見された。この事実をふまえ，1980年代後半から持続的成長を説明する新成長理論（あるいは内生的成長理論）と呼ばれる理論モデルが続々と発表された。いくつものモデルが発表されているが，ここではノーベル賞受賞者であるシカゴ大学のルーカス教授によるモデルを紹介する（Lucas, 1988）。

　ルーカスは，物的資本と人的資本という2種類の資本ストックを想定し，両者が補完性を持つモデルを考えた。物的資本とは今まで考えてきたような，機械や設備といったもので，人的資本とは労働者に備わっている知識のことである。これは，勉強することによって増加すると考える。「物的資本と人的資本に補完性がある」とは，同じ機械でも知識の高い労働者が使用すれば，生産量がより多くなることを意味する。これは，（2）式の生産関数によって表される。hは労働者1人に備わっている人的資本，すなわち知識の量を表す。

$$y = f(k, h) \tag{2}$$

　この（2）式をグラフで表すと，**図1-9**のとおりとなる。同じ1人あたり

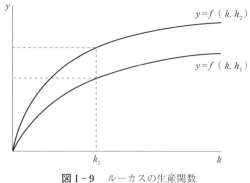

図 1-9　ルーカスの生産関数

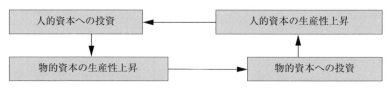

図 1-10　持続的成長のメカニズム

物的資本（k_1）でも，１人あたり人的資本が高い経済のほうが，生産量が大き
くなることを表している（$h_1 < h_2$）。

　物的資本と人的資本の間に補完性があると，人的資本への投資（勉強）をす
ると，同じ機械でもより多くの生産が可能となり，物的資本（機械）の拡大を
することが望ましくなる。物的資本が拡大すると，同じ人的資本であっても生
産が拡大するので，さらに人的資本を増やすことが望ましくなる。ルーカス・
モデルでは，このような循環的なメカニズムが働き，これが持続的成長をもた
らすのである。**図 1-10**における生産性とは，物的資本，人的資本それぞれ１
単位あたりの生産量のことである。

　ルーカス・モデル以外にも持続的成長を説明する多くの理論モデルが構築さ
れている。例えば，政府支出と資本ストックの間の補完性を想定したハーバー
ド大学のバロー教授によるバロー・モデルなどがある（Barro, 1990）。

　現在のところ，これら新成長理論のうち，どのモデルが最も現実を表してい
るか決着はついていない。しかし，持続的成長が生じている以上，新成長理論
が提示しているメカニズムが働いている可能性はある。

（4）　近年の実証研究

1980年代後半以降，実証研究により絶対収束は否定され，条件つき収束の可能性が示された。ただし，経済成長や所得水準を決める「条件」については，未だ多くの研究者が納得するものは得られていない。具体的には「教育」，「地理」，「民族の分裂」，「制度」，「ガバナンス」，「リーダーシップ」など様々な要因が「条件」の候補として挙げられ，様々な実証分析が数多く発表されてきている。ここでは，以下簡潔にそれら研究成果について紹介する。詳しい解説は東郷（2009）を参照されたい。

例えば，バロー教授は「革命およびクーデターの頻度」，「政治的暗殺の頻度」が成長率に負の影響を与えていることを示し，この政治的不安定さが財産権に負の影響を与え，その結果として成長率に影響を与えていると主張した（Barro, 1991）。ナックとキーファーは，バローより一歩進んで財産権などに関する「制度」の指標を直接データ分析に使用し，財産権の保護の程度が高い経済ほど高成長であることを示した（Knack and Keefer, 1995）。

良い「制度」が経済成長に重要であるという研究を受けて，それでは良い制度とは何によって決まるのか，という分析を行ったのがラポルタらである。彼らは「民族言語の多様性」，「法の起源」，「宗教」，「緯度」などを候補に分析を行った。その結果，貧しく，赤道に近く，民族言語が多様で，フランスか社会主義起源の法律を使用し，カトリックかイスラムの人が大部分であると政府の質は悪い，と結論づけている（La Porta et al., 1999）。

ラポルタらの研究での「法の起源」とは，実際には途上国に入植した人が誰であるか，ということを意味する。つまり，フランス人が入植すればフランスの法を起源とした法が現地で採用され，イギリス人が入植すればイギリスを起源とする法が現地で採用されるということである。

この研究を受けて，MITのアセモグルらは，誰が入植したかではなく，入植時の環境がその後の経済発展に重要である，という研究を発表した（Acemoglu et al., 2001）。具体的には入植時の環境が悪く（例えばマラリヤの被害や高温多湿などで）死亡率が高いと，入植者はできるだけ短期間でその土地から利益を得ようと，その土地や国民から奪取できるような制度を作り，入植時の環境が良く死亡率が低ければ，永住を意図して自らが暮らしていた西洋と同じような制度を作り，その制度の違いがその後の経済パフォーマンスを決めるとい

うのである。

　上記のような様々な研究は，最先端の統計手法を使った研究が多く，統計手法の知識の少ない学者や一般の人にとっては，彼らの導いた結論があたかも絶対的な「真実」かのような認識を持たせる。しかし，実はその分析手法を精査していくと様々な問題点が存在する研究も少なくない。

　グレーサーらは上記実証分析の手法に問題ありとして，自らのデータ分析により制度ではなく「教育」のほうが所得水準に重要であることを示した。彼らは，貧しい国はしばしば独裁者による良い政策によって貧困から抜け出し，そのあとに政治制度が改善されているのである，と主張している（Glaeser et al., 2004）。

　ジョーンズとオルケンは，この独裁者による良い政策に着目した研究を発表している。彼らによれば，民主的な制度の下ではリーダーシップは経済成長に影響を与えないが，独裁制の下でのリーダーシップは明らかに経済成長率に影響を与えているとのことである（Jones and Olken, 2005）。つまり，民主的制度はジンバブエのムガベの暴走を止めることができるかもしれないが，韓国の朴正熙による高成長をもたらした経済政策は民主的制度の下では実現されなかった可能性があるということである。

　以上が近年の経済成長をめぐる実証分析のうち，興味深いものである。これらからわかるように，経済成長をもたらす要因について，未だ頑健な実証結果は出ていない。しかし，多様な観点から，成長の決定要因を探る努力がなされていることがわかる。

3　東アジアの経験と成長研究

　台湾，韓国，シンガポールなどの東アジア経済の高成長は「東アジアの奇跡」と呼ばれている。これら諸国の経験は，上記の近年の経済成長に関する研究とどの程度整合的であるか，以下で考察する。

（1）　東アジアのガバナンス

　経済成長の決定要因として「制度」の重要性を示唆する研究が多い。この場合の「制度」とは財産権の保護であったり腐敗の少ない政府であったり，研究

表1-1　東アジアとラテン・アメリカの教育と経済成長

	1970年 平均就学年数（年）	1970年代1人あたり 所得平均成長率（％）
アルゼンチン	5.88	1.08
チ　リ	5.48	1.33
香　港	5.11	6.68
韓　国	4.76	5.50
台　湾	4.39	7.69
シンガポール	3.74	7.56
タ　イ	3.54	4.54
メキシコ	3.31	4.11
マレーシア	3.05	7.18
ブラジル	2.92	6.09

出所：平均就学年数はBarro and Lee Dataset，1人あたり所得成長率はPenn World
Tablesより。

者によって「制度」の様々な側面に焦点をあてた研究がなされている。この
「制度」と同じような意味でつかわれる言葉として「ガバナンス」という言葉
がある。「ガバナンス」とは日本語では「統治」あるいは「統治能力」と訳さ
れることが多いが，その実，具体的に何を指すのか曖昧な言葉である。しかし，
経済成長や援助の研究において「ガバナンスの良い国は経済成長率が高い」と
か「ガバナンスの良い国に援助を供与すると効果が大きい」という主張がよく
なされる。

　援助を供与する国際機関である世界銀行は独自にガバナンス指標を作成して
いる。このガバナンス指標は，政府の効率性や腐敗の状況，政治プロセスや腐
敗の程度など6つの観点から各国のガバナンスのレベルを表したものである。
ところがキブリアによると所得水準の違いを考慮すると，ガバナンス指標の値
が低い国のほうが（具体的には中国，韓国，ベトナムなど），ガバナンス指標の高
い国（香港，インド，マレーシアなど）よりも成長率が高いことが示されている
（Quibria, 2006）。

（2）　東アジアの教育

　東アジアの国々が発展の初期段階において教育レベルが高かったかというと，
そうでもない。**表1-1**は東アジアとラテン・アメリカの代表的な経済につい
て，1970年の平均就学年数と1970年代を通じての平均成長率を示したものであ

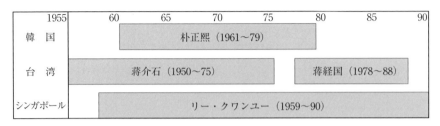

図1-11　高成長アジアの長期政権

る。1970年代を選択したのは，東アジア経済が発展経路に乗り始めたのが1970年代であることと，比較対象のラテン・アメリカ地域は1980年代になると債務危機のために成長率が大きく低下してしまうからである。これをみると，平均就学年数が5.88年と一番高いアルゼンチンが平均成長率は1.08％と一番低く，一番成長率の高かった台湾は，平均就学年数4.39年と特別高いわけではないことがわかる。

（3）　東アジアのリーダーシップ

　高成長を遂げた東アジアの特徴として，その多くが長期政権であったという点が挙げられる。**図1-11**にそれぞれの政権の実質的な年数を示している。

　韓国の朴正煕は1961年にクーデターにより政権に就き，1979年に暗殺されるまで18年間政権に就いている。蒋介石も1949年12月に台湾へ到着したのち，1975年に死去するまで25年間も政権に就き，さらには1978年から息子蒋経国が10年間政権に就いている。リー・クワンユーは1959～90年までという長期にわたって政権に就いており，2015年に死去するまで顧問相（Minister Mentor）として影響力を維持した。息子リー・シェンロンも2004年8月から現在まで政権を担っている。このほかにもマレーシアのマハティールは1981年から2003年まで首相であった。

　このように高成長を遂げた東アジアの多くは長期政権であった。これらは開発独裁と呼ばれることもあり，民主的な手続きを経て政権が維持されたとは言い難い面もある。その一方で，彼らが政権に就いていた時期に，その経済は著しい発展を遂げているのも事実である。

4　おわりに——経済成長と経済学

　以上みてきたように，経済成長のメカニズムを説明する理論モデル，それを支持する実証研究もいわゆる「決定版」は出ていない。つまり，高成長を達成する処方箋はまだ完成されていない。しかし，成長に関する実証研究は，絶対収束，即ち「途上国の成長率は先進国よりも高く，やがては先進国と同等の所得水準に収束する」という仮説を否定した。つまり，何もしなくても，途上国がやがて先進国になるというわけではないことが明らかになったのである。

　それでは成長のために何が必要かというと，今のところ決定的な答えが見つかっているわけではない。東アジアの経験は，欧米諸国でいうところの「ガバナンスの良さ」や「教育」が必ずしも重要であることを示してはいない。

　唯一，可能性があるのが「リーダーシップ」かもしれない。韓国の朴正熙，シンガポールのリー・クワンユー，これらの国の経済発展を語る上で彼らの貢献を無視するわけにはいかない。朴正熙は韓国のチェボル（財閥）を育て，彼らを利用し韓国の経済発展を成し遂げたし，リー・クワンユーは国民に英語教育を与え，多国籍企業を誘致し，シンガポールの経済発展を実現した。もちろん，彼らの行ったことすべてが成功したわけではないし，国民に犠牲を強いた政策もあった。しかし，長期的なビジョン，柔軟な政策，強い政策実行力は強力なリーダーシップの下でこそ達成されたと考えるべきであろう[3]。

　しかし，そう考えると次に出てくる疑問は，なぜ彼らは東アジアで生まれたのか，ということである。もし，リー・クワンユーがいなかったら第二のリー・クワンユーが出てきたと考えられるのだろうか。それともこの時期，幸運にも東アジアが強いリーダーシップを持つ政治家に恵まれたということなのか。

　実はアフリカでも強いリーダーシップによって経済発展が成し遂げられたケースはある。ボツワナという小国がそれである。ボツワナはダイヤモンドの採掘によって，今やマレーシアをしのぐ中進国に成長したが，これは独立したときの初代大統領セレツェ・カーマのリーダーシップが大きい。独立前，ボツワナではいくつかの部族が存在していた。初代大統領カーマも一部族の長であった。独立時に彼はボツワナの大統領となったわけだが，ちょうどそのころ

彼の部族の土地からダイヤモンドが産出されることが判明した。彼は，そのダイヤモンド採掘の権利を新しくできた政府に譲渡し，ダイヤモンド採掘による収入は政府の国庫に入ることになり，これが国民の教育，医療，インフラなどに提供された。

　アフリカでもダイヤモンドなど資源を多く持つ国はたくさんある。しかし，その多くは政情が不安定で，経済発展を遂げていない。ボツワナとこれらの国を分ける要因は何か。アジアの経験と，その他地域の経験を比較することにより，成長のためのより良い処方箋が得られると考えられる。経済成長をもたらす処方箋を得るには，まだまだ研究が必要である。

┌─■□コラム□■────────────────────────────

ノーベル賞経済学者も間違える？

　成長研究の一分野に成長会計（growth accounting）というものがある。これは例えば，A国の経済成長率が 8 ％であるとき，資本ストックの増加による成長が 3 ％，労働の増加によるものが 2 ％で，それ以外（例えば技術進歩）によるものが 3 ％と算出する研究である。この成長会計の分野でのラウとキムやヤングらの研究（e.g., Lau and Kim, 1994; Young, 1992）をもとに，ポール・クルーグマンは1994年にフォーリン・アフェアーズという雑誌に「アジアの奇跡は幻想」という論文を寄稿した（Krugman, 1994）。彼の主張は，東アジアの高成長は生産要素投入量の急増によるもので，奇跡と呼ばれるようなものではなく，やがて生産要素投入量は減り，低成長に移行するであろうというものであった。1997年のアジア通貨危機によるアジア経済の落ち込みもあり，クルーグマンのこの論文はアジア経済の将来を予見したものとしてかなり評判になった。

　実はクルーグマンがこの論文の根拠としたヤングの成長会計の研究結果が，のちにクレノーとロドリゲス・クレアの研究により否定されている（Klenow and Rodriguez-Claire, 1997）。つまり，東アジアの高成長は生産要素投入量の増加だけでなく，技術進歩も重要な役割を果たしていた，ということである。こうなると，クルーグマンのやがては低成長になるという主張は誤りとなる。技術進歩は持続的な成長を可能にするからだ。

　実際のところ東アジアの経済はアジア通貨危機後一時期成長率の低下を経験したものの，再び高い成長を実現している。また，例えばシンガポールなどは，1990年以前は研究開発への支出が少なかったが1990年以降は研究開発への支出を増やし，持続的成長を遂げている。これは，よく考えればあたりまえのことで，資本ストックや労働者を増やし，生産拡大を行うだけで利益が出るような状態であれば，誰が技術開発にお金を費やそうと考えるであろうか，ということである。ただ単に生産要素を増やすだけでは儲からなくなるから企業家や政策立案者は研究開発に資金を投じ，技術進歩を行おうと考えるのである。

　クルーグマンはほかの研究分野の貢献により2008年にノーベル経済学賞を受賞した。ノーベル経済学賞を受賞するような学者でも，全ての主張が正しいわけではないのである。

（東郷　賢）

■　■　■

●注────────

（1）　サンプルとした国はオーストラリア，オーストリア，ベルギー，カナダ，スイ
　　　ス，デンマーク，フィンランド，フランス，英国，イタリア，日本，オランダ，
　　　ノルウェー，スウェーデン，米国である。

（2）　サンプルとした国はコンゴ共和国，中国，パキスタン，ジンバブエ，カーボ・
　　　ベルデ，スリランカ，フィリピン，トルコ，ジャマイカ，パナマ，パラグアイ，
　　　グアテマラ，コロンビア，ナミビア，エルサルバドルである。

（3）　台湾の経済発展については蒋介石のリーダーシップというよりは，いわゆる
　　　スーパー官僚（李国鼎など）の貢献が大きいと考えられる（e.g., Vogel, 1991）。

●参考文献────────

東郷賢（2008）「経済成長の理論と現実」高橋基樹・福井清一編『経済開発論』第1
　　章，勁草書房。

Acemoglu, D., S. Johnson, and J. A. Robinson (2001), "The Colonial Origins of Com-
　　parative Development : An Empirical Investigation," *American Economic Re-
　　view*, 91(5) : 1369-1401.

Barro, R. J. (1990), "Government Spending in a Simple Model of Endogenous
　　Growth," *Journal of Political Economy*, 98 : 103-125.

Barro, R. J. (1991), "Economic Growth in a Cross Section of Countries," *Quarterly
　　Journal of Economics*, 106(2) : 407-443.

Baumol, W. J. (1986), "Productivity Growth, Convergence, and Welfare : What the
　　Long-Run Data Show," *American Economic Review*, 76 : 645-661.

De Long, J. B. (1988), "Productivity Growth, Convergence, and Welfare : Com-
　　ment," *American Economic Review*, 78(5) : 1138-1154.

Glaeser, E. L., R. La Porta, F. Lopez-De-Silanes, and A. Shliefer (2004), "Do
　　Institution Cause Growth," *Journal of Economic Growth*, 9 : 271-303.

Jones, B, and B. Olken (2005), "Do Leaders Matter? National Leadership and
　　Growth Since World War II," *Quarterly Journal of Economics*, 120 : 835-864.

Klenow, P. J. and A. Rodriguez-Claire (1997), "The Neoclassical Revival in Growth
　　Economics: Has It Gone Too Far?," NBER Macroeconomics Annual 1997, MIT
　　Press.

Knack, S and P. Keefer (1995), "Institutions and Economic Performance : Cross-Country Tests Using Alternative Institutional Measures," *Economics and Politics*, 7(3) : 207-227.

Krugman, P. (1994), "The Myth of Asia's Miracle" in Pop Internationalism, MIT Press, reprinted from Foreign Affairs (November/December 1994): 113-121.

La Porta, R, F. Lopez-de-Silanes, A. Shleifer, and R. Vishny (1999), "The Quality of Government," *Journal of Law, Economic, and Organization*, 15(1) : 222-279.

Lau, L. and Kim Jong-il (1994), "The Sourcves of Growth of the East Asian Newly Industrialized Countries," Journal of the Japanese and International Economies.

Lucas, R. E. (1988), "On the Mechanics of Economic Development," *Journal of Monetary Economics*, July 1988; 22(1) : 3-42.

Quibria, M.G. (2006), "Does Governance Matter? Yes, No,or Maybe : Some Evidence from Developing Asia," *KYKLOS*, 59(1) : 99-114.

Solow, R. M. (1956), "A Contribution to the Theory of Economic Growth," *Quarterly Journal of Economics*, 70(1) : 65-94.

Vogel, E. F. (1991), *The Four Little Dragons*, Harvard University Press, Cambridge.

Young, A. (1992), "A Tale of Two Cities; Factor Accumulation and Technical Change in Hong Kong and Singapore," NBER Macroeconomics Annual 1992.

●学習のための推薦図書───────────

イースタリー，ウィリアム（2003）『エコノミスト　南の貧困と闘う』小浜裕久・冨田陽子・織井啓介訳，東洋経済新報社。

クルーグマン，ポール（1997）「アジアの奇跡という幻想」『クルーグマンの良い経済学悪い経済学』第11章，日本経済新聞社。

東郷賢（2009）「制度と経済成長──既存実証研究のサーベイ」『武蔵大学論集』第57巻，第2号。

●データ・ベース───────────

Barro, R. J. and Jong-Wha Lee, "International Data on Educational Attainment: Updates and Implications" (CID Working Paper No. 42, April 2000) (http://www.cid.harvard.edu/ciddata/ciddata.html)

Heston, A., R. Summers and B. Aten, Penn World Table Version 6.3, Center for International Comparisons of Production, Income and Prices at the University

of Pennsylvania, August 2009.
（http://pwt.econ.upenn.edu/php_site/pwt_index.php）

（東 郷　　賢）

第2章
工業化政策と経済発展

　工業化政策は「ある特定の産業の技術力や生産構造を国際競争上有利にすることを目的として政府が介入する政策」である。工業化政策の内容は成功した国，しなかった国の歴史を見ても様々で，唯一絶対の政策があるわけではない。また，現代の工業化政策は経済のグローバル化を前提としたものになっている。グローバル化のもとで貿易，直接投資，オフショアリングを中心に様々な形態での国境を超えた企業間連携が行われているが，グローバル化と工業化政策を結びつける重要な概念は規模の経済である。国内市場だけを相手にするのではなく，より大きな世界市場で競争する方が規模の経済が強く働く。規模の経済の存在する産業では産業の生産量が増えると企業の平均費用が低下し，利潤率が改善し，産業の集積やイノベーションが生じやすい。

　現代の工業化政策ではこのような規模の経済のある産業をいかに国内に根付かせるかが重要な課題となっている。このような産業を国内企業によって担わせるためには先進技術を持つ海外企業から国内企業への技術移転が円滑に進むことが必要である。技術移転は人の移動，企業の買収，技術提携等によって行われるが，基本的には労働者を介して成し遂げられていく。したがって，長期的に見れば労働者に教育・訓練に対するインセンティブを付与するシステムを作ることが，最も重要な産業政策であるといえる。

1　はじめに——工業化政策とは何か

（1）　工業化政策の重要性

　19世紀アメリカやヨーロッパ諸国，第二次世界大戦後の日本，1980年代以降の東・東南アジア諸国[1]の発展は工業（製造業）[2]部門の成長が先導してきた。20世紀には経済発展イコール工業化であり，工業部門の成長を望む政府の思惑の背景にはいくつかの理由があった。まず工業製品は一国の経済発展の象徴的な

意味を持っている。例えば旧ソヴィエト連邦の国々や，日本，韓国，インド，マレーシア等の多くのアジア諸国が国産の自動車産業の育成にこだわってきたことはまさに工業部門の発展が国の発展を表しているという象徴的な意味があったからである。さらに多くの発展途上国は農産品や鉱物資源等の一次産品輸出国である。一次産品の供給は天候や災害といった自然条件に左右され，経済成長の原資としては適当ではない。一方，工業製品の生産は自然条件に左右されることが少なく，雇用の確保という観点からも好ましい点が多い。また工業は生産体制が一度確立するとサービス産業や農業よりも長く雇用を確保し付加価値を生み出すことができ，これらの産業よりも概して生産性が高い。例えば自動車のような多くの部品からなる製品の場合，部品を製造する裾野産業の拡大が期待でき，雇用や生産の波及効果が高いと考えられる。さらに工業化が経済発展に重要な理由は工業製品が多くの場合，国境を越えて取引することが可能だという点にある。第2節でみるように，国際市場での競争や国際貿易が工業化にとって重要なのはスケールメリット（規模の経済）の享受や技術移転を可能にするからである。

（2）　工業化政策の定義

　では工業化政策とは何だろうか。工業化政策はIndustrial Policyの日本語訳[3]であるが，その定義は経済学者によって異なり，統一的な見解があるわけではない。国際貿易の専門家は貿易と投資の自由化を，経済成長の専門家は人的・物的資源の蓄積や技術革新を，そしてマクロ経済学者や労働経済学者たちは主に教育への投資を工業化政策の中心だと考えてきた。しかし，これらの考え方のなかにも最低限のコンセンサスがないわけではない。それは，工業化政策は，特定の産業や企業を対象とした政府の政策であるという点である。そこで本章では工業化政策の定義を広義に「ある特定の産業の技術力や生産構造を国際競争上有利にすることを目的として政府が介入する政策」としておこう。

（3）　工業化政策の変遷

　経済学者の間で，有効な工業化政策とは何かに関してこれまで長い議論が重ねられてきた。[4] 1960年代から70年代にかけて，工業化政策といえば主にラテン・アメリカ諸国で採用された「幼稚産業保護」政策や輸入代替工業化政策を

指すことが一般的であった。幼稚産業保護政策とは，将来主要な輸出産業に発展すると考えられる自国の「幼稚」産業を発展するまで保護することを目的とした政策であった。それに対して輸入代替工業化政策とは，対象産業の海外からの輸入に高い関税や非関税障壁を設け，国内市場を自国企業製品で満たそうとする政策のことである。これら2つの政策に大きな違いがあるわけではないが，輸入代替工業化政策と比べて，幼稚産業保護政策には自国産業を輸出産業に育てるという，より長期的な政策目標が含まれている。

その後の1980年代以降には韓国，台湾，シンガポール，香港のアジアNIEsの経済成長が顕著になり，それらの成長を説明するために，特定産業や特定企業を保護する一方，その輸出を促進する政策が注目を集めるようになった。競争を抑え，成長産業を後押しすることが工業化政策であるという認識が広まった時代である。しかし，同時に将来の成長産業をどうやって見極めるのかという疑問が出され，さらに政策の恩恵を受けるためのロビー活動が活発になるといったマイナスの影響も議論されるようになった。[5] 近年は企業や産業の集積による新しい産業立地の創出が産業政策のメニューに付け加えられ，自由競争と企業の生産性に関する多くの実証研究によって，工業化政策に対する認識が深まってきている。

（4）　本章の構成

以下第2節で近年の工業化政策が企業の国際化を抜きに語ることができないことを示した後，第3節で工業化政策は規模の経済[6]と関係していることをモデルで説明する。規模の経済とは企業や産業の生産量が増えると企業の平均費用が低下するメカニズムのことである。第4節では東・東南アジア諸国の工業化がまさに国際化と規模の経済を活用した結果成し遂げられたことを示す。第5節は本章の結論である。

2　グローバリゼーションと工業化政策

戦後日本の高度経済成長，それに続くアジアNIEs，そして東南アジア諸国の経済発展はアフリカ諸国やラテン・アメリカ諸国の同時期の低成長と対比して驚異とされた。東・東南アジア諸国の高成長の原因をめぐっては多くの議論

がなされてきたが，1993年に世界銀行が『東アジアの奇跡⁽⁷⁾』を発表すると，高い貯蓄率による国内投資や教育の重要性，マクロ経済の安定等が注目されるようになった。

　また，アジアの経済成長は政府の様々な政策と輸出の増大という現象を伴っていることが多くの研究で指摘されている。ASEAN諸国，特に1980年代のタイ，マレーシアの経済発展では海外直接投資の役割も重要であった。貿易と直接投資は1990年代以降の中国の高成長にも大きな役割を持っている。一国の経済政策はもはや国際市場との関係を無視して語ることはできない。実際，工業化政策の1つの大きな手段は貿易政策である。かつては輸入代替工業化と輸出促進工業化という2つの戦略が代表的な貿易政策であった。そして1980年代後半以降，東南アジア諸国は直接投資の誘致を工業化政策の主要手段としてきた。

　工業製品の輸出促進が経済成長の1つの大きな手段になりうるという認識はアジアNIEsの急速な経済成長に起因している。1960年代以降，アジアNIEsは国内市場の狭隘さを克服するために，輸出市場に活路を求めた。結果として輸出市場に製品を供給することによって次章でみるように規模の経済が働き，生産と消費の好循環が達成されたのである。規模の小さな自国市場だけに製品を供給する場合よりも，国際市場での競争はより苛烈であり，より多くの企業努力が求められる。国際市場での競争によって生産性の低い企業は淘汰され，競争力のある企業のみが生き残る。このような状況のなかで，各国政府はいかに産業を育てるか，国際競争力をつけさせるかという問題に直面している。

　このようにグローバル化が進展した現代においてはグローバリゼーションと工業化政策は切っても切れない関係にある。グローバリゼーションに対する企業の選択肢は貿易のほかに直接投資やサプライチェーン・ネットワークの構築，委託生産，ジョイントベンチャーなど様々である。しかし，多くの企業が最初に直面するグローバリズムの選択肢は国内で財を生産し輸出すること，すなわち国際貿易である。そして工業化の過程で国際貿易が重要な役割を演じるのは実は国際貿易が産業の規模の経済を発揮させてくれる触媒だからなのである。そこで次節では規模の経済と工業化の関係を考察することにしよう。

3　規模の経済と工業化のメカニズム

（1）　生産と消費の好循環

　ある産業において，企業が製品を大量に供給することによって生産コスト（平均費用）を低下させることができる場合を「規模の経済」が働くと言う。この場合，生産コストが低下すると価格が低下し，その結果需要が増え，生産量が拡大する。そしてまた生産コストが低下する，といった生産と消費の好循環が生み出される。製品を大量に生産するためにはより大きな市場が必要であり，海外との取引はその機会を与えてくれるだけでなく国際市場の競争から多くの技術を吸収する機会を増やしてくれる。また輸出によって獲得した外貨をより品質のよい資本財や中間財の輸入に回せば，一層生産効率を高め，生産を増大させることができる。

（2）　2つの外部経済と市場の失敗

　では規模の経済が働く産業とはどのような産業だろうか。ある産業に規模の経済が働くのはその産業に外部経済が存在するからである。外部経済は基本的に2つに分類することができる。第一に例えば川下企業の生産量が増大した結果，川上産業の企業数が増え，競争の結果，中間財の価格が下がる場合が考えられる。これは市場を通じた取引なので製品の価格は市場によって決定される。この効果を金銭的外部経済と呼ぶ。第二に知識や技術の蓄積が企業の学習や技術のスピルオーバー[9]を誘発し，平均費用を低下させる場合が考えられる。これを技術的外部経済と呼んでいる。技術的外部経済の場合，平均費用が生産量の拡大に伴って低下すると，完全競争市場での利潤極大化の原則である「価格＝限界費用」が成立しない。このとき総費用が総収入を上回ってしまう[10]。この場合，市場は価格を決定するという機能を果たすことができない。つまり市場の失敗が生じていることになる。

　この2番目の技術的外部経済の例として，特定の地域や国に産業が集積することによって生じる外部経済がある。ある地域や国に企業が集積すると，そこでは対面（フェイス・トゥ・フェイス）の情報交換が可能になり，企業間の技術の移転やイノベーションを促進すると考えられる。このように企業がある特定

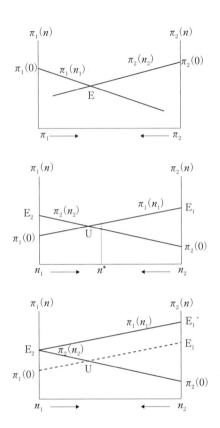

図2−1　規模の経済と工業化

出所：Venables（2001），Weiss（2011）をもとに作成。

の地域や国に立地して相互に影響しあいイノベーションを促進するような産業
集積を産業クラスターという。産業クラスターではさらに中間財や部品を生産
する川上企業がその地域や国に追随してやってくれば，川下企業の調達費用が
低下する効果や，人的資源が蓄積されていくという効果も期待できる。アメリ
カ・シリコンバレー（IT産業）やインド・バンガロール（ソフトウェア産業）の
ような産業クラスターを創出することは発展途上国に限らず，先進諸国でも近
年産業政策の重要なメニューの1つとなっている。[11]

（3）　規模の経済と工業化

　以下では規模の経済と工業化政策の関係について簡単なモデルを用いて説明しよう。[12] 図2-1の3つの図はある産業の二国間の利潤率（縦軸）と企業数（横軸）を表したものである。二国を第1国（自国）と第2国（外国）とする。第1国の企業数は左から，第2国の企業数は右から測っている。上段の図は二国の利潤率が企業の数（n_1とn_2）の増大とともに低下するという新古典派の関係を表している。すなわち，産業内に企業数が増えると価格競争が激しくなり，価格が限界費用に近づくため，利潤率が低下するのである。この場合の均衡企業数はE点で決定され，E点よりも左側が自国の企業数（n_1），右側が外国の企業数（n_2）となる。

　ここで，ある企業がこの均衡から離れて自国から外国に移動したとしよう。その場合，この企業は外国の低い利潤を受け取り，一方自国に残ったほかの企業は企業が1つ退出したので，価格競争が緩和され，それ以前よりも少しだけ高い利潤を得ることができる。このように均衡からの離脱は損を意味するので，どの企業もこの均衡から離れようとはしない。この意味で均衡点Eは安定的である。ここで図には示していないが，もし仮に為替レートの切り下げや，新しい技術の導入によって価格競争力が上昇し，自国の利潤曲線が上方にシフトした場合を考える。すると外国から企業が自国に流入し，自国の企業数（n_1）が増大し，逆に外国の企業は自国に流出し，外国の企業数（n_2）は減少する。

（4）　安定均衡と不安定均衡

　これに対して企業数が増えると利潤率が上昇する場合が図3-1中段に描かれている。これは上段の図の場合と異なり，同じ産業内で企業数が増える，つまり企業が集積すると，技術や情報の伝達，部品の調達が容易になったり，熟練労働市場が形成されたりといった規模の経済が働く場合である（産業クラスターの形成）。その結果，企業はより多くの利潤を得ることができる。よって中段の図では自国（外国）の利潤曲線が右上がり（左上がり）に描かれている。この場合，二国の利潤曲線の交点Uは均衡点ではあっても不安定である。

　このことを確認するために，次のような場合を考えてみよう。はじめにU点で自国と外国の企業数が決定されており，1つの企業が外国から自国へ移動したとする。その企業は右上がりの自国の利潤曲線に沿って利潤をより多く獲得

することができる。その際の企業数の配分は n*点で決まる。自国では企業数はU点に比べ1企業多くなるので$n_1 + 1$，外国では1企業少なくなるので$n_2 - 1$となっている。規模の経済下では，自国で操業する方が高い利潤率を得られることがわかると，ほかの企業も相次いで外国から自国に生産拠点を移そうとする。その結果，ますます規模の経済が発揮され，自国での操業が優位になる。結局，全ての外国企業が自国での操業を選択し，新たな均衡点E_1にたどり着く。

　この均衡点E_1から外国に操業拠点を移そうとする企業はなくなる。なぜなら企業数0の外国では移っても低い利潤率に甘んじなければならないからである。このようにE_1は安定均衡点になる。もし，不安定均衡点Uから自国の最初の企業が外国に移転することを選べば，他の企業もそれに追随して外国に操業拠点を移すだろう。その結果，新たな均衡点はE_2となり，このE_2も安定的な均衡点である。結局，企業はすべて自国に集中するか外国に集中するという極端な結果になる。自国政府が規模の経済を発揮するために企業の集積を起こしたいと思えば，最初の企業を何らかの方法で誘致すればよいことになる。しかし，このままではUの不安定均衡点からどちらの国の企業が最初に移動するか，そしてその結果，安定均衡点のE_1かE_2のどちらが実現するかを予測することはできない。

（5）　工業化政策と産業集積

　次に，例えば自国政府が税法上の優遇措置や恩典を与えることによって海外からの投資を呼び込もうとする場合を考えよう。海外からの資本の流入はその国の産業の生産性を上昇させ，自国の利潤曲線を上方にシフトさせる。図3-1下段には当初すべての企業が外国に立地する場合（安定的均衡点E_2）が示されている。次に政策によって自国の利潤曲線が外国の利潤曲線の左端に接するまで上方にシフトしたと仮定しよう（点線から実線へのシフト）。その結果，全ての企業が外国に集中する均衡点E_2はもはや安定的な均衡点ではなくなる。なぜなら，もし企業が自国に操業拠点を移せば，より高い利潤を得ることが可能だからである。1つでも企業が移動すれば，その他の企業も追随し，結局は全ての企業が自国で操業することを選ぶ。新たな均衡点E_1'は安定的である。

　このように規模の経済が働く産業では，外国から企業を誘致するために輸出

加工区や工業団地を建設し，輸入中間財の関税や法人税の免除・優遇をはじめ，様々な恩典を供与することによって産業集積をもたらすことができる。自国の利潤率を上げるためには，このほかにも，教育投資を増やすことによってIT産業等のハイテク企業で働ける人材を訓練したり，研究開発（R&D）投資によって先端技術を導入したりすることが考えられる。

4　東・東南アジアの工業化の経験

（1）　産業の特性と工業化

本節では第2，3節の国際化と規模の経済という論点を東・東南アジアの工業化の歴史と照らし合わせて議論しよう。まず一般的に観察されるこの地域の工業化を観察した後で，電子・電機産業と自動車産業を取り上げて詳述することにする。半導体に代表される電子部品は巨額の投資を必要とする一方，生産を増大させればさせるほど平均費用が低下し（規模の経済が働き），かつ製品そのものは小さく軽量で貿易することが容易である。その結果，生産工程を自国と海外で分割⁽¹³⁾することによって生産コストを削減することができた。一方，自動車産業は数万点に及ぶ部品からなり，そのなかにはカーエアコンのような大きな部品も多数含まれる。大きな部品は半導体と異なり貿易による生産工程の分割が難しい。その結果，部品企業も完成車メーカーの生産拠点の近くに立地することになる。多くのサプライヤー（川上企業）が集積すれば，前述の通り，集積による規模の経済が働く。

（2）　輸入代替から輸出促進へ

最初に，主にラテン・アメリカ諸国で採用された輸入代替工業化政策（ないしは幼稚産業保護政策との併用）はその後，東・東南アジア諸国のいくつかの国でも採用された。しかし，歴史的な観点からみると1950年代，60年代の輸入代替政策の経済成長への効果はほとんど認められなかった。そして自国産業を保護するのは保護された産業が国際競争力を持つまでとされたが，実際には多くの国で国際競争力を持つ産業は育たず，保護のみが続くといった現象がみられた。その結果，既得権益層が生まれ，彼らがプロフィット（利益）ではなくレント（権益）を追求することによって経済活動が停滞していった。

　そこで輸入代替工業化政策の失敗例から多くの政策立案者や研究者たちは東アジア諸国，特にアジアNIEsの著しい経済成長をけん引した輸出の拡大に注目するようになった。輸出を促進するために採用された特定の産業を対象とした工業化政策には，輸出企業への輸出補助金，生産補助金，直接融資，各種税金の軽減などがあった。

　一般に輸出増大の重要性は次のようなことが考えられる。①国内市場のみを対象とする場合に比べ，国際市場は通常はるかに大きい。規模の経済を活かすためにはより大きな需要が必要である。国内市場が極めて小さい香港やシンガポールにとっては輸入代替政策ではなく，輸出促進型の成長の方が理にかなっていた。②自国企業は国際市場での厳しい競争に晒されることによって成長する。製品に備わった最新の技術に接する機会は国内市場を相手にしている場合よりもはるかに多い。③輸出によって獲得した外貨で最新の資本財や技術的に高度な中間財を輸入することができる。輸出と投資がうまく循環すれば自国企業の生産効率はさらに高まり，国際競争力を確保することができる。④そして輸出市場への参加は国内企業の国際化を促し品質や価格の競争を通じて国内市場のゆがみを是正する。⁽¹⁴⁾

（3）　輸出と国際競争

　この輸出主導による経済成長モデルは輸入代替工業化政策とは逆に貿易自由化の要素を多く含んでいる。自国企業を国際競争に晒すことによって効率性を学んだり先端技術を吸収したりすることが大きな目的だからである。しかし，最初から国際市場で競争できる企業が特に発展途上国に多いとは考えにくい。最初は保護された国内市場へ財を供給することによって学習し，競争力をつけた後に国際市場に進出することが合理的な選択である。この点，韓国や台湾の先例とされる日本の工業化政策はどうであったろうか。1950〜60年代の日本では高い関税や非関税障壁によって輸入競争圧力から国内企業が守られた一方で，1ドル360円という超円安の為替レートが企業の輸出を後押しした。海外からの直接投資は国内企業との競合を避け，資本集約部門や技術集約財部門への投資が優遇され，多くの場合ジョイントベンチャーか技術のライセンス供与に限られた（Weiss, 2011）。このように輸入代替政策により主要な産業の国内競争が守られる一方で，技術移転を促すために直接投資がコントロールされたのであ

る（Irwin, 2009）。かつて1960年代に「安かろう，悪かろう」と言われた日本製の耐久消費財は輸出による学習効果と技術の移転によって国際競争力を獲得した。

　日本の場合，輸入代替政策から輸出促進政策への移行は順序立てて行われたわけではなく，むしろ同時期に国内市場保護と輸出に適した為替レートが併存したという偶然もあったが，選別的な直接投資受け入れ政策の結果でもあった。また，義務教育を終えた労働人口が増大し，国内の労働市場に熟練労働力が多く供給された。さらに熟練労働者の賃金の上昇が労働者の熟練訓練に対するインセンティブを高めたことなども高成長の要因であった。

（4）　直接投資と技術移転

　一般に高度な技術を必要とする製品を当初から発展途上国が作れるわけではない。この場合に必要になるのが先進国からの直接投資である。多くの東南アジア諸国が，日本やアメリカをはじめとした先進諸国からの直接投資優遇策を採用し，高度な技術を要する製品を生産し輸出してきた。輸出加工区や工業団地を設置し，税制上の優遇策や低利融資，電力・水道料金の減免，輸入中間財や輸入原料の関税の減免等をセットにしてハイテク産業の外国企業を誘致してきた。通常，輸出加工区に進出した外国企業には製品の100％輸出を義務づけて，国内企業との競合を避けている。

　しかし，多くのアジア諸国政府の直接投資受け入れの最大の目的は，進出した先進国企業から地場企業への技術の移転である。輸出加工区内であっても従業員や原材料，中間財の調達で地場企業との関わりが生じる。その結果，外資系企業で働いた従業員のなかから起業するものが出るかもしれないし，先進技術に触れることによって地場企業が学習する可能性も高まる。

　技術移転の多くは技術を持つ人材の移動や企業の買収によって生じる。一昔前の韓国企業が日本人技術者を雇い入れたり，頻繁に招いて講演をさせたりして技術移転を促した経験が，中国や東南アジア諸国でも取り入れられるようになってきた。ハイアールのような中国の電機企業は経済の低迷で日本企業を解雇された多くの技術者をヘッドハントしている。マレーシアのペナン島にある工業団地では多国籍企業の電子部品企業に勤めていた中華系マレー人やインド系マレー人の起業が相次いでいる[15]。また自動車用金型で日本国内トップシェアを持っていたオギハラは，業績の悪化に伴い2009年にタイの自動車部品メー

カーのタイサミットに買収され，翌年，工場の1つが今度は中国の自動車企業
によって買収された。金型は製造業の心臓部であり，その生産には多くのノウ
ハウが詰め込まれている。熟練労働者からのフェイス・トゥ・フェイスの技術
の伝達が重要な分野である。このように日本の高度技術は新興国からの格好の
標的であり，技術移転は企業の命運をかけた国際的な争いになっている。

① 電子・電機産業

　東・東南アジア諸国の電子・電機産業は1960年代のトランジスター・ラジオ
や白黒テレビ等の比較的単純な組立加工から始まり，1970年代にはカラー・テ
レビや電卓，デジタル時計といった製品の生産へと移行していった。そして
1980年代以降，これら諸国の多くの企業がパソコンやビデオカメラ，半導体と
いった先端技術をもつ部品や完成品の生産に加わるようになった。現在韓国の
サムスンやLG，台湾のTSMC，鴻海精密工業，エイサー，エイスース，中国
のハイアール，ファーウェイ（華為技術），シャオミ（小米科技），レノボといっ[16]
たグローバルに展開する多国籍企業が台頭してきている。その後をタイやマ
レーシアの東南アジア諸国の企業が追っている。東南アジア諸国のうちベトナ
ムは海外からの投資受け入れに積極的で，労働者の教育水準の高さや手先の器
用さで海外のハイテク企業を引きつけている。そのほかの東南アジア諸国のラ
オス，カンボジアは上記の国々からは工業化が遅れており，今のところ縫製や
単純な組立加工の段階にある。ミャンマーは近年，市場開放を進め積極的に海
外からの企業を誘致しようとしている。高い教育水準と生産年齢人口が6割以[17]
上を占める豊富な人口（約6,000万人）を有し，賃金は中国やほかの東南アジア
諸国に比べても安い。

　半導体やパソコンでは日本，アメリカ，韓国，台湾が世界的なブランドを持
つ自国企業を輩出し，中国，タイ，マレーシアがこれら海外企業の生産拠点に
なるなど，東・東南アジア諸国で広範な生産ネットワークが形成されている。
当初から世界を市場とする電機・電子産業は日本，アメリカ，韓国，台湾の企
業の競争が激しく，東南アジア諸国の企業が新たなブランドを設立することは
容易ではなかった。マレーシア，タイ等の東南アジア諸国ではこれらのブラン[18]
ド名で委託生産するOEMやODMが主流であり，今のところ世界的シェアを持[19]
つ自国企業は出現していない。しかし，OEMであれODMであれ，海外の先進

企業からの委託生産は技術移転を可能にする。いずれ近いうちに電子・電機の新しいブランドが東南アジア諸国から出現することも十分考えられる。

② 自動車産業

マレーシアはマハティール（首相在任期間：1981〜2003年）のもとで国産自動車を生産・輸出することを目標に，1980年代前半に日本の三菱自動車と資本・技術提携しプロトン社を設立した。海外からの輸入競争に対処するため200%にも達する高関税で国内自動車市場を保護し，一時は低価格を売り物に近隣諸国に輸出するまでに成長したが，現在の輸出はごく限られた台数にとどまっている。1990年代になるとダイハツとの合弁で国産自動車会社プロドゥアを設立し，マレーシア国内自動車市場はこの2つの企業でほぼ60%を占めている。しかし，2社とも世界市場で戦える競争力を持っているとは言い難い。

1台の車を生産するために2万点から5万点ほどの部品を要する自動車産業を幼稚産業として保護し育成するためには，広範な裾野産業の育成と大きな国内需要が必要である。多くの製造部品からなる裾野産業の育成のためには海外の先進技術を獲得する必要がある。技術の獲得の最良の方法は，労働者の移動，輸入や直接投資の受け入れ，買収を通じた学習である。よって，技術の獲得は国内の部品企業を輸入競争から保護することと両立しない。また，保護した国産企業を発展させるためには，規模の経済が働く大きさを持つ国内市場が必要である。競争力のある国産自動車企業を持つ先進国，例えばアメリカ，日本，ドイツ，フランス，イギリス等では産業発展の初期にいずれも少なくとも5,000万人以上の人口と高い購買力のある需要層が存在した。マレーシアは購買力平価でみた1人あたり実質GDPが1980年代の2,000米ドルから2010年にはおよそ15,000米ドルに上昇したものの，人口は現在でも約3,000万人弱に過ぎない。

一方，タイは国産の完成車ブランドの設立に固執せず，自動車産業の集積を実現した。1960年代，70年代には完成車に高い関税を課した結果，現地市場での販売を目的とした海外の自動車企業が進出した。一方で，部品の国産化を推し進めたが，生産の高コスト体質を克服できず，さらに自動車の需要増に対処できなかった。その結果，完成車や部品の輸入に頼らざるをえなくなり，徐々に完成車と部品の関税率は低下していった。自動車の世界需要の拡大，

ASEAN域内の関税撤廃を決定しているASEAN自由貿易地域（AFTA），2008年にAFTAを改定したASEAN物品貿易に関する協定（ATIGA）や2007年に発効した日タイ経済連携協定によって，部品企業が先進国，特に日本から進出するようになった。部品企業の集積がさらに完成車企業の生産増やタイへの進出に拍車をかけることになった。規模の経済が働く産業で産業集積が生じた例である。

　このような，完成車のみならず部品企業間の競争の激化のなかから，タイの自動車部品企業タイサミットが成長してくる。タイサミットはタイで生産活動を続ける日本の自動車企業との取引から始め，現在ではタイに拠点を置く日本，アメリカ，ヨーロッパの自動車企業に部品を供給する巨大な多国籍企業に成長している。

5　おわりに──国際化の中の工業化政策

　工業化政策とは経済発展を目的とした構造変化を伴う政策の総称であり，政策のメニューは多種多様である。すべての国，すべての時代に有効で統一的な工業化政策のメニューは存在しない。比較的短い間に狭い地域内で経済発展に成功した東アジア諸国の政策をみても，その内容は多岐にわたり，どの政策がどの程度有効であったかを見極めることは容易ではない。その意味で，統一的なアジアモデルというものは存在しない。しかしながら，これまでみてきたように，工業化に成功した，あるいは失敗した国々の経験から我々はいくつかの重要なメッセージを読み取ることができる。まず第一に，生産の拡大に伴って平均費用が低下する（規模の経済が存在する）産業の育成，あるいはその産業の集積は，経済成長にプラスの影響を与えてきた。しかし，それがどの産業なのかを事前に知ることはきわめて難しい。第二に，現代の工業化政策の成否は国際市場での競争を抜きに考えることはできないが，一般に規模の経済の存在する産業はすでに多くの企業が国際市場で激しい競争を繰り広げている。第三に工業化のための国産ブランドにこだわることはむしろ工業化を阻害する可能性がある。第四に，国内労働市場に十分な労働供給があり，労働者全般に教育・訓練に対するインセンティブが働く国で工業化は成功してきた。

　この４つの発見から導き出せる工業化政策に関する教訓は特殊なものではな

い。どの産業にターゲットを絞るかに関して明確な基準がない以上，これまで
の技術を蓄積し，労働者への教育・訓練を積み重ねて今後の国際経済の動向に
備えるしかない。今後の工業化政策の対象産業や企業は国際市場での競争を避
けて通ることはできないため，競争するなかでいかに技術移転を実現するかを
考えなければならない。そして，保護をしてまで国産ブランドの確立を産業政
策の柱に置くことはすでに時代遅れである，ということである。

─■□コラム□■─

技術移転と技術流出

　発展途上国で自国企業が育つためには高度な技術を持つ企業の誘致とそこからの技術移転が不可欠である。新しい生産技術が欲しい発展途上国政府・企業は様々な方法でその技術を得ようとする。技術移転は合弁事業や企業の買収，技術供与や技術指導，そして人の移動等によって行われる。一方，技術を有する企業にしてみると，技術が意思に反して流出してしまう困った場合も多い。現在日本で問題となっているのは，日本経済の不況期にリストラされた企業の研究者や技術者が他国のライバル企業に先端技術とともに流出する現象である。2000年代には大量に韓国企業に流れ，多くの技術が人材とともに流出した。現在は中国企業やインド企業にも流れているという。

　日本の鉄鋼大手の新日鉄住金は高性能鋼板の製造技術を盗んだとして自社の元技術者と韓国鉄鋼大手のポスコを相手取り1000億円の損害賠償と製品の販売差し止めを求めて2012年に訴訟を起こした。この事件が明るみに出たのはそもそもポスコの元社員が製造技術を中国鉄鋼企業に漏えいした容疑で起訴され，その裁判の過程でこの元社員が「流出したのはポスコの技術ではなく，新日鉄（現・新日鉄住金）のもの」と証言したからである。

　2013年の日経産業新聞の調査によれば，技術流出が「明らかにあった」あるいは「恐らくあった」と答えた企業のうち，59.1%が中国，15.9%が韓国，13.6%がアメリカ，そして9.1%が東南アジアで起こったと答えている。また，技術流出の経路では31.8%が「日本人の退職者」，27.3%が「現地人の退職者」，20.5%が「取引先の社員」だったと回答している。退職者に退職後の一定期間，ライバル企業への転職を禁止する「秘密保持契約」は罰則規定もなく今のところうまく機能していないようだ。

　巨額の資金と時間をつぎ込んで開発した独自の技術が他企業に簡単に流出してしまっては開発投資の採算が取れないどころか，自国産業の衰退にもつながってしまう。ところが，経営とは不思議なもので，エアコンの世界トップ・シェアを持つダイキンは中国のライバル企業と提携し，省エネ技術である独自のインバータ技術を提供してしまった。中国市場のインバータ・エアコンの需要をまず拡大するというオープン化戦略に打って出たのである。結果はどうだったか。中国市場でのインバータ・エアコンのシェアは2007年の7%から2012年には60%に上昇した。技術の積極的開示が，むしろ自企業にとって大きな利益をもたらした例である。

　海外市場で製品を売るためには製品や販売体制の現地化が必要である。例えば，

現地のニーズに合わせて製品を開発したり，デザインや価格を調整したりする必要がある。そのために昨今海外での研究開発拠点を強化している日系企業にとっては技術流出のリスクは間違いなく高まってきている。どうやって防ぐのか，守るべきか攻めるべきか，難しい問題である。

【注】

（1）　日本経済新聞朝刊2013年 7 月19日 9 面「電機退職者　アジアが食指」

（2）　日本経済新聞朝刊2012年 4 月26日 3 面「秘中の技術　流出に強硬策」

（3）　この訴訟ではその後2015年 9 月に，ポスコが新日鉄住金に300億円を支払うという内容の和解が成立している。日本経済新聞電子版2015年10月11日「ポスコが和解金300億円，新日鉄住金に支払い　技術流出訴訟」。

（4）　日経産業新聞2013年 8 月23日10面「成長支えるR&D投資⑨」。

（5）　野中郁次郎・徐方啓・金顕哲（2013）『アジア最強の経営を考える』ダイヤモンド社，pp.151-153。

（横田一彦）

■　■　■

●注

（1）　本章では東アジアを韓国，台湾，シンガポール，香港のアジア新興工業経済地域（アジアNIEs），東南アジアをタイ，マレーシア，インドネシア，フィリピンをはじめとするASEAN諸国を指すことにし，日本と中国は別に扱う。

（2）　本章では工業は製造業と同義とする。

（3）　Industrial Policyは「産業政策」とも「工業化政策」とも訳されるが， 2 つの訳語に基本的な違いがあるわけではない。そこで本章では工業部門を対象としていることをはっきりさせるために「工業化政策」の語を用いることにする。

（4）　Bianchi and Labory（2006），Cimori and Stiglitz eds.（2009），Harrison and Rodoriguez-Clare（2010），横山（2010）に，工業化政策の変遷がそれぞれの考え方に基づいて書かれている。

（5）　この経緯についてPack and Saggi（2006）を参照。

（6）　規模の経済は「規模に関して収穫逓増」と同義である。詳しくは第 3 節を参照のこと。

（7）　タイトルは「東アジア」となっているが対象国は東・東南アジア諸国である。

49

（8）　Di Maio（2009）はグローバリゼーション下の工業化政策を「新しい工業化政策」と呼んで，それ以前の工業化政策と区別している。

（9）　ある企業の技術が情報のやり取りや人材の交流等を通じて他の企業に移転すること。

（10）　平均費用が限界費用＝価格よりも高くなるため，総費用（つまり平均費用×生産量）＞総収入（つまり価格×生産量）になる。

（11）　金銭的外部経済が産業の発展をもたらすモデルはVenables（1996），技術的外部経済のモデルとしてKrugman（1981），産業がある特定の国に集中（集積）するというモデルにKrugman and Venables（1995）がある。

（12）　以下のモデルはVenables（2001），Weiss（2011）を修正したものである。

（13）　このような自国と海外で生産工程を分割することをオフショアリング，垂直的直接投資，フラグメンテーション等，様々な呼び方をするが，意味する基本的なメカニズムは同じである。

（14）　国際貿易，経済発展，規模の経済の関係については野原・横田（2010）を参照。

（15）　筆者の現地調査による。アメリカの電気・電子企業は通常，現地従業員が辞めてから数年間はその元従業員が同業種の企業を設立してはいけないという契約を結ぶ。また，アメリカは法律によって海外子会社での生産には一世代前の技術の使用しか許していない。先進国も途上国の追い上げという競争圧力に直面しているのである。

（16）　レノボは2004年にIBMのパソコン部門を買収し，世界的な企業になったが，直後に本社をアメリカに移している。

（17）　15歳以上64歳以下の人口。

（18）　レノボがIBMのパソコン部門を買収した大きな目的は世界市場に打って出るためにThinkPad等のブランドが必要だったからである。

（19）　OEMはOriginal Equipment Manufacturing，ODMはOriginal Design Manufacturingの略で，前者は委託企業のブランド名で製品を生産すること，後者は委託企業のブランド名で製品を設計・生産することを指す。OEM，ODM産業の先進国は台湾である。OEMやODMのうち特に電子・電気機器の委託生産に特化した形態をEMS（Electronics Manufacturing Service）という。

（20）　2014年現在，世界の自動車販売額トップ10の企業は，日本，アメリカ，ドイツ，フランス，韓国の企業で占められている。

（21）　当初から自動車の産業集積を明確な目標に掲げていたわけではなく，経済の変動とともに政策が変化し，結果として産業の集積に結びついたのである。ただし，マレーシアほど国産車の生産にこだわってはいなかった。

（22）　1970年代のタイの人口は5,000万人に近く，2016年現在約7,000万人である。

●参考文献————————————

野原昂・横田一彦（2010）「国際貿易」ジェトロアジア経済研究所編『テキストブック開発経済学（新版）』有斐閣，pp.172-190。

横山久（2010）「開発戦略」ジェトロアジア経済研究所編『テキストブック開発経済学（新版）』有斐閣，pp.156-171。

Bianchi, P. and S. Labory（2006）, *International Handbook on Industrial Policy*, Edward Elgar, Northampton, MA, USA.

Cimori, M, G. Dosi, and J. E. Stiglitz eds.（2009）, *Industrial Policy and Development*, Oxford University Press, Oxford, UK.

Di Maio, M.（2009）, "Industrial Policies in Developing Countries : History and Perspectives," Cimori, M., G. Dosi and J. E. Stiglitz, eds. *Industrial Policy and Development* : 107-143.

Harrison, A. and A. Rodoriguez-Clare（2010）, "Trade, Foreign Investment, and Industrial Policy ·for Developing Countries," in Rodrik, D. and Rosenzweig（2010）: 4039-4214.

Irwin, D. A.（2009）, *Free Trade under Fire*, Third Edition, Princeton University Press, Princeton, NJ, USA.

Krugman, P. R.（1981）, "Trade, Accumulation, and Uneven Development," *Journal of Development Economics*, 8(2) : 149-161.

Krugman, P. R. and A. J. Venables（1995）, "Globalization and the Inequality of Nations," *Quarterly Journal of Economics*, 110(4) : 857-880.

Pack, H. and K. Saggi（2006）, "Is There a Case for Industrial Policy? A Critical Survey," *The World Bank Research Observer*, 21(2) : 267-297.

Rodrik, D. and M.R. Rosenzweig eds.（2010）, *Handbook of Development Economics*, Vol. 5, Elsevier, North-Holland.

Venables, A. J.（1996）, "Trade Policy, Cumulative Causation, and Industrial Development," Journal of Development Economics, 49(1) : 179-197.

Venables, A. J.（2001）, "Trade, Location, and Development: an Overview of Theory," World Bank Working Paper.

Weiss, J.（2011）, *The Economics of Industrial Development*, Routledge, London, UK.

World Bank（1993）, *The East Asian Miracle: Economic Growth and Public Policy*, Oxford University Press, Oxford, UK.（世界銀行（1994）『東アジアの奇跡——経済成長と政府の役割』白鳥正喜監訳，東洋経済新報社）

●学習のための推薦図書――――――――――

World Bank (1993), *The East Asian Miracle: Economic Growth and Public Policy*, Oxford University Press, Oxford, UK.（世界銀行（1994）『東アジアの奇跡――経済成長と政府の役割』白鳥正喜監訳，東洋経済新報社）

Weiss, J. (2011), *The Economics of Industrial Development*. Routledge, London, UK.

（横田一彦）

第3章
経済格差と所得格差

　市場統合が模索され始めたのに伴い，東アジアでは域内の経済格差をいかに是正するかが課題となっている。しかし，国家間の経済格差は低開発国が不断の改革を通じて経済発展の階段をひとつひとつ自力で登っていくことでしか縮小できないことから，その是正にはかなりの時間がかかる。

　東アジアは発展段階の異なる国々から構成されており，FTAAやEUに比べ経済格差が大きい。その一方，この地域には直接投資を通じて構築された生産ネットワークがあり，デ・ファクトとしての市場統合は進んでいる。しかし，経済格差が大きいことや明示的なリーダーシップが存在しないことがネックとなり，デ・ファクトとしての市場統合を制度化する動きは鈍い。

　東アジア各国における所得格差は，1990年代以降，拡大している。所得格差拡大は経済成長の足かせとなるだけでなく，市場統合にもマイナスの影響を与える。このため，東アジアにおける市場統合を進めるにあたっては所得格差の縮小を促す経済協力が重要となる。インドシナ諸国では経済回廊の整備が進み，物流にかかるコストは低下した。今後は，教育の機会均等化やリスクを緩和するセーフィティーネットの強化などを通じて，貧困の悪循環が起こらない社会を構築できるかが問われる。

　中国は経済規模において日本を追い越し，援助においても急速に存在感を高めつつあるものの，上述した課題に対する日本への期待は依然として大きい。日本が東アジアにおけるリーダーとみなされるか否かは，各国とのパートナーシップの下にこの地域をどのように発展させていくかという構想力，そして，それを具体化する実行力にかかっている。

1　はじめに——市場統合の成否を左右する日本のリーダーシップ

　東アジア域内の経済格差は大きい。まず，なぜ，東アジアにおける経済格差が問題となるのかについて整理した上で，格差の度合いや変化をEU，FTAA

と比較し，東アジアにおける経済格差が市場統合を難しくしていることを指摘する。次に，急速な拡大が指摘される各国における所得格差の問題を取り上げる。東アジア各国の所得格差は世界的にみるとどのように位置づけられるのか，格差拡大の背景に何があるのか，それはどのような問題を引き起こすのかについて検討する。そして，東アジアのなかで最も開発の遅れたASEAN新規加盟国に焦点をあてる。この地域に対しどのような援助が行われてきたかを整理した上で，日本が援助を通じて取り組むべき課題を検討する。最後に，中国の存在感が強まる東アジアにおいて日本がリーダーシップを発揮するための条件について考える。

2　東アジアの経済格差

（1）　市場統合と経済格差

東アジア（本章では特にことわりのない限り日本，韓国，中国，ASEAN10を指す）の経済格差について説明する前に，なぜ経済格差を取り上げる必要があるのかという根本的な問題について考えてみたい。経済格差を1人あたりGDPで表される発展段階の差異と定義すると，格差は世界中のいたる地域に存在する。南北問題という言葉に象徴されるように，豊かな先進国は北半球に偏っており，南半球には貧しい開発途上国が多い。開発途上国，とりわけ低所得国には看過しがたい貧困がある。これは人道主義的な観点，テロリズムの抑制や平和構築といった政治的な観点，さらには世界経済の安定といった観点からみても好ましいとはいえない。

このため先進国は十分とはいえないものの，二国間援助や国連，世界銀行等の国際機関を通じて，開発途上国に対する援助を行っている。貧困はたとえ部分的ではあっても援助によって減らすことが可能であり，そのことに異議を唱える人は少ない。また，アジア，アフリカ，米州，欧州にはそれぞれ地域に特化した開発銀行があり，地域単位でも貧困削減に向けた取り組みがなされている。

しかし，これらの援助は国家間の経済格差を是正することを目的としているわけではない。低所得国は援助で貧困を減らしたり，道路などのインフラを整備したりすることはできるが，援助で国家間の経済格差をなくすことはできないし，また，そうすることが望ましいともいえない。国家間の経済格差は低所

得国が経済発展を遂げる，つまり，不断の改革を通じて経済成長を可能にする基盤を整備しながら，経済発展の階段をひとつひとつ自力で登っていくことでしか縮小できないからである。

　では，なぜ経済格差を取り上げるのか。それは東アジアにおいて市場統合が模索され始めたからにほかならない。市場統合には様々な段階があるが（コラム参照），ヒト・モノ・サービスの移動が自由になり，資源の効率的な配分が促されることで，地域全体の経済成長を加速する効果がある。その一方で，国によっては競争力の弱い産業が衰退する，あるいは，付加価値の低い産業への特化を余儀なくされる可能性がある。仮に市場統合によって地域の経済格差が拡大するのであれば，統合の枠組を維持することは難しい。市場統合は加盟国全てにとって最終的にプラスであり，経済格差の縮小に寄与するという認識が共有されなければ，統合に向けた交渉を進めることはできない。

　このため東アジアにおける経済格差をみる場合は，市場統合に参加する国を分析対象にしなければならない。また，東アジアの経済格差の程度を判断するに際しては，市場統合を目指す他の地域と比較する必要がある。本章では欧州と米州と取り上げる。目指す市場統合の段階や進捗状況にはかなりの隔たりがあるものの，経済規模や参加国の数を勘案すればこの2つの地域が比較対象として最も望ましいと考えられるからである。それぞれの地域がどのような市場統合を目指しているのか，また，その進展状況について簡単に整理しておこう。

　欧州は，1998年の欧州中央銀行の設立や1999年の単一通貨ユーロ（Euro）の導入に象徴されるように，EU（European Union）として共通市場から経済統合への移行を進めており，最も市場統合が進んだ地域といえる。ただし，2010年と2015年にギリシャが相次いで債務危機に陥るなど，財政政策の調和は十分には進んでいない。また，2016年には，国民投票によって英国のEU離脱（Brexit）が決まり，欧州の政治的・経済的不確実性は高まっている。

　一方，米州にはFTAA（Free Trade Area of the Americas）という南北アメリカ諸国を対象としたFTA構想がある。94年末に開催された第1回米州首脳会議（キューバを除く34カ国が参加）で提唱され，2001年4月の第3回会議で2005年1月までに交渉妥結，12月までに協定を発効させることが確認されたが，米国とメルコスール（MERCOSUR：南米南部共同市場）加盟国との意見の隔たりが大きく，交渉は中断されたままである。

　東アジアは市場統合への取り組みが最も遅れた地域である。古くは，1990年末，マレーシアのマハティール首相（当時）が，ASEAN 6 カ国に日本，韓国，中国，インドシナ諸国を加えた国々で貿易圏をつくろうという東アジア経済グループ（East Asia Economic Group：EAEG）構想を提唱したものの，経済ブロック化を懸念した米国の反対により，同構想は頓挫した。その後，2001年にASEAN + 3（日本，韓国，中国）の首脳会議の諮問機関として設立された東アジア・ヴィジョン・グループ（East Asia Vision Group：EAVC）が「東アジア共同体に向けて」という報告書を提出し，2003年末の日・ASEAN特別首脳会議で採択された「東京宣言」では「東アジア共同体」の構築に努めることが正式に表明されるなど，東アジアで市場統合を進めようという機運が高まった。

　しかし，ASEAN + 3 にインド，豪州，ニュージーランドを加えた「東アジア首脳会議」（East Asia Summit：EAS）は，2005年末から定期的に開催されてはいるものの，東アジアを対象とした市場統合に，どの国や地域を入れるのか，あるいは，統合の段階として何を目指すのかについてのコンセンサスは未だになく，「東アジア共同体」は依然として構想の段階を脱していないというのが実情である。

（2）　域内経済格差の位置づけ

　図 3 - 1 はそれぞれの地域における各国の人口規模を横軸に，1 人あたりGDPを縦軸にとってプロットしたものである。プロットしたバルーンの大きさは，それぞれの地域における各国の相対的な経済規模を表す。点線はわが国のODA（政府開発援助）において無償資金協力の「卒業」の目安となる 1 人あたりGDP（2,000ドル）のラインである。バルーンの色の違いは援助の受け取り国か否かを表す。塗り潰された国はOECD（経済協力開発機構）のDAC（開発援助委員会）が定める援助の被供与国である。

　東アジアの特徴の 1 つは，なんと言っても発展段階の異なる多様な国々から構成されていることである。この地域で 1 人あたりGDPが高いのはシンガポールで 5 万6,284ドルに達する。一方，カンボジアのそれは1,095ドルに過ぎず，51倍の格差がある。これはFTAAの66倍を下回るものの，EUの15倍を上回る。東アジアには，カンボジア以外にもフィリピン，ベトナム，ミャンマー，ラオスといった低開発状態にある国が多く，それらの国々の人口が地域全体に

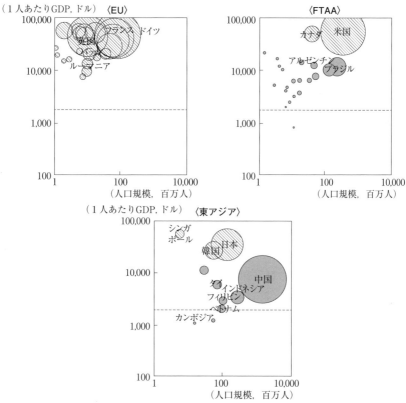

図3-1 1人あたりGDP，人口，経済規模（2014年）

注：対数目盛り。日本のODAは世界銀行が算定する1人あたりGNIを基準に援助様式が決められるが，1人あた
　　りGNIと1人あたりGDPにはほとんど差がないので，本図表では1人あたりGNIを1人あたりGDPに置き換
　　えた。

出所：World Bank, *World Development Indicators*より作成。

占める割合は他地域に比べ高い。また，無償資金協力のラインを上回ってはい
るものの，中国やインドネシアにも依然として貧困に喘いでいる人が多い。地
域全体としてみれば，1.9ドル（購買力平価）／日以下の生活を余儀なくされて
いる貧困者は2012年前後でおよそ1.4億人，全人口の7％を占める。

　東アジアの経済格差はどのように変化しているのであろうか。**図3-2**は，
各地域の構成国の1人あたりGDPの変動係数をみたものである。変動係数は
標準偏差を平均値で除したもので，データの散らばり度合いによって経済格差
の度合いを捉えようとするものである。東アジアとASEAN（東南アジア諸国連

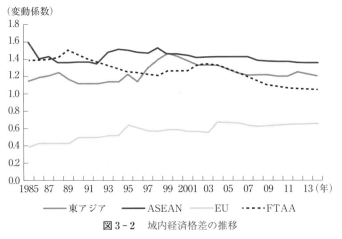

（変動係数）

図3-2　域内経済格差の推移

注：変動係数＝標準偏差／平均。ミャンマーを除く。ASEANとEUは加盟国の増加を反映
させている。

出所：World Bank, *World Development Indicators*より作成。

合）の格差はほかの地域に比べ大きい。もっとも，2005年に加盟国が増えた
EUを除いて，ほとんどの地域で1990年代後半以降，緩やかながら格差が縮小
に向かっている。これは所得の低い国ほど成長率が高かったためである。東ア
ジアについていえば，1998〜2014年の1人あたりGDPの平均伸び率が5％を
超えたのは中国，カンボジア，ラオス，ベトナムだけで，これら所得水準の低
い国の経済成長によって格差是正が進んだといえる。

（3）　極端な格差と多極構造が何をもたらすか

　東アジアは他の地域に比べ経済格差が大きいものの，このことは必ずしも市
場統合を進める障害になってこなかった。東アジアにおける著しい経済格差は
むしろ「雁行的」と呼ばれる地域全体の経済発展を促す基盤となった。つまり，
人件費の高騰や円高によって競争力が低下した日本の製造業がアジアNIEs
（韓国，台湾，香港，シンガポール），タイやマレーシアなどのASEAN原加盟国，
中国の沿海部，ASEAN後発加盟国へと段階的に生産ネットワークを拡大する
ことで，それらの国や地域に雇用，輸出，技術がもたらされ，経済発展を促す
起爆剤になったのである。東アジアに域内貿易を促進する制度的な枠組みが存
在しないにもかかわらず，域内貿易比率がNAFTA（北米自由貿易協定）を上回

る水準にあること，そして，RCEP（東アジア包括的経済連携）こそ停滞しているものの，日本・ASEAN包括的経済連携協定のようにASEANを中心にFTAのネットワークが張り巡らされていることの背景には，直接投資を通じて構築された生産ネットワークの存在がある。

　しかし，デ・ファクトとしての市場統合の進展は必ずしも制度としての市場統合が順調に進んできたことを意味しない。制度化に向けた第一の課題は，経済格差がネックとなり，FTAより先の統合段階に進みにくいことである。この問題は労働力移動の自由化を考えるとわかりやすい。労働力移動が自由化されると，発展水準が高い受け入れ国の失業率が上昇する可能性がある。東アジアよりはるかに経済格差が小さいEUでさえ，この問題を緩和するために労働力移動の自由化に経過措置が設けられたことを考えれば，東アジアで「共通市場」を実現するのは至難の技といえる。問題が労働力だけでなく資本移動の自由化，さらに，金融および財政政策の調和など広い範囲に及ぶことを考えれば，東アジアにおける「共同体」は今のところ「雲をつかむような話」と言わざるを得ない。

　第二は，東アジアには日本，中国，ASEANという3つの極が存在し，統合を推進する明示的なリーダーが存在しないことである。1997年のASEAN創設30周年を機に橋本首相（当時）が日・ASEAN首脳会議の定期的開催を提案したのに対し，中国が警戒感を抱くことを懸念したASEANがASEAN＋3を逆提案したとされるように（田中，2003），東アジアの地域化はASEANが日本と中国とのパワーバランスを取るかたちで進められてきた。

　これはフランスとドイツがリーダーシップを発揮し，市場統合が進められたEUとは全く異なる構造である。東アジアはむしろ米国とブラジルを中心とするメルコスールとの対立が表面化し，交渉が中断したFTAAに近いといえる。ただし，日本と中国がお互いを排除することができないほど経済的な相互依存を深める一方で，ASEANを挟んで影響力の拡大を狙い対峙しているため，交渉が中断することはないが急速に進むこともないというジレンマに陥っているという点でFTAAより複雑な構造を有している。

　東アジアにおける市場統合の試みが前進しないことは，生産ネットワークの拡大によって発展してきた東アジアはもちろん，それを主導してきた日本にとっても大きな損失といえる。一方，東アジアにおける日本の影響力が弱まる

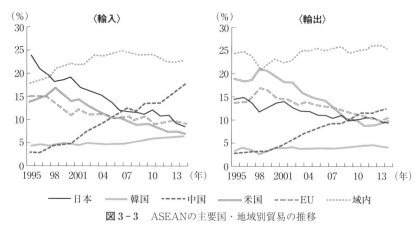

図3-3　ASEANの主要国・地域別貿易の推移

出所：IMF, *Direction of Trade*（DOT）より作成。

半面，中国の影響力は着実に強まっている。**図3-3**は，ASEANの輸出入に占める主要国・地域のシェアを見たものである。1995年に5％に満たなかったかった中国のシェアは，2014年に輸入で17.6％，輸出で12.4％と，域外では最大のシェアを占めるようになった。ただし，OECD（経済開発協力）の付加価値貿易統計（TiVA）によれば，中-ASEAN貿易の拡大には中国とASEANに進出した日本企業の工程間分業が寄与しており，必ずしも日本のプレゼンスが低下しているわけではないことに留意する必要がある。

3　各国における所得格差の拡大

（1）　所得格差の位置づけ

　もう1つの格差は国内における所得格差の問題である。東アジアは国内の所得格差が小さい地域として知られてきた。世界銀行の『東アジアの奇跡――経済成長と政府の役割』（1994年）は，1965～90年に急速な経済成長と所得不平等の是正という2つを達成した開発途上国は東アジア（日本，アジアNIEs，インドネシア，タイ，マレーシア）に集中しているとしている。東アジアでは教育の普及，土地改革，中小企業支援，住宅や医療などの公共サービスの拡充，協調的な労働組合の形成など，経済成長の成果を社会全体で共有する政策が打ち出された。各国・地域の指導者は周辺諸国の侵略あるいは共産主義という脅威（韓

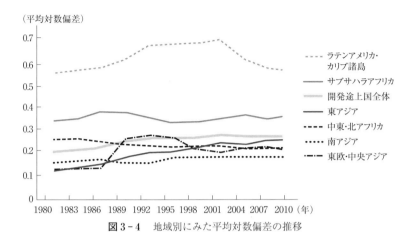

図 3 - 4　地域別にみた平均対数偏差の推移

注：人口加重値
出所：Ravalion, M. "Income inequality in the developing world," *Science*, 23 May 2014, Vol. 344 Issue 6186.

国は北朝鮮，台湾は中国，タイはベトナムとカンボジア）にさらされていたため，非エリートの支持を得て，政権基盤を安定させる必要があったためである。そして，これらの政策は貧困削減や教育投資の増大を通じて人的資本の形成を促し，成長を持続させる基盤になった。

　しかし，所得格差が小さいという東アジアの特徴は過去のものとなりつつある。**図 3 - 4** は1980年以降の地域毎の平均対数偏差（mean log deviation：MLD）をみたものである。MLDは，平均所得の対数値と各世帯の所得の対数の差をとったものを指し，値が大きいほど不平等度が高いことを表す。1980年代の東アジアのMLDは開発途上国のなかでは低い方であったが，1990年代に入り上昇し，中東・北アフリカや東欧・中央アジアを上回るようになった

　ただし，図 3 - 4 は人口加重値であるため，東アジアの値は中国における所得格差拡大の影響を強く受けている。国別にみても同じことがいえるであろうか。アジア開発銀行（ADB）は*Key Indicators 2007*で1990年代を通じて所得格差が拡大した国・地域として，中国，カンボジア，ラオス，韓国，台湾，ベトナム，フィリピンを（拡大幅の大きい順），縮小した国としてタイ，マレーシア，インドネシア（縮小幅の大きい順）を挙げている。格差の様相は一様ではないが，韓国，台湾，インドシナ諸国など，中国以外の国・地域でも格差が拡大しており，これが，この地域の所得格差拡大を促したといえる。

（2）　格差拡大の背景

　所得格差拡大の背景に何があるのか。経済の発展段階の上昇に伴う所得格差の拡大を説明するものとしてはクズネッツの逆U字仮説が最も有名である。同仮説は，経済成長の初期段階では所得格差が拡大するものの，ある一定の段階に達すると格差は縮小に向かうというものである（クズネッツ，1969）。所得格差が拡大する原因としては，①都市への人口移動によって非農業部門内における格差が拡大すること，②非農業部門の比重が急速に高まることが挙げられる。そして，ある一定の発展段階に達すると格差が縮小に向かうのは，①農業における労働者1人あたりの生産性の上昇によって拡大傾向にあった農業と工業の生産性格差が縮小に転じること，②格差の大きい自営業が減少する一方で格差の小さい被雇用者が増えること，③所得税や相続税，さらに社会保障制度などの制度が整備されることで機会均等が保障されるようになることがある。

　世界銀行による実証分析ではいずれも経済成長は所得格差に影響を与えないとしており，クロスカントリー・データを用いた実証研究には同仮説を支持しないものが少なくない。しかし，クロスカントリー・データで実証されないからといって逆U字仮説を棄却するのは早計である。実証分析は逆U字仮説が全ての国に当てはまる普遍的な現象であれば，クロスカントリーで所得水準とジニ係数をプロットすると同じようなカーブが現出するという前提で行われているが，所得格差に影響を与える制度や慣習――土地所有制，税制，社会保障制度，主婦の有業率，成人した子供の同居率など――は国や民族によって異なることから，逆U字の形状がいずれの国においても同じであるとは限らないからである。

　とはいえ，逆U字仮説が1990年代の東アジアにおける所得格差の拡大を明快に説明するわけではないことにも留意する必要がある。同仮説のポイントのひとつは都市への人口移動である。国連の *World Urbanization Prospects*（*The 2014 Revision*）によれば，1990年に33.9％であった東アジアの都市人口比率は2000年に42.2％へと8.3ポイント上昇し，中国を除く開発途上国全体（37.8％から41.1％へ3.3ポイント上昇）を上回った。しかし，80年代に比べ都市化のスピードが増したのは，中国，インドネシア，ラオス，マレーシア，ベトナムに限られる。このうち実際に所得格差が拡大したのは中国，ラオス，ベトナムだけであり，インドネシアとマレーシアについては都市への人口移動はあったものの，

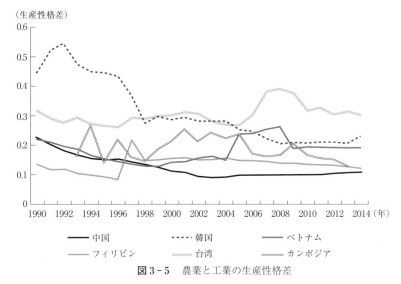

（生産性格差）

図3-5　農業と工業の生産性格差

注：生産性格差＝（農業付加価値／農業就業者）／（工業付加価値／工業就業者）で算出。ラオスは有効な
データがないため除く。

出所：ADB, *Key Indicators*および中国国家統計局資料より作成。

それによって所得格差が拡大することはなかった。

　逆Ｕ字仮説のもうひとつのポイントは農業と工業の生産性格差である。農工間の生産性格差は都市と農村の所得格差に大きな影響を与える。**図3-5**は所得格差が拡大した国・地域における農業と工業の生産性格差をみたものである。韓国，中国，カンボジアは，90年代に生産性格差が拡大（値が低下）し，これが所得格差拡大の一因であったといえる。しかし，フィリピン，台湾，カンボジアについては農業の相対的な生産性は目立って低下しておらず，これによって所得格差が拡大したとはいえない。

　所得格差を説明する要因として近年注目されているのが労働者の技能による格差である。熟練労働者は資本と補完的関係にあるのに対し，未熟練労働者は代替的な関係にある。産業構造の高度化に伴い技術をもった熟練労働者の需要が高まる一方，未熟練労働者に対する需要は低下する。この動きはIT化やグローバル化に伴う生産拠点の海外移転や賃金の安い国で生産された財の輸入増加を受けて加速する。自由貿易下で生産要素が国家間を移動しなくても，生産要素価格が均等化することを要素価格均等化定理と言い，発展段階の進んだ日

本，韓国，台湾における低技能労働者の相対賃金の低下に起因する所得格差拡大を部分的に説明しうる。

　開発途上国では，それと逆のメカニズムが働く，つまり，低技能労働者の相対賃金が上昇することから，所得格差は縮小に向かうはずである。にもかかわらず，多くの国で所得格差が拡大している。その要因をつきとめるには，国毎の経済・社会構造を詳細に調査する必要がある。格差の拡大が著しい中国の例をみると，沿海と内陸という地理的あるいは政策的要因，戸籍制度や住宅の払い下げといった制度的要因，さらには，就学年数などの人的資本要因など，格差拡大を説明しうる要因は多岐にわたり，それぞれがどの程度の影響を与えるかについては，分析に用いるデータやモデルによってかなりのバリエーションがある。また，日本における所得格差の拡大は所得格差の大きい高齢者世帯が増えたことによって説明できる（大竹，2005）とされているように，人口および世帯構造の変化が格差に与える影響も無視できない要因である。

（3）　格差拡大の影響

　バブル崩壊とともに長期低迷を強いられた日本では所得格差は是正されるべきものと考えられている。しかし，そうした考え方は必ずしも万国共通のものではない。所得格差は経済格差と同様に，完全に解消することはできないし，また，それが望ましいとも言えない。中国やベトナムは改革・開放政策によって，目覚しい経済成長を遂げ，多くの人を貧困から脱出させることに成功した。この原動力となったのが，少しでも良い暮らしをしたいという人々の切実な願いであり，それを最大限に活用する市場原理の導入であった。

　実際，所得上昇に対する強い期待がある国では，人々は所得格差に寛容になる傾向があることが示されている。これはハーシュマン（Hirschman, 1981）の「トンネル効果（tunnel effect）」と呼ばれるもので，経済発展の初期段階では他者の所得だけが上昇しても，やがてそれは自分にも及ぶと期待し，所得格差に寛容になるという仮説である。トンネル内で渋滞に遭遇した時に別の車線が動き出せば，自分の車線もそうなると期待する心理が働くことからこの名がつけられ，中国，ロシア，ハンガリーでトンネル効果が実在したという実証研究がある。

　ただし，トンネル効果が働くのは経済発展の初期段階にある階層化の進んでいない社会に限られる。社会階層の固定化が進めば，同じ方向に向かっている

と考えていた別車線の車は実は別の方向に向かっており，やがて渋滞が解消されるという期待が幻想にすぎないことを実感するようになるためである。所得格差は人々に無力感を与え，政治や社会を不安定化させる。また，所得格差の拡大によって，下層に置かれた人々の人的資本の蓄積が遅れたり，契約の履行などに不可欠な相互信頼という社会資本が損なわれたりすることで，経済成長の足かせになるという問題も発生する。

　問題は一国内にとどまらない。戦前の日本では所得格差が都市産業とそれと結びついた政党政治に対する農民の反感を醸成した（南・キム・ファルカス，2000），あるいは，ドイツにおけるナチズムの台頭の背景に大衆の絶望があった（ドラッカー，2007）とされるように，所得格差の拡大は全体主義に共感する土壌を作り出し，周辺諸国との関係を悪化させる可能性がある。東アジアには日本以外にも領土や歴史認識で隣国と対立する国が多い。また，人や資本の移動が頻繁になったことで，以前に増して差別や憎悪といった感情が生まれやすい環境下にある。所得格差の拡大によって社会階層の固定化が進むことは，東アジアの経済統合にマイナスに作用することはあっても，プラスに作用することはない。

4　ASEAN新規加盟国

（1）　CLMVと日本の支援

　第 1 節では，東アジアは経済格差が大きいため市場統合の段階を引き上げることが難しいと指摘したが，それは東アジアで市場統合を促進するには経済協力が重要であることを示唆する。このことはEUの経験を見てもわかる。EUは東アジアに比べ格差は小さいものの，単一通貨制度によって競争力の低下が懸念される国や新規加盟国を対象にインフラや法制度の整備を支援するための援助を行ってきた。市場統合を推進するための援助の必要性が経済格差の度合いと統合の段階によって決まると考えれば，東アジアにおいてはEU以上の支援が必要になる。

　援助の対象となるのは，主にカンボジア，ラオス，ミャンマー，ベトナムの新規加盟 4 カ国である。この 4 カ国はそれぞれの国名の頭文字をとってCLMVと呼ばれる。 1 人あたりGDPは1,000〜2,000ドル程度と周辺諸国に比

べ極端に低く，ASEANおよび東アジアにおける経済格差を大きくする要因となっている。前出の図 3 - 2 で見たように，ASEANの経済格差は東アジア全体よりも大きく，この 4 カ国を底上げできるか否かによって，ASEANが東アジアの市場統合における核として機能し続けるか，ひいては，東アジアの市場統合に向けた推進力を維持できるかが左右されるといっても過言ではない。

　日本は，カンボジア，ラオス，ベトナムに加え，2011年以降に民主化の取組みを始めたミャンマーに積極的な支援を行っており，その援助額はOECD（経済協力開発機構）加盟国のなかで突出している。日本の支援対象は広い分野に及ぶが，ASEANの市場統合を推進するには経済格差の是正が不可欠であるとの認識のもと，ASEAN内に日・ASEAN統合基金を設立し，ASEANのオーナーシップを尊重するかたちの支援（具体的には「開発の三角地帯」と呼ばれるCLVの国境付近の開発の遅れた地域における地雷・不発弾処理など）を行っている。さらに，CLVはいずれもメコン河流域にあることから，日本はメコン河流域を面で捉えた支援が必要として，国境をまたぐ架橋の整備などを通じて「東西経済回廊」や「南部経済回廊」と呼ばれる陸上交通網の整備にも協力している。

（ 2 ）　GMS開発プログラム

　メコン河流域の開発を進める主体は多様であり，国連や世界銀行も支援を行っているが，最も存在感を示しているのはアジア開発銀行（ADB）である。1992年にADBのイニシアチブによって開始されたGMS（Greater Mekong Subregion）開発プログラムは，メコン河流域の経済発展と連携強化に資する道路，農業，エネルギー，環境，人材育成，投資，通信，観光，貿易促進という 9 のセクターの開発を促進する多国間の経済協力プログラムで，他の支援にはない包括性と網羅性を有する。

　GMS開発プログラムの優先順位は交通インフラの整備に置かれている。2000年当時は，タイのバンコクと中国の昆明をつなぐ南北経済回廊，ベトナムのドンハーとラオス，カンボジア，タイを経由してミャンマーのモーラミャインをつなぐ東西経済回廊，ベトナムのホーチミンおよびクイニョンをカンボジア，タイを経由してミャンマーのダウエーをつなぐ南部経済回廊だけであったが，その後，新たな回廊の整備が決定され，2015年末時点で 9 つの経済回廊が存在する（**図 3 - 6** ）。

図3-6　メコン河流域における経済回廊

出所：ADB, SECTOR ASSISTANCE PROGRAM EVALUATION FOR THE TRANSPORT AND TRADE FACILITATION SECTOR IN THE GREATER MEKONG SUBREGION-TIME TO SHIFT GEARS, Independent Evaluation Department, 2008より筆者作成。

　道路の整備状況は，回廊および国によってまちまちであるが，東西経済回廊はミャンマーの未舗装区間を残してほぼ開通しており，南北経済回廊もラオスを経由する西回りルートはタイとラオスの国境を結ぶ橋が2015年1月に完成し，開通した。また，カンボジアのプノンペンからベトナムのホーチミンにつながる南部経済回廊もカンボジアにおける架橋が2015年4月に完成し，開通した。こうした道路網の整備を受けて，域内の物流にかかる時間と費用はかなり圧縮された。

（3）　日本の役割──改革支援

　CLVの経済成長率は周辺諸国に比べ高く，ASEAN内および東アジアの経済格差は緩やかではあるが縮小に向かっている。メコン河流域の交通網の整備が進むのに伴い格差是正に一層の弾みがつくことが期待されている。しかし，先行きは決して楽観できない。道路網の整備は「経済回廊」と呼ばれているように，国境をまたぐ人やモノの移動が活性化し，開発の遅れた地域の経済の底上げにつながると期待されているが，現実は必ずしも期待通りには進んでいない。

　図3-7は，ASEANを原加盟国6カ国と新規加盟国に分けて，域内貿易がどの程度の割合を占めるかを見たものである。原加盟国と新規加盟国は対照的な変化をみせている。つまり，原加盟国は輸出と輸入の双方において域内の割合が上昇しているのに対し，新規加盟国は域内の割合が低下し，域外が上昇しているのである。こうしたことから新規加盟国は必ずしも原加盟国とのつながりを強めているとは言えない。

　実際，回廊整備の便益を自国に取り込むため新規加盟国は国境地帯に経済開発区を設けると表明したものの，その多くは企画段階にとどまっている。南部経済回廊に設立された経済開発区には，バンコクのマザー工場のサテライトに相当する工場が設置されているほか，ホーチミン港を利用して輸出を手掛ける工場も進出しているものの，円滑な物流を支える制度や道路以外のインフラが十分に整備されておらず，経済回廊整備の効果が表出するにはまだかなりの時間がかかるとみる必要がある。

　経済開発区へ企業の入居を促すには，道路と安価な労働力があるだけでは不十分であり，電力など周辺インフラの整備や越境手続きの簡素化を図るなどして，国境地帯の総合的な利便性を高めて行く必要がある。また，入居した外国企業を支える地場企業の存在も欠かせない。地場企業の集積が薄い新規加盟国は外資だけでなく，国内民間企業を対象とした投資環境の整備を図らなければならない。道路などの交通網の整備は，持続的な経済成長を遂げるために取り組むべき課題の一部であり，開発のスタート地点に立ったに過ぎないと考える必要がある。

　新規加盟国の投資環境は経済回廊の効果を内部化できるほど整備されてきたといえるであろうか。世界銀行は世界各国におけるビジネスのしやすさを①起業，②建設許可，③雇用，④財産登録，⑤融資，⑥投資家保護，⑦貿易，⑧契

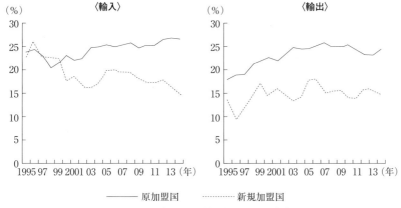

図3-7　ASEAN原加盟国と新規加盟国の域内貿易の割合

注：新規加盟国は，カンボジア，ラオス，ミャンマー，ベトナムの4カ国。
出所：IMF, *DOT*より作成。

約執行，⑨清算の9項目で調査し，*Doing Business*として毎年発表しているが，新規加盟国に対する評価は厳しい。2015年時点で，ミャンマーは調査対象国189カ国中167位，カンボジアは127位，ラオスは134位，ベトナムは90位となっている。

　原加盟国については，フィリピン（103位）とインドネシア（109位）に対する評価が低いものの，シンガポール，マレーシア，タイはそれぞれ1位，18位，49位である。この3カ国とベトナムを除く新規加盟国を比較すると，投資環境の格差は大きく，経済格差是正に向けた道筋はなかなか見えてこない。少なくとも投資環境の格差を1人あたりGDPの格差以下に抑えるよう投資環境の改善を図らなければ，格差は縮小に向かわない。これは日本の新規加盟国に対する支援の柱の1つになりうる。

　ASEANは，2015年末にASEAN経済共同体（ASEAN Economic Community：AEC）を正式に発足させたものの，AECは完成したわけではなく，依然として道半ばである。このため，ASEAN各国には，相互の結束を強め，AEC実現に向けた取組みを強化することが期待される。それは，ASEAN自身はもちろんこの地域に重層的な生産ネットワークを有するわが国企業の発展を促し，東アジアの安定にも寄与する。AEC加速にあたってはインフラ整備や貿易投資に係る制度や人材育成に対する支援だけでなく，次に指摘するように個々の国

における所得格差是正に対する支援も欠かせない。

　日本ではあまり報道されないが，ASEANでは国境，資源，労働力移動，歴史認識をめぐって二国間関係が度々悪化する。所得格差の拡大はそれらの問題を悪化させる誘発剤になりかねない。教育の機会均等化および病気，失業，高齢化などのリスクを緩和するセーフティーネットの強化などを通じて，貧困の悪循環が起こらない社会を構築することは新規加盟国はもちろん，格差が拡大している全ての国に共通する課題である。日本はすでにこの分野で少なからぬ支援を行っているが，所得格差の拡大はASEAN，ひいては東アジアの市場統合を妨げる要因になるという認識のもとに総合的な支援に乗り出す必要がある。

　経済格差や所得格差を是正するための特効薬はない。重要なことは，どのような支援を行うにしても，それらは新規加盟国の改革に向けた自立的な取り組みを支援するものでなければならないという点である。また，支援においては韓国やASEAN原加盟国の積極的な貢献を引き出すことも不可欠である。日本が単なる気前のいいスポンサーと見なされている限り，支援を通じてASEANや東アジアの一体感を高めることなど到底できない。日本が東アジアにおけるリーダーと見なされるか否かは，各国との緊密なパートナーシップの下にこの地域をどのように発展させていくかという構想力，そして，それを具体化する実行力にかかっている。

5　おわりに——援助国として台頭する中国

　中国は2009年に日本を抜き世界第 2 位の経済大国となった。第 1 節では，中国－ASEAN貿易が日本－ASEAN貿易を凌駕したことを指摘したが，援助においても同様のことが起きるかもしれない。中国は経済協力開発機構（OECD）の加盟国ではないため，援助についての情報は少ない。「中国的対外援助白書2014」によれば，中国政府は2010～2012年の 3 年間で893億元（約137億ドル）の対外援助（コミットメントベース）を行っている。「援助」の定義が異なるため単純に比較できないが，日本の同期間の援助（ネットベース）327億ドルには及ばない。

　しかし，アジアインフラ投資銀行（AIIB）やシルクロード基金が相次いで設立されたたように，援助国としての中国の存在感は急速に高まっている。中国

の援助は，従来，資源確保を目的としたアフリカや中南米向けが主体であった
が，今後はアジアのインフラ開発が加わる見込みである。中国はすでにカンボ
ジア，ミャンマー，ラオスに対しては日本を上回る援助を行っており，各国政
府に強い影響力を保持している。また，インドネシアにおける高速鉄道整備を
受注するなど，原加盟国にも積極的にアプローチし，インフラビジネスを展開
している。

　日本では援助国として台頭する中国に対する警戒感が強まっている。とはい
え，アジアの膨大なインフラ需要は日本，ADB，世界銀行の支援をもっても
満たすことはできないため，ASEAN各国が中国に期待するのはやむを得ない
ことといえる。パラセルおよびスプラトリー諸島の領有権をめぐって中国と対
立するフィリピンとベトナムがAIIBに参加したのはその象徴といえる。中国
を対抗勢力と見なしているだけでは，この流れを変えることはできない。東ア
ジアにおいて日本が存在感を示すには，日本とASEANが透明性の高い多国間
協力枠組みをつくり，そこに中国を取り込んでいくという戦略が必要である。

　人の受け入れやコメを中心とする農産物の自由化を進め，日本をより開かれ
た市場に変えていくことができれば，日本の重要性は格段に高まるであろう。
2016年2月に大筋合意に達した環太平洋経済連携協定（TPP）はその契機にな
ると思われたが，トランプ米大統領の誕生により頓挫した。日本には，TTP
に代わる自由化水準の高い協定を主導する強いリーダーシップが求められる。
また，欧米諸国や国際金融機関とともに中国を援助協調の枠組みに組み込むこ
とも重要である。AIIBは運営の不透明さから格付け機関から当初は債券に対
する高格付けがとれず，債権は無格付けのまま韓国が引き受けることとなった。
融資も当面はADBや世銀との協調融資になる見込みで，国際金融機関として
の体裁を整えるのに苦労している。

　援助協調はプロジェクト間の連携を図ることは援助全体の効率を高めるだけ
でなく，援助実施のプロセスを重視することから環境破壊や汚職を防ぐ効果が
ある。東アジア各国には，程度の差はあるものの，中国との相互依存関係の深
まりに対する警戒感を持つ国が少なくない。中国が責任ある大国として行動す
ることは，東アジアはもちろん中国にとっても利益になる。こうした東アジア
特有の構図をふまえた上で援助協調を推進できる国は日本をおいてほかにない。

■□コラム□■

市場統合の段階

　市場統合にどのような段階があるかについてはベラ・バラッサの定義が良く知られている（バラッサ，1963）。その定義を利用すると，今日の市場統合の動きは次の6つの段階に分けることができる。具体的には，①統合の準備段階：特定の課題についての地域協力（事例としてはAPECやASEAN＋3など），②貿易障壁を撤廃する自由貿易地域（Free Trade Area：FTA）：財の貿易障壁の撤廃を目指すものが一般的であるが，サービス貿易自由化や知的財産権の保護などを加えるものもある（前者の事例としてはAEC，後者はNAFTA），③関税同盟（Custom Union）：FTAに域外共通関税加えたもの（MERCOSUR），④共通市場（Common Market）：関税同盟に労働力と資本移動の自由化を加えたもの，⑤経済同盟（Economic Union）：共通市場に財政・金融政策の調和を加えたもの（EU），⑥完全な経済統合：財政・金融政策の統一，といった段階がある。

（三浦有史）

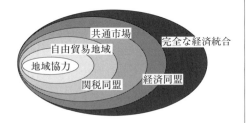

図　市場統合の段階

出所：バラッサ（1963）ほかより作成。

■　■　■

●参考文献

大竹文雄（2005）『日本の不平等——格差社会の幻想と未来』日本経済新聞社。
　＊日本における所得格差の拡大を実証的に分析した良書。
クズネッツ，S（1969）『近代経済成長の分析（上・下）』塩野谷祐一訳，東洋経済新報社。
　＊経済発展と所得格差の関係を体系的に論じており，格差論では必ず引用される古典。
世界銀行（1994）『東アジアの奇跡——経済成長と政府の役割』白鳥正喜監訳，東洋経済新報社。
　＊1960年から1990年までの東アジアの主要国の経済発展の背景を探った良書。

田中明彦（2003）「アジアという地域形成の試み——ASEAN＋3の展開」東京大学東洋文化研究所編『アジア学の将来像』東京大学出版会。

　＊東アジアにおける経済統合の歩みを丹念にフォローした解説書。

ドラッカー，P・F（2007）『「経済人」の終わり　ドラッカー名著集9』上田惇生訳，ダイヤモンド社。

　＊ドラッカーが1939年に発表した全体主義の起源に迫る処女作。

内閣府（2007）『年次経済財政報告——生産性向上に向けた挑戦』第4節「経済成長と格差の関係」（http://www5.cao.go.jp/j-j/wp/wp-je07/pdf/07p03040.pdf）。

　＊経済成長と格差の関係をIT化やグローバル化といった視点から論じたもの。

バラッサ，B（1963）『経済統合の理論』中島正信訳，ダイヤモンド社。

　＊経済統合の理論を記した古典であると同時に決定版。

経済産業省（2005）『通商白書』第3章第4節　東アジアの経済関係の深化と地域の制度的統合（http : //www. meti. go. jp/report/tsuhaku2005/2005honbun/html/H3410000.html）。

　＊東アジアにおける市場統合のプロセスをEUと比較し，政策のあり方を説いたもの。

南亮進／キム，クワン・S／M・ファルカス編（2000）『所得不平等の政治経済学』東洋経済新報社。

　＊所得不平等の影響を理論・歴史・現状から多面的に考察した学際的な良書。

ADB（2008），SECTOR ASSISTANCE PROGRAM EVALUATION FOR THE TRANSPORT AND TRADE FACILITATION SECTOR IN THE GREATER MEKONG SUBREGION—TIME TO SHIFT GEARS, Independent Evaluation Department　　　　　　　　　　　　　　　　　　　　　　　　（http : //www.adb.org/Documents/Reports/SAPE/REG/SAP-REG-2008-86/SAP- REG-2008-86.pdf）.

　＊ADBによる拡大メコン開発の現状と評価。

Hirschman, O. A. (1981), "The Changing tolerance for income inequality in the course of economic development", *Essays in Trespassing Economics to politics and beyond*, Cambridge University Press.

　＊所得格差に対する許容度は経済の発展段階によって異なることを指摘した論文。

IMF（2007），World Economic Outlook Globalization and Inequality, October 2007, Chapter 4 Globalization and Inequality（http : //w*ww. imf. o*rg/external/pubs/ft/weo/2007/02/pdf/c4.pdf）.

　＊世界の主要地域を対象にグローバル化と所得格差の関係を論じた論文。

●学習のための推薦図書────────

木村福成（2000）『国際経済学入門』日本評論社。

黒岩郁夫編著（2014）『東アジア統合の経済学』日本評論社。

田中鮎夢（2015）『新々貿易理論とは何か──企業の異質性と21世紀の国際経済』ミネルヴァ書房。

バナジー，アビジット・V／エスター・デュフロ（2012）『貧乏人の経済学──もういちど貧困問題を根っこから考える』みすず書房。

カーラン，ディーン／ジェイコブ・アペル（2013）『善意で貧困はなくせるのか？──貧乏人の行動経済学』みすず書房。

●データ・ベース────────

ADB, Database and Development Indicators（http : //www.adb.org/Statistics/default.asp）

　＊加盟国の主要統計がエクセルでダウンロードできる。

ASEAN（http : //www.aseansec.org/index.html）

　＊ASEANの公式文書やASEAN Statistical YearbookがPDFで閲覧できる。

World Bank, Data（http : //data.worldbank.org/）

　＊世界各国の主要統計がエクセルでダウンロードできる。

World Bank, Doing Business（http : //www.doingbusiness.org/）

　＊世界各国におけるビジネスのしやすさを調査し，データ化したもの。

World Income Inequality Database WIID_3.3 World Institute for Development Economy, United Nations University（https : //www. wider. unu. edu/download/WIID3.3）

　＊各国で実施された家計調査に基づくジニ係数および調査手法を網羅したもの。

World Urbanization Prospects : The 2014 Revision Population Database（http : //esa.un.org/unup/）

　＊国連による各国の都市人口予測。都市への人口移動がどのように進んできたか，今後，どのように進むかがわかる。

（三 浦 有 史）

第Ⅱ部

貿易と金融

第4章
国際的生産ネットワーク

　経済のグローバル化とともに，国際分業や貿易においても，これまでのような産業単位ではなく，生産工程やタスクを単位とする国際分業が，急速に発展しつつある。本章では，このような新しい国際分業を体現するものとして，国際的生産ネットワークと産業集積に注目し，工程間分業が生み出す新しい国際貿易パターンや産業集積形成の特徴，そしてこれらを理解するための理論的枠組みを概説する。また，新たな国際分業の出現によって，直接投資誘致をテコに工業化を進めてきた発展途上国の開発戦略も大きく変わってきた。これまでの東アジアにおける貿易・産業振興政策と国際分業の変貌との関係を紹介しつつ，国際的生産ネットワークの存在を踏まえて，これらの発展途上国がさらなる工業化，産業の高度化のためにどうすればよいのか，また直接投資する側である先進国側にはどのような影響があり，今後何が必要なのか，議論する。

1　はじめに——新たな経済関係へ

　経済のグローバル化は我々の住む世界の様相を大きく変えつつある。経済のグローバル化とは，一言で言えば，空間と時間の圧縮である。しかもそれは一様に進行するのではなく，進んでいる部分と遅れている部分がまだら模様を呈しながら進んでいく。その過程で伝統的な経済社会と様々な軋轢を生み出しながら，同時に新たな経済的機会を創出していく。

　国際分業と貿易・直接投資に関しても，1980年代半ば以降，これまで我々が経験したことのなかった新たな経済関係が優勢となってきている。そこでは，これまでのような産業単位ではなく，生産工程やタスク（企業活動の中で行われるひとかたまりの機能・作業）を単位とする国際分業が，急速に発展しつつある。本章では，このような新しい国際分業を体現するものとして，国際的生産ネッ

トワークと産業集積に注目し，第2節および第3節で，工程間分業が生み出す新しい国際貿易パターンや産業集積形成の特徴を紹介するとともに，これらを理解するための理論的枠組みを概説する。

　また，新たな国際分業の出現によって，直接投資誘致をテコに工業化を進めてきた発展途上国の開発戦略や経済統合のあり方も大きく変わりつつある。第4節では，これまでの東アジアにおける貿易・産業振興政策と国際分業の変貌との関係を紹介しつつ，生産ネットワークの存在を踏まえて，これらの国々がさらなる工業化，産業の高度化を推進するためにどうすればよいのかを議論する。

　一方で，生産ネットワークの存在は，直接投資する側である先進国経済，とりわけ先進国内の雇用と経済活動にも影響を与える。しばしば空洞化の問題が懸念されるが，果たして実際にはどうなのだろうか。また，生産ネットワークでつながった世界のどこかでサプライ・チェーンが寸断された場合に，サプライ・チェーンを通じてショックが伝播するという意味で，生産ネットワークがショック伝播チャンネルとなってしまう危険性は否定できない。特に自国企業が国際的生産ネットワークの担い手となっている先進国の場合，問題を主体的に捉えることになるが，生産ネットワークは本当に脆弱なものだろうか。第5節では，生産ネットワークの先進国経済へのインパクトや危機に際した生産ネットワークの頑強性に関して，日本企業や日本の貿易データを用いた実証研究の結果をふまえながらこれらの危惧について議論し，第6節で本章を締めくくる。

2　国際的生産ネットワークの展開と産業集積の形成

（1）　新しい国際分業の出現

　本章の冒頭でも述べたように，経済のグローバル化が進展するなか，国際分業と貿易・直接投資に関しても，1980年代半ば以降，これまで経験したことのなかった新たな経済関係が優勢となり，これまでのような産業単位ではなく，生産工程やタスクを単位とする国際分業が，急速に発展しつつある。

　リチャード・ボールドウィンは，「アンバンドリング」という概念を導入して，国際分業の歴史的変遷に新解釈を提示した（Baldwin, 2011）。彼によれば，

19世紀末までは，国際貿易はある程度なされていたとしても，各国経済の大きな部分は，一国で生産されたものがその国のなかで消費される形をとっていた。しかし，蒸気船と鉄道の普及による輸送革命以降，生産と消費が国境をまたいで分離される「第一のアンバンドリング」が起こった。長距離の大量輸送が安価に提供されるようになったことから，産業単位の国際分業が本格的に始まった。そこで貿易されていたモノは，原材料と製造業完成品が中心である。第一のアンバンドリングの時代は，第二次大戦前の貿易縮小期，大戦後のGATTの下での貿易自由化・拡大期を経ながら，1980年代半ばまで続くこととなる。

　それに対し，「第二のアンバンドリング」は，IT革命を契機として始まった。ここでは，一体として1カ所でなされていた生産が生産工程・タスクを単位として分離され，国境をまたいで配置されるようになった。それを可能にしたのが，IT革命による遠隔地間のコーディネーション費用の劇的な低下である。分離された生産ブロック間では，部品・中間財の密度の高いやりとりがなされる。そしてそこでは，モノだけでなく，資本，技術，経営ノウハウ，技術者など様々なものが動かなくてはならない。モノの貿易に伴う輸送費に関しても，単に金銭的に安いだけでなく，時間費用や輸送の信頼性も重要となってくる。

（2）　工程間分業が生み出す新しい国際貿易パターン

　製造業において第二のアンバンドリングを先導しているのが機械産業である。ここでは，貿易統計の分類に合わせ，一般機械，電気機械，輸送機器，精密機械を機械と定義する。一般に機械は数多くの部品・中間財からなる。部品・中間財にはさまざまな素材が用いられており，それらが多様な技術を駆使する数多くの素材・部品業者によって生産されている。もともと生産工程間の分業が盛んで，それらの間のコーディネーションも重要であった業種である。このような一国内で行われていた生産工程間分業が，第二のアンバンドリングの時代となり，国境を超えて大規模に展開されるようになった。

　機械産業における第二のアンバンドリングは，量的に重要なだけでなく，質的にも高度なものとなっている。離れた生産ブロック間では密度の高いコーディネーションが行われる。部品・中間財の搬出・搬入の頻度も高く，精緻な同期化が進んでいる。このようなオペレーションが機械産業によって可能になると，ほかの製造業業種やサービス産業においても新たなビジネス・モデルが

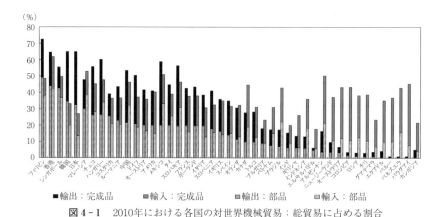

図4-1　2010年における各国の対世界機械貿易：総貿易に占める割合

出所：Ando and Kimura（2013）.

登場してくる。その意味で，世界各国において第二のアンバンドリングあるい
は国際的生産ネットワークへの参画がどこまで進んでいるのかを見分けるには，
まず，機械産業における工程間分業への参加の度合いをみればよい。**図4-1**
は，2010年時点での各国の輸出総額あるいは輸入総額に占める機械貿易の割合
を，部品・中間財の輸出比率の高い国から順に並べたものである。この図から，
いかに機械部品・中間財取引が盛んになっているかがわかるだろう。なかでも，
東アジアの多くの国は，左側に固まっており，輸出でも輸入でも高い部品・中
間財比率を有してことから，東アジアにおける活発な工程間分業の存在が伺え
る。東アジア以外の発展途上経済で第二のアンバンドリングを盛んに行ってい
るのは，中東欧の数カ国とメキシコ，コスタリカのみである。現時点で，機械
産業における国際的生産ネットワークは，東アジア，北米，ヨーロッパを中心
に展開されているが，新興国・発展途上国のなかで，これらの生産ネットワー
クに参加していける国とそうでない国とがはっきりと分かれる状況となって
いる。[1]

　東アジアにおける工程間分業の発展をもう少し詳しくみるために，1970年以
降の東アジア各国の機械貿易比率の変遷を追ってみよう（**図4-2**）。1970年の
段階では，機械類を大量に輸出しているのは日本のみであり，それもほとんど
が完成品輸出である。しかし，その後1980年代から90年代にかけて急速に機械
部品輸出比率が上がり始め，2010年には多くの東アジア諸国が機械部品を輸入

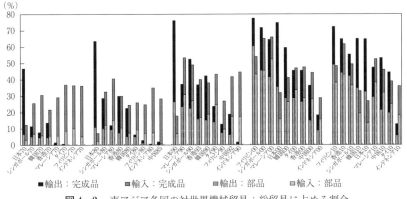

図4-2　東アジア各国の対世界機械貿易：総貿易に占める割合

注：1970年と1980年についてSITC分類，1990年と2010年についてはHS分類（1990年のフィリピンのみSITC分類）に基づく。1980年の中国は1985年，1990年の中国と香港はそれぞれ1992年と1993年のデータを用いている。
出所：木村・安藤（2016）。

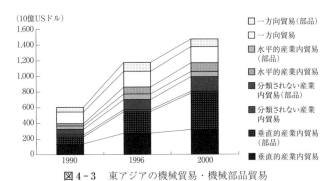

図4-3　東アジアの機械貿易・機械部品貿易

注：1990年については，フィリピンは含まれていない。また，中国と香港の1990
　　年のデータにはそれぞれ1992年と1993年のデータを用いている。
出所：Ando（2006）.

も輸出もするという典型的な生産ネットワークのパターンを示すようになっている。東アジアの機械貿易を貿易パターンのタイプ（一方向貿易，垂直的産業内貿易，水平的産業内貿易）で分割してみると，このような機械部品・中間財の双方向取引の伸びは，垂直的な双方向取引，すなわち生産ネットワークのなかでの工程間分業によるところが大きい（**図4-3**）[(2)]。このように，1980年代から90年代にかけて，東アジア諸国が，一方向でかつ完成品の貿易を中心とする第一のアンバンドリングの世界から，双方向の部品貿易を特徴とする第二のアンバン

ドリングの世界へと，順次移行していった。なお，カンボジア，ラオス，ミャンマー，ベトナムなど図4-2に入っていないASEAN後発国も，ベトナムを筆頭に，近年急速に東アジアの生産ネットワークに参加する動きをみせている。

（3）　分散立地から産業集積形成へ

かつて国際的生産ネットワークにはいくつかのプロトタイプがあった。そのうちの1つが比較的単純な「越境生産共有」である。例えば，アメリカとメキシコのマキラ（国境地帯に設けられた工業団地）の間の分業がそれにあたる。部品・中間財をアメリカ側で取りまとめ，それをマキラにある自社の工場に送ってメキシコの安価な労働力を用いて組み立て，完成品をアメリカに送り返す，といった比較的単純なオペレーションである。これは国境を隔てての賃金格差を利用するものであり，また主に企業内分業によってなされている。

それに対し東アジアでは，新興国・発展途上国側で分散立地とともに産業集積の形成も始まっている。これは，東アジアが製造業における第二のアンバンドリングが最も進んでいる地域であることを示すものである。分散立地と集積形成は，一見逆向きの動きであるように思えるかも知れないが，実は同時進行する必然性が存在する。企業内取引は長距離，企業間取引は短距離というパターンがある。なぜなら，企業間取引においては，取引相手との信頼関係が薄いため，取引費用節減のため，地理的に近いところで行われる傾向がある。そのため，国際的生産ネットワークが発達するのと同時に，産業集積が形成されるようになったのである。このように東アジアでは生産面の論理が先行する集積形成が始まっており，消費者の地理的集中を契機とするヨーロッパ等の集積形成とは異なる点も注目される。メキシコや中東欧でも徐々に産業集積が形成されつつあるものの，メキシコ，中東欧の生産ネットワークは，東アジアのような産業集積形成の段階まではまだ進んでいない。

（4）　「世界の工場」から「世界の市場」へ

東アジアで展開された生産ネットワークは，東アジアを「世界の工場」の地位に押し上げた。製造業拠点としての東アジアの優位性は，世界金融危機などに苦しめられながらも，この10年でさらに強化された。前述した通り，いまや，東アジアの生産ネットワークは，北米，ヨーロッパに完成品を供給するだけで

フラグメンテーション前

フラグメンテーション後

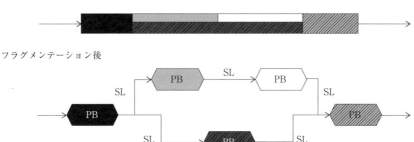

PB: 生産ブロック
SL：サービス・リンク

図4-4 生産のフラグメンテーション

なく，両地域における生産ネットワークへの部品供給者としても重要な役割を担っている。北東アジアでは，素材産業を中心に地場系企業も強いのに対し，東南アジアでは，地場系企業の発展がまだ限定的である。そのような違いはあるものの，第二のアンバンドリングの原理を積極的に利用した工業化が，東アジア全体の競争力を高めていることは間違いない。今後はさらに貧困人口の縮小，中間層人口の急増が進み，「世界の市場」としての期待も高まっていくであろう。

3　フラグメンテーション理論と空間経済学

（1）　フラグメンテーション理論

　リカード，ヘクシャー＝オリーン以来の伝統的な国際貿易理論は，比較優位（どの財を相対的に安価に生産できるか）に基づく産業単位の国際分業のメカニズムの解明に焦点があてられてきた。これらは，第一のアンバンドリングを念頭に置いた国際貿易理論とも言える。それに対し，ジョーンズとキアズコフスキーによるフラグメンテーション理論（Jones and Kierzkowski, 1990）は，生産のフラグメンテーション（分散立地），生産工程・タスクを単位とする国際分業を説明する理論である。

　図4-4は生産のフラグメンテーションのメカニズムを例示したものである。上流・下流の様々な生産工程・タスクから成る工場を生産ブロックに分け，そ

れらを分散立地させれば，全体としての生産費用を低下させ，生産性を向上さ
せることができるかも知れない。これを生産のフラグメンテーションと呼ぶ。
フラグメンテーションによって生産費用削減を実現するには，2つの条件が満
たされなくてはならない。第一は，生産ブロック内における生産費用が十分に
低減できることである。第二は，生産ブロック間を結ぶサービス・リンクのた
めの費用が高くなりすぎないことである。これらを満たすことができれば，企
業は生産のフラグメンテーションを行うことになる。

　産業単位の国際分業と生産工程単位の国際分業の違いはどこにあるのか。単
に産業分類を細かくするのと何が本質的に違うのか。1つは，企業戦略や立地
条件に合わせて，生産ブロックの切り出し方を弾力的に変えられることである。
産業単位でしか移動できない場合に比べて，分業パターンの選択肢は大幅に拡
大する。もう1つは，サービス・リンク費用の大きさがフラグメンテーション
の可否を決定的に左右することである。輸送費用あるいは貿易費用は以前から
大事ではあったが，その重要性が格段に増した。これらの違いにより，生産の
フラグメンテーションは多国籍企業，投資受入国の戦略を大きく変えた。

　第一の条件，すなわち生産ブロック内の生産費用の軽減は，特に南北間の国
際分業の際に満たされやすい。開発格差や賃金格差の存在は，フラグメンテー
ションの動機となりうる。このことから先進国・地域から後発国・地域への生
産ブロックの移動が起き，またそれは地理的開発ギャップを縮小させる方向に
働きうる。ただしそのためには，第二の条件，すなわちサービス・リンク費用
が低く抑えられるという条件を満たさなくてはならない。サービス・リンク費
用の低減のためには，特に部品・中間財に関する貿易自由化のほか，通関手続
きの簡素化・迅速化等のきめ細かい貿易円滑化，ハード・ソフトの輸送インフ
ラの整備，取引費用軽減のための経済制度の調和・収束などが必要となってく
る。

（2）　二次元のフラグメンテーションと産業集積

　さらに，東アジアにおける分散立地と集積形成の同時進行を説明するための
理論枠組みとして，二次元のフラグメンテーション理論が提起された（Kimura
and Ando, 2005）。生産ブロックをフラグメントする際，国内・海外といった地
理的距離の次元でフラグメンテーションを行う場合と，企業内・企業間という

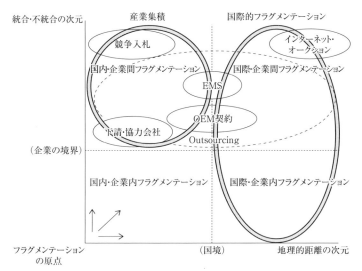

図4-5　2次元のフラグメンテーション

出所：Kimura and Ando（2005）.

次元で行う場合を区別して考えようというものである（**図4-5**）。

　先ほど紹介したアメリカ＝メキシコ間のマキラのオペレーションは，ただ行って帰ってくるだけの単純な越境生産共有であり，ほとんどが企業内分業である。一方，東アジアでは，様々な形態のアウトソーシングすなわち企業間分業も盛んに行われている。しかも企業間分業においては，取引費用が地理的距離と正の相関を有しているため，近場で行われる傾向が強い。したがって，特に図の左上の部分にあたるフラグメンテーションが産業集積を生み出す力となる。地理的次元と企業内・企業間の次元という二次元でフラグメンテーションを考えれば，1つの枠組みで分散立地と集積形成の同時進行を説明できるようになる。

　生産ネットワーク内取引の空間構造を統計データによって直接把握するのは難しい。しかし，機械産業の生産ブロックを形作る工場を訪問すれば，上流，下流の部品・中間財，完成品の動きを綿密に管理していることがわかる。おおよそ，搬出入に要する時間，頻度，輸送モード，距離の異なる4つの層の取引を並行して使い分けているものと考えられる（**表4-1**）。

　本当の意味でのジャスト＝イン＝タイムをやっているのは第1層すなわち産

表 4-1　　4 層からなる生産ネットワーク内取引

	第 1 層 (産業集積内)	第 2 層 (サブ地域内)	第 3 層 (地域内)	第 4 層 (グローバル)
リードタイム	2.5時間以内	1～7日	1～2週間	2週間～2カ月
取引頻度	1日1回以上	週1回以上	週1回	週1回以下
輸送モード	トラック	トラック/船/飛行機	船/飛行機	船/飛行機
トリップ長	100km以内	100～1,500km	1,500～6,000km	6,000km以上

出所：Kimura（2010）をもとに若干の修正を加えた。

業集積内である。たとえばバンコク首都圏の産業集積でトヨタが行っているのは，部品の8割について2時間以内の在庫しか持たないという極端なジャスト＝イン＝タイムである。このような取引を核とするフルサイズの産業集積は，半径100km程度の大きさのものを想定してインフラ整備をする必要がある。第2層は，例えばASEANや北東アジアといったサブ地域内の取引である。量的に大きいのは，隣り合った産業集積間の取引である。また，バンコク首都圏と周辺国との間の生産のフラグメンテーションなども，そこに含まれる。典型的には1日1回の頻度の取引であり，ここでも搬入・搬出に要する時間にセンシティブである。第3層は，例えば東アジア地域全般にわたる取引である。どうしても本国から引かなくてはならない基幹部品の取引などがここに含まれる。この層では企業内取引がほとんどで，緊急の場合を除き，船でゆっくり運んでいるケースが多い。通常，時間費用にはそれほど敏感でない。第4層は世界全体にわたる取引である。多くの場合は，コンテナ船や自動車専用船による輸送などである。2週間から2カ月かかるのが普通である。1つの工場，生産ブロックは，このような4つの層の取引を，ウェイトを変えて組み合わせている。どの層の取引を選択するかは，**表 4-2** のような二次元のフラグメンテーションに対応する要素によって決定されている。

　近年，グローバル・サプライ・チェーン（GSC）あるいはグローバル・ヴァリュー・チェーン（GVC）という言葉がしばしば用いられる（Elms and Low eds., 2013）。しかし，それらと第二のアンバンドリングあるいは生産のフラグメンテーションという概念は，ずれている部分があることに注意してほしい。生産・流通が国際間で垂直的に連関してさえいれば，一種のGVCとみなされる。たとえば，原油から石油化学への連関，繊維から衣料といった連関でも

表4-2　生産ネットワーク内取引における4層の選択基準

	第1層	第2層	第3層	第4層
〈地理的距離の次元のフラグメンテーション〉				
ネットワーク・セットアップ・コスト（サプライヤーを呼び寄せるコストなど）	小 ←──────────→ 大			
サービス・リンク・コスト（輸送費など）	大 ←──────────→ 小			
立地の優位性の違い（賃金水準，規模の経済性など）	小 ←────→ 大			
〈統合・不統合の次元のフラグメンテーション〉				
企業内・企業間		企業間 ←──────→ 企業内		
企業間取引の場合：				
信用度		弱 ←──→ 強		
パワーバランス	アンバランス ←──────→ バランス			
企業間インターフェイスのアーキテクチャー　モジュール型・インテグラル型	インテグラル ←──────→ モジュール			

出所：Kimura（2010）をもとに若干の修正を加えた。

GVCと呼べる。しかしそういった国際産業連関のほとんどは，第一のアンバンドリングに属するものである。第二のアンバンドリングあるいは生産のフラグメンテーションと言う場合には，生産ブロック間の緊密なコーディネーション，輸送費用における時間費用，ロジスティックス・リンクの信頼性の強調など，単なる国際産業連関を超えた結びつきに注目している。そしてそれは，生産ネットワークの「質」とそれを支える経済・政策環境を議論する際に決定的に重要となる。最近盛んな付加価値貿易（Mattoo, Wang and Wei eds., 2013）の議論でも，その違いは必ずしも明確でないケースが多いことに注意してほしい。

　先ほどの生産ネットワーク内取引の4つの層の議論でも，第2層，第3層，第4層と移っていくにしたがって，第二のアンバンドリングから第一のアンバンドリングへと徐々に移行していくものと考えるのが妥当である。

（3）　空間経済学の視点

　生産のフラグメンテーションのためには，まずはサービス・リンク費用の低減が必要であるが，ただ低減すれば自動的に，先進国・地域から後発国・地域に経済活動が移っていくわけではない。ここで重要となってくるのが，空間経

済学あるいは新経済地理学から得られる知見である。

　人口や経済活動が集積しているコアとその周辺であるペリフェリーの間の輸送費用あるいは貿易費用が下がると，2つの力が生み出される。すなわち，集積力と分散力である。集積力とは，資源・生産要素や経済活動がペリフェリーからコアに引き寄せられる力である。集積の中では，正の集積効果，一種の規模の経済性が存在している。企業間分業における便宜性，市場への近接性もそれらに含まれるし，また技術・市場情報，人的資本や金融，経済インフラ・サービス等へのアクセスの容易さもそれにあたる。一方，分散力は，資源・生産要素や経済活動がコアからペリフェリーへと拡散していく力である。集積内では，混雑という負の集積効果も生じてくる。賃金上昇，地価高騰，交通混雑，公害・汚染などがそれに当たる。混雑が生じてくると，労働集約的な工程など一部の経済活動がコアから外へと逃げ出していくインセンティヴも生じてくる。特に，コアとペリフェリーの間に地理的な開発格差があって賃金水準も大きく異なる場合，分散力も大きくなりうる。

　集積の利益を享受し，また同時に分散力を利用するためには，2つの力の間で適切なバランスをとる必要がある。コアが正の集積効果を享受し，混雑を回避するためには，集積が効率的に働くように，ハード，ソフトのインフラ等を整備することが考えられる。一方，近隣の産業集積から経済活動を誘致したいペリフェリー，後発国・地域としては，輸送・貿易費用の低減だけでは十分でない。電力供給など経済インフラ・サービスの充実，工業団地サービスの改善などによって立地の優位性を高めて，積極的に経済活動を誘致することが求められる。

（4）　産業集積とイノヴェーション

　新興国や発展途上国では，産業・経済活動に関する開発格差が，例えば多国籍企業と地場系企業，大企業と中小企業，製造業と非製造業などの間で，同一地域のなかでも生じている。国際的生産ネットワークを活用して工業化を加速してきた中国や東南アジアをみると，多国籍企業への依存度が高く，産業・経済活動に関する開発格差が目立つ。しかし一方で，先端的技術や経営ノウハウはすぐ目の前に来ているということでもある。産業・経済活動に関する開発格差の縮小・解消は，特に中進国レベルの所得水準に達した国にとって喫緊の課

題である。

　産業・経済活動に関する開発格差の縮小・解消するための1つの鍵は，産業集積の生み出す正の効果を十分に引き出すことにある。地場系企業の生産ネットワークへの参加は，技術・経営ノウハウへのアクセスの一方法として重要である。地場系企業としては，技術移転・漏出を加速し，イノヴェーションを深化させることが課題となる。また，正の集積効果を享受できる産業集積を作るためには，政府施策の関与も不可欠である。自動車など機械産業のフルサイズの産業集積は，半径100km程度の首都圏インフラ開発が必要である。首都圏のデザインが小さすぎると，負の集積効果が顕在化し，産業集積の高度化を妨げてしまう。産業集積のなかでどのように産業・経済活動に関する開発格差の縮小・解消しうるかについては，今後も研究を深めていくことが求められる。

4　新たな開発戦略と経済統合

（1）　雁行形態論を超えて

　東アジア諸国の経済発展パターンは，長い間，赤松＝小島の雁行形態論に基づいて語られてきた。静学的・動学的国際分業パターンを説明する理論としての雁行形態論は，資本・人的資本蓄積あるいは技術進歩という形で表現される経済発展と生産配置・貿易パターンのダイナミクスを説得的に描写したものである（木村，2009）。雁行形態論の意図する生産配置・貿易パターンのダイナミクスは，ごく標準的な産業単位の比較優位に基づく国際貿易モデルから直接導かれる。貿易障壁を設けるなど強い市場介入を行わなくても，あわてて重工業やハイテク産業に飛びつかなくても，順調に経済発展を遂げていれば，自然に産業・貿易構造も高度化してくる。雁行形態論はそういう強いメッセージを発信してきた。

　しかし，雁行形態論は，基本的には，産業単位の国際分業（第一のアンバンドリングの世界）の議論と考えられる。1980年代後半以降，東アジア経済が産業単位の国際分業から生産工程単位の国際分業（第二のアンバンドリング）へと移行するにつれて，雁行形態論がそのまま当てはまらない場面が増えてきている。

　第二のアンバンドリングで決定的に重要となるサービス・リンクの費用については，産業単位の比較優位の理論ではそれほど強調されていなかった。また，

比較優位の議論では，資本や労働といった生産要素は国際間で移動しないことを前提としている。一方，生産のフラグメンテーションにおいては，直接投資を伴う場合も多く，資本，人的資本のみならず，技術も国境を越えて移動する。賃金格差は生産のフラグメンテーションの動機となりうるが，生産ブロックの切り出し方は，立地条件や企業戦略によって弾力的に変えられる。したがって，低賃金のみならず，各生産ブロックでの立地の優位性も重要となってくる。

　雁行形態論は，少なくとも産業単位の国際分業に関する概念枠組みであったという意味では，もはや前時代のものとなった。

（2）　直接投資誘致と工業化の加速

　発展途上国の工業化戦略は，第二のアンバンドリングの出現で大きく変わった。

　第一のアンバンドリングの世界では，産業単位での育成が必要だった。産業を丸ごと育成するにはコストも時間もかかる。そこで採用された工業化戦略は，幼稚産業保護，輸入代替型工業化戦略などであった。前者に従って地場系企業を育てるにせよ，後者のようにインセンティヴをつけて外資系企業を誘致するにせよ，貿易保護をかけて国内価格をつり上げてレントを作り出すなど，長期にわたって大きな保護コストを負わねばならず，しかもその成功確率は低かった。一方，第二のアンバンドリングの世界では，全く異なる工業化戦略が可能となる。まずは外資系企業の生産ネットワークにつながっている生産ブロックを誘致できれば，１つの産業全体を育成するよりもはるかに早く，工業化を開始できる。

　そのために必要な政策は何か。生産のフラグメンテーションに伴う３つの費用をチェックして，ボトルネックを解消することである。３つの費用とは，ネットワーク・セットアップ費用，サービス・リンク費用，生産ブロック内の生産費用である。二次元のフラグメンテーションの枠組みで整理すると，**表4-3**のような各種政策が関係してくる。工業化を開始する段階では，特に上半分の地理的次元のフラグメンテーションに関する部分が重要となる。産業集積の形成が始まり，中進国にさしかかってくると，下半分の企業内・企業間の次元のフラグメンテーションの部分の重要性が増してくる。

表4-3　生産ネットワークのために求められる諸政策

	ネットワーク・セットアップ費用の軽減	サービス・リンク費用の軽減	生産費用そのものの軽減
国際間の生産のフラグメンテーション（地理的距離の次元）	・投資円滑化・投資促進	・制度的な連結性（関税撤廃，貿易円滑化など） ・物理的な連結性（ハード・ソフトのロジスティックス／ICTインフラ開発など）	・生産サポートサービスの自由化・競争力強化 ・投資自由化 ・知財保護 ・電力供給，工業団地等のインフラサービスの向上
企業間のフラグメンテーションと産業集積の形成（統合・不統合の次元）	・多国籍企業と地場系企業のビジネスマッチング	・経済活動に関わる取引費用の軽減	・中小企業振興や都市圏インフラ整備による正の集積効果創出 ・イノヴェーションの強化

（3）　関税引き下げ競争と地域経済統合

　第二のアンバンドリング，国際的生産ネットワークは，東アジアにおける新たな貿易・産業振興政策体系の成立とも深く関係してきた。

　電子産業における国際分業は，1960年代後半から1970年代前半にかけて開設されたシンガポールやペナンなどの輸出加工区を利用して始まったが，さらに，1980年代半ばのマレーシア，タイの積極的直接投資誘致政策への転換と，近隣諸国も参入しての投資誘致合戦が大きな契機になった。ここで起きてきたのが，ASEANおよび中国を含む一方的貿易・投資自由化競争である。とにかくがむしゃらに直接投資を誘致する，その意欲が多国籍企業の提案・苦情に対する細かい政策対応を生み，立地の優位性の強化とサービス・リンク費用の削減が進んだ。東南アジアの場合，投資受入国としての中国の追い上げに対する危機感も，その動きを加速した。特に1992年の鄧小平の南巡講話以降，中国は有力な投資受入国として台頭してきた。その危機感が，東南アジア諸国をASEAN自由貿易地域（AFTA）の形成へと踏み切らせた。

　しかし，地域主義に基づく関税撤廃が本格化するのはアジア通貨危機勃発以降となる。それ以前は，各国が投資誘致のために一方的に（unilateral）貿易自由化を競争して行う，いわゆる「底に向けての競争（race to the bottom）」（Baldwin, 2006）が起きた。ここでは特に電子産業を優先して関税撤廃が進んだ。シンガポール，マレーシア，タイが先行し，それを追う形でインドネシア，

ベトナム，フィリピンが，そして中国も，外資系企業の積極誘致を始め，加工貿易基地として力を蓄えていった。さらに，1996年に採択され，世界貿易機関（WTO）の下で始まった情報技術協定（ITA）が，東アジア諸国の電子部品等の関税撤廃を促進した。

　1997〜98年のアジア通貨危機勃発後には，中国はさらなる経済発展を遂げる。一方ASEANは，ASEAN全体として直接投資をつなぎ止めねばならないとの危機感を共有し，地域経済統合による貿易自由化を本格化する。それまでは各国とも思惑があってなかなか関税を撤廃できなかった鉄鋼や自動車にまで踏み込んで，AFTAによる域内関税撤廃を推進した。その後，中国からの競争圧力を受けながらも，ASEAN先行国は逆に中国を機械部品等の輸出先として成長した。最近では，カンボジア，ラオス，ミャンマーも，国際的生産ネットワークへの参加を始めつつあるが，この動きもASEANおよび東アジア全体の経済統合を所与とするものである。この数年，バンコク周辺の産業集積からのスピンアウトも加速しつつある。

　さらにここに来て，21世紀型地域主義の萌芽も見えてきた。新しい国際分業のための新たな国際経済秩序構築は，まさに東アジアとアジア太平洋を舞台にして始まりつつある。2010年にはASEAN＋1　FTAs網が完成し，東アジア地域包括的経済連携（RCEP）のための交渉や環太平洋戦略的経済連携協定（TPP）の署名など，大きな動きも見られる。

（4）　中進国から先進国への道

　ASEAN先行6カ国と中国の所得水準は中進国レベルに達しつつある。貧困層が急速に減少し，中間層が形成されてきたことは，大変よいことである。しかし同時に，労働集約的な産業・生産ブロックについての立地の優位性は，後発国・地域に追い上げられて，急速に失われていく。産業集積の正の効果によってある程度の時間的猶予は与えられるにせよ，産業の高度化，資本・人的資本集約的，技術集約的産業へのシフトは不可欠である。

　第二のアンバンドリングを積極的に用いた工業化を遂げてきた東アジアの新興国・発展途上国は，製造業のコアの部分についての多国籍企業への依存度が高い。このことは，工業化を開始し中進国レベルの所得に達するところまでは有効に機能する。しかしその先は，いかにして産業の高度化を達成して中進国

から先進国への階段を上っていくかを考えなければならない。

　もちろん，多国籍企業への依存は必ずしも悪いものではない。しかし，産業の高度化のためには，担い手が多国籍企業であろうと地場系企業であろうと，生産ブロックのなかで資本・人的資本集約的，技術集約的な部分を受け持つようになっていかなければならない。それに適した立地の優位性が確保されなければ多国籍企業もその活動を高度化しない。ある程度の人口・経済規模を持つ国であれば，産業集積に厚みをもたらす地場系企業の育成も不可欠と考えられる。

　近年，中国では，加工貿易の中で中国に立地してきたのはどのような生産工程なのか，そのうちどこまでが外資系企業によって担われどこまで地場系企業は食い込んでいるのか，中国国内でインプットされた付加価値はどれほどなのか等についての議論が盛んである。輸出されている完成品のかなりの部分はいわゆるハイテク製品に分類されるわけであるが，その多くは外資系企業の生産ネットワークの中で加工された製品で，中国国内の生産ブロックは典型的にはローテクで労働集約的生産工程を請け負っており，中国国内に落ちる付加価値はごく小さい，というわけである。これで中国に立地する製造業活動の全てを総括するのは危険であるが，全体としてそのようなオペレーションの規模が大きいことは確かである。

　事態はASEANにおいてより深刻である。中国では，基幹産業の部分は国有企業がそれなりの国際競争力を有するに至っており，生産ネットワークに対する地場系企業の参加も旺盛な企業家精神の発揮によって一定程度進んでいる。それに対しASEANでは，食品加工業等を除き，製造業の主要な部分を外資系企業に頼っている状況である。「普通の」発展途上国であるASEANが，中進国から先進国へとステップ・アップする開発戦略をいかに描けるかが問われている。

　1つの鍵となるのが，産業集積の有効活用である。産業集積の中では企業間分業が盛んに行われており，地場系企業が生産ネットワークに入り込んでいく機会も数多く存在している。地場系企業は，安い労働力へのアクセスなどを武器に価格競争力を持ちうる。品質の安定性やデリヴァリーの正確さなどの非価格競争力を高めれば，外資系企業の生産ネットワークにも食い込める。いったん生産ネットワークに参加できると，様々な技術・市場情報や金融へのアクセスが容易となり，生産性が上昇し，企業内イノヴェーションも高度化すること

が，近年のマイクロ・データを用いた実証研究で次第に明らかになってきている。人的資源の受給を含め，政府が果たしうる役割も大きい。

5　先進国側へのインパクト

（1）　企業活動のグローバル化による国内雇用創出

　生産ネットワークが先進国経済，とりわけ先進国内の雇用と経済活動にどのようなインパクトを与えるのだろうか。先進国メディアの評価はときにかんばしくなく，例えば，自国企業が発展途上国に直接投資して新しい工場を建てると言うと，国内にある工場を閉鎖して労働者を解雇し，空洞化が促進されるという事態を想定しがちである。しかし，一般論としては，産業・業種単位の国際分業よりも生産工程・タスク単位の国際分業の方が，100％国内か全て海外かという極端な二者択一を迫られず，弾力的に国内雇用・オペレーションを残しうるはずである。本当に空洞化を回避あるいは遅延させることができるのかは，実証研究で確認すべき問題である。

　Ando and Kimura（2015）では，雇用創出・喪失分析の手法を『企業活動基本調査』の個票データ分析に適用し，日本の製造業企業の雇用空洞化が進んでいるのかどうかを検証した。その結果，企業規模による足切り（就業者数50人以上の企業のみを対象としている）や企業の退出を捉えにくいなどのデータの特性をふまえつつ解釈する必要があるとは言え，このデータに関する限り，日本の製造業企業の雇用は，1998～2002年を除く3期間（2002～2006年，2006～2008年，2008～2010年）についてはわずかであるが純増であることがわかった。製造業雇用が2002年以降ほぼ横ばいに近いという事実は，産業全体の改変の活力が失われているためと解釈することもできるかも知れないが，少なくとも，日本の製造業の空洞化はごくゆっくりとしか進んでいないとは言えるだろう。さらに，サンプルを中小企業（就業者数299人以下）と大企業（就業者数300人以上）に分け，各期間中に海外子会社を増加させた企業（MNE1），海外子会社を有しているが増加させなかった企業（MNE2），海外子会社を持っていない企業（local）に分類して，それぞれのグループごとの雇用創出率（C），雇用喪失率（D(-)），純変化率（Net G）を計算してみると，とりわけ海外子会社を増加させている中小企業がその他の中小企業に比して国内雇用を拡大する傾向にあること，

表4-4 企業のグローバル化と国内オペレーションの変化：国内雇用のケース

	MNE1			MNE2			Local		
	C	D(-)	Net G	C	D(-)	Net G	C	D(-)	Net G
(a) 中小企業									
国内雇用									
1998~2002	0.072	-0.126	-0.054	0.046	-0.168	-0.123	0.058	-0.130	-0.072
2002~2006	0.129	-0.052	0.077	0.085	-0.084	0.001	0.092	-0.072	0.020
2006~2008	0.072	-0.046	0.026	0.049	-0.060	-0.010	0.054	-0.054	-0.001
2008~2010	0.051	-0.058	-0.007	0.046	-0.072	-0.026	0.051	-0.058	-0.007
雇用：本社機能部門									
1998~2002	0.183	-0.269	-0.087	0.140	-0.293	-0.154	0.143	-0.295	-0.152
2002~2006	0.249	-0.137	0.112	0.180	-0.187	-0.007	0.188	-0.171	0.017
2006~2008	0.177	-0.124	0.053	0.138	-0.123	0.015	0.131	-0.130	0.001
2008~2010	0.140	-0.146	-0.006	0.095	-0.142	-0.047	0.123	-0.132	-0.009
雇用：製造業部門									
1998~2002	0.114	-0.183	-0.069	0.075	-0.231	-0.156	0.102	-0.165	-0.063
2002~2006	0.145	-0.147	-0.002	0.119	-0.152	-0.033	0.113	-0.150	-0.038
2006~2008	0.124	-0.126	-0.003	0.094	-0.120	-0.026	0.099	-0.110	-0.011
2008~2010	0.106	-0.129	-0.023	0.104	-0.104	0.000	0.104	-0.095	0.009
(b) 大企業									
国内雇用									
1998~2002	0.045	-0.164	-0.119	0.043	-0.166	-0.123	0.076	-0.126	-0.050
2002~2006	0.113	-0.064	0.049	0.077	-0.097	-0.020	0.135	-0.076	0.060
2006~2008	0.057	-0.030	0.027	0.050	-0.046	0.005	0.079	-0.041	0.037
2008~2010	0.051	-0.035	0.016	0.045	-0.051	-0.006	0.073	-0.054	0.019
雇用：本社機能部門									
1998~2002	0.106	-0.332	-0.227	0.098	-0.294	-0.196	0.124	-0.286	-0.162
2002~2006	0.172	-0.124	0.048	0.143	-0.190	-0.048	0.190	-0.174	0.016
2006~2008	0.107	-0.060	0.047	0.131	-0.084	0.048	0.148	-0.116	0.032
2008~2010	0.115	-0.053	0.062	0.144	-0.088	0.057	0.136	-0.131	0.005
雇用：製造業部門									
1998~2002	0.050	-0.225	-0.175	0.035	-0.270	-0.235	0.107	-0.188	-0.082
2002~2006	0.100	-0.144	-0.043	0.098	-0.194	-0.097	0.168	-0.158	0.010
2006~2008	0.089	-0.069	0.020	0.090	-0.082	0.007	0.123	-0.107	0.016
2008~2010	0.067	-0.064	0.004	0.081	-0.082	0.000	0.127	-0.079	0.047

注：データは各期間におけるパネルデータに基づいている。
　C，D (-)，およびNet Gは粗（雇用）創出率，粗（雇用）喪失率，純変化率を指す。
　企業タイプ（MNE1，MNE2，Local）については，本文を参照のこと。
出所：Ando and Kimura（2015）．

海外子会社を増加させている企業は本社機能部門の雇用を拡大していることなどが明らかになった（**表4-4**[3]）。海外子会社を増加させている企業の約9割は東アジアで子会社を増加させていることから，これらの企業が生産ネットワーク拡張企業だとみなしても差し支えないだろう。

　日本に残せる可能性の高い活動は何だろうか。産業・企業によって大きな違いが出てくるであろうが，大雑把に言えば，本社機能のほか，研究開発，国内市場向け生産，パイロット（マザー）・プラント，投資に関し規模の経済性を有する工程，産業集積の利点を生かせる工程，特許やブラックボックス化した技術を用いる工程などであろう。

　日本に経済活動を残すには，残すべき生産工程・タスクのための「立地の優位性」の改善と，内外を結ぶサービス・リンク費用の軽減が必要である。内にこもるのではなく，積極的に海外に打って出ながら国内の経済活動も残していく，そういった積極的な国際分業体制を構築すべく，官民が協力すべきである。

　労働集約的生産工程・タスクが発展途上国に移動し，本国には人的資源集約的工程が残ることを，スキルシフトと呼ぶ。これが，先進国内の熟練労働者＝非熟練労働者，教育水準の高い労働者＝低い労働者の間の所得格差を生んでいるのではないかとの指摘もある。しかし，このような所得格差は，アメリカ，イギリスでは顕著であるが，日本，ドイツなどではそうでもない。そう簡単に結論づけることはできない問題である。しかし，いずれにせよ，先進国において熟練労働者，教育水準の高い就業者の需要が相対的に高まることは避けがたい。それに対応する人的資源開発が必要である。

　同時に，企業としての国際競争力維持のために一定の製造活動を日本国内に残す必要があるとすれば，安価な非熟練労働の必要性も同時に生じてくる。生産のフラグメンテーションで切り出す生産ブロックとして先進国に残す部分についても，一定の非熟練労働投入を必要としている場合も多い。もしそれが日本国内の居住者によって供給されないとするならば，海外からの一時的労働者の導入を真剣に検討しなければならない場面も生じてくるかも知れない。

（2）　生産ネットワークの安定性

　生産ネットワークで世界とつながることに対する恐怖心をしばしば耳にする。2008年以降の世界金融危機のように欧米市場で負の需要ショックがあった場合，2011年の東日本大震災あるいはタイの洪水のように負の供給ショックがあった場合など，世界のどこかでサプライ・チェーンが寸断されると，サプライ・チェーンを通じてショックが伝播してくる。その意味で，生産ネットワーク（この場合は生産・流通ネットワークと呼んだ方が適切かも知れない）がショック伝播

チャンネルとなってしまう危険性は否定できない。これは先進国と新興国・発展途上国に共通の問題であるが，特に先進国の場合には自国企業が国際的生産ネットワークの担い手となっているため，問題を主体的に捉えることとなる。

しかし，このようなショックが襲った後でも，企業は国際的生産ネットワークの展開をやめてしまったわけではない。それどころか，企業は必死になって，生産ネットワークの修復に励んだ。重層化する生産ネットワーク全体を把握したり部品の供給先を複数にするなど，ショックに対する耐性を高める努力もなされたが，それらには当然コストがかかる。ある程度のリスクを負っても国際的生産ネットワークの展開を恐れるべきではないというのが，企業の結論である。

それどころか，実は国際的生産ネットワーク内の貿易は，その他の貿易一般よりも，むしろショックに際しても頑健である。Ando and Kimura（2012）は，日本の輸出の細品目分類データを用いて，世界金融危機と東日本大震災の影響を分析した。どちらのケースでも日本の機械輸出額はいったん落ち込み，その後回復した。もう少し詳しく細品目別・仕向地別輸出をみると，機械部品の方がその他の商品よりも途切れにくく，また一度途切れても復活しやすいことがわかった。つまり，国際的生産ネットワークの中で貿易される機械部品は，貿易額は落ち込むにしても，継続されやすいのである。

この傾向は，ショックのない平時においても観察される。この安定性とショックに対する頑健性は，苦労して構築した生産ネットワークを出来る限り維持しようと企業が努力を傾けることから生じてくる。逆説的だが，国際的生産ネットワークは経済を安定化させる機能を有している。

6　おわりに——今後の東アジアの挑戦

日本を含む東アジア地域は新しい国際分業の先駆者である。製造業における第二のアンバンドリングの展開によって，先進国と新興国・発展途上国の間の国際分業は大きく変わった。それに伴い，新興国・発展途上国の開発戦略も抜本的に刷新され，先進国の空洞化に対する対応も異なるものとなった。この新しい開発モデルのなかでは，より深い経済統合と開発格差是正が同時達成しうる。新たな開発モデルを提示できるか，東アジアは壮大な実験の最中にある。

┌─■□コラム□■─────────────────────

機械産業における生産ネットワークの特性

　機械産業における東アジアのフラグメンテーションは，地理的次元にとどまらず，統合・不統合の次元でも大きく展開されている。下請け・協力企業からOEM（original equipment manufacturer）契約やEMS（electronics manufacturing services）企業，さらにはインターネット・オークションによる部品供給まで，様々なアウトソーシングがここまで広範に行われているのは，世界を見渡してもほかに例をみない。

　生産ネットワークは，最初は図（a）のような，国境生産共有と呼ばれる単純な形態のものが中心であり，企業内分業が主体となる。1980年代のマレーシア・ペナンにおける半導体製造オペレーション，香港と広東省の間の来料・進料委託加工，サンディエゴ＝ティファナやエルパソ＝シウダフアレス間の越境生産共有がその例である。ごく最近までのアメリカ＝メキシコ間，西欧＝中東欧間の生産ネットワークのほとんどもこの形態であった。

　それに対し，東アジアでは，越境生産共有にとどまらず，多くの国・地域にまたがる生産「ネットワーク」へと発展している。そこでは，遠距離取引は企業内で行われる一方，企業間取引を主とする産業集積が形成される。ただし，同じ機械産業の中でも，例えば電気・電子産業と輸送機器産業とでは，生産ネットワーク構築の特徴や主となる取引形態が異なる傾向にある。

　電気・電子の場合には，図（b）の例のように，分散立地の論理が勝りつつ，電子部品生産に関する産業集積が形成される。電気・電子産業では，多くの場合，部品・中間財の重量・体積あたりの価値が高く，サービス・リンク・コストが低いのに加え，部品サプライヤーとアセンブラーの企業間関係もバランスしていることが多く，企業間インターフェイスはモジュール型であることなどから，長距離取引を積極的に含んだ生産ネットワークが構築される。一方，自動車の場合は，新興国・発展途上国側での垂直的な産業集積の形成を補完する形で，先進国あるいは先行国からの部品・中間財と完成車の輸入がなされるパターンになる（図（c）参照）。自動車産業では，体積・重量の大きい部品・中間財が多く，サービス・リンク・コストが高い上，部品サプライヤーに比べてアセンブラーの力が強く，また企業間インターフェイスはフルインテグラル型の傾向が強いことなどから，近距離取引を中心とする生産ネットワークとなる。このように産業によって異なる部分はあるものの，産業集積を活用し，多くの国・地域にまたがる生産「ネットワーク」へと発展している点は共通である。

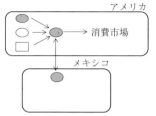

（a）国境生産共有

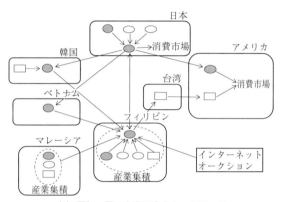

（b）電気・電子産業の生産ネットワーク

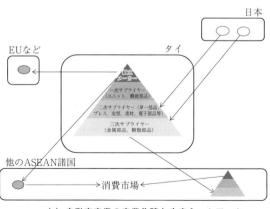

（c）自動車産業の産業集積と生産ネットワーク

- 🔘 本社または子会社
- ◯ 同じ企業国籍の別企業
- ▢ 他の企業国籍の別企業

図　生産ネットワークの構造例

（木村福成・安藤光代）

■　■　■

●注—————————————

（1）　近年，地域という枠を超えた生産面での結びつきが強化されつつあり，東アジアの生産ネットワークは，北米，ヨーロッパにおける生産ネットワークへの部品供給者として重要な役割を担っている。北米では，メキシコの東アジアからの機械輸入額が大幅に拡大し，対世界輸入に占める東アジアの割合は，部品も完成品も，1991年からの20年間で1割以下から4割強へと増加している。とりわけ電気電子産業の部品・中間財の場合，東アジアからの輸入がメキシコの機械輸入の6割近くを占めている。また，中東欧の東アジアからの機械部品・中間財輸入も急増しており，東アジア比率は1995年の6％から2010年の34％へと拡大している。電気電子部品にいたってはその比率は45％に，なかでもポーランドに限れば6割を超える水準に達している。東アジアからメキシコや中東欧への部品供給は，単純に既存の取引関係の拡大のみならず，新たな品目や国との取引関係の構築を通じて急速に拡大し，これらの国を介して，東アジアと北米あるいはヨーロッパとの生産面での結びつきが強化されている。詳しくは，Ando and Kimura（2014, 2015）を参照のこと。

（2）　垂直的産業内貿易については，従来の国際貿易理論において想定されているような垂直的製品差別化によるものが中心であれば，高所得国で高品質・高価格の製品が，低所得国で低品質・低価格の製品が，より多く輸出されることになるだろうが，実際にはそうはなっていない。ここでの垂直的産業内貿易は，垂直的製品差別化によるものばかりではなく，むしろ大部分は生産ネットワークのなかでの工程間分業によってもたらされる垂直的な双方向取引だと考えられる。詳細については，Ando（2006）を参照してほしい。

（3）　各期間中の参入・退出企業を除いたパネルデータをベースに計算したものである。

●参考文献—————————————

木村福成（2009）「東アジア経済の新たな潮流と雁行形態論」池間誠編『国際経済の新構図——雁行型経済発展の視点から』文眞堂，pp. 141-162。

木村福成・安藤光代（2016）「多国籍企業の生産ネットワーク——新しい形の国際分業の諸相と実態」『国際経済学のフロンティア』東京大学出版会。

Ando, M.（2006），"Fragmentation and Vertical Intra-industry Trade in East Asia,"

North American Journal of Economics and Finance, 17(3) : 257-281.

Ando, M. and F. Kimura (2012), "How Did the Japanese Exports Respond to Two Crises in the International Production Networks? The Global Financial Crisis and the East Japan Earthquake," *Asian Economic Journal*, 26(3) : 261-287.

Ando, M. and F. Kimura (2013), "Production Linkage of Asia and Europe via Central and Eastern Europe," *Journal of Economic Integration*, 28(2) : 204-240.

Ando, M. and F. Kimura (2014), "Evolution of Machinery Production Networks : Linkage of North America with East Asia," *Asian Economic Papers*, 13(3) : 121-160.

Ando, M. and F. Kimura (2015), "Globalization and Domestic Operations : Applying the JC/JD Method to the Japanese Manufacturing Firms," *Asian Economic Papers*, 14(2) : 1-35.

Baldwin, R. (2006), "Multilateralizing Regionalism : Spaghetti Bowls as Building Blocs on the Path to Global Free Trade," *The World Economy*, 29(11) (November) : 1451-1518.

Baldwin, R. (2011), "21st Century Regionalism : Filling the Gap between 21st Century Trade and 20th Century Trade Rules," Centre for Economic Policy Research Policy Insight No. 56 (May) (http://www.cepr.org).

Baldwin, R., F. Rikard, M. Philippe, G., Ottaviano and F. Robert-Nicoud (2003), *Economic Geography and Public Policy*, Princeton : Princeton University Press.

Elms, D. K. and P. Low eds. (2013), *Global Value Chains in a Changing World*. Geneva : The World Trade Organisation.

Jones, R. W. and H. Kierzkowski (1990), "The Role of Services in Production and International Trade : A Theoretical Framework," Ronald W. Jones and Anne O. Krueger eds, *The Political Economy of International Trade : Essays in Honor of Robert E. Baldwin*, Oxford : Basil Blackwell : 31-48.

Kimura, Fukunari. "The Spatial Structure of Production / Distribution Networks and Its Implication for Technology Transfers and Spillovers," In Daisuke Hiratsuka and Yoko Uchida, eds., Input Trade and Production Networks in East Asia, Cheltenham : Edward Elgar, 2010 : 158-180.

Kimura, F. and M. Ando (2005), "Two-dimensional Fragmentation in East Asia : Conceptual Framework and Empirics," *International Review of Economics and Finance (special issue on "Outsourcing and Fragmentation : Blessing or Threat" edited by Henryk Kierzkowski)*, 14, Issue 3 : 317-348.

Mattoo, A, Zhi Wang and Shang-Jun Wei eds. (2013), *Trade in Value Added :*

Developing New Measures of Cross-border Trade. Washington, DC : The World Bank.

●学習のための推薦図書─────────────

浦田秀次郎・牛山隆一・可部繁三郎編（2015）『ASEAN経済統合の実態』文眞堂。

木村福成・大久保敏弘・安藤光代・松浦敏幸・早川和伸（2016）『東アジア生産ネットワークと経済統合』慶應義塾大学出版会。

木村福成・椋寛編（2016）『国際経済学のフロンティア──グローバリゼーションの拡大と対外経済政策』東京大学出版会。

朽木昭文・馬田啓一・石川幸一編（2015）『アジアの開発と地域統合──新しい国際協力を求めて』日本評論社。

（木村福成・安藤光代）

第5章
東アジアにおける産業集積

　先発国から後発国への産業移転を通じて経済発展が波及していく「雁行形態論」は，東アジアの経済発展を描写する枠組みとして，1980年代以降ポピュラーになった。雁行形態論を経済学的に裏づける試みはこれまでも行われてきたが，本論では，1990年以降に発展した空間経済学を用いて，東アジアにおける雁行型の産業の発展や移転を説明することを試みる。雁行型発展の事例として，繊維産業，自動車産業などを取り上げて検討している。

　その結果，雁行形態論と空間経済学の分析枠組みの整合性が高いことが明らかになった。また東アジアでは多くの産業で雁行型発展が見られたが，貿易自由化や経済統合が進むなかで，収穫逓増産業では先発国への生産集中など新しい傾向がみられる。このような状況において，東アジアの後発国は輸送費用の低下や投資環境を整備するとともに，自由化までの猶予期間を有効に使い，自国の産業基盤を強化することが求められている。

1　はじめに——雁行形態論と空間経済学

　東アジアの経済発展について考える時，国際的な産業リンケージを切り離して考察することはできない。先発国から後発国への産業移転を通じて経済発展が波及していく「雁行形態論」は，東アジアの経済発展を描写する枠組みとして，1980年代以降ポピュラーになった。雁行形態論を経済学的に裏づける試みはこれまでも行われてきたが，本論では，1990年以降に発展した空間経済学を用いて，東アジアにおける雁行型の産業の発展や移転を説明することを試みる。ここで重要となる概念は，産業が集積しようとする力と分散しようとする力の相互作用である。そこでは，産業が自産業，あるいは他の産業とどのような投入産出関係を持っているか，といういわゆる「産業リンケージ」についての分析が重要になってくる。

　本章では，東アジアにおける産業集積について，現実と理論の両面から議論を進める。本章の構成は以下のようになっている。第2節では，東アジアの産業発展・集積を論じる代表的な枠組みの1つとして，雁行形態論について取り上げる。第3節では，第2節で示されたような東アジアの産業の重層的な発展を説明するために，空間経済学の基本的枠組みについて紹介する。第4節では，東アジアにおいて雁行型発展をもたらした背景について検討する。第5節では現在の国際経済環境の変化を念頭に雁行型発展をどのように理解すればよいのか検討する。第6節では本章の政策的インプリケーションについて後発国の視点から述べる。

2　東アジアの雁行形態論

（1）　東アジアの重層的発展

　20世紀後半から現在まで，東アジアは，ほぼ一貫して世界平均を大幅に上回る高い成長率で経済成長を続けてきた。世界銀行が1993年に発表したレポート「東アジアの奇跡」（世界銀行，1994）に代表されるように，東アジアの経済成長は経済学的にも興味深い研究対象として様々な分析が行われてきた。

　東アジアの経済発展は，域内各国の重層的な「離陸」によって特徴づけられる。東アジア域内で最初に経済の近代化に成功したのは，19世紀半ばに明治維新を成し遂げ，工業化を開始した日本であった。第二次世界大戦による中断がありながらも，日本は60年代にはアジアで唯一の先進工業国となった。日本の成長が最も著しかったのは60年代で，10年間の平均経済成長率は10.2%（**図5-1**），70年の段階で日本の1人あたりGDPはアメリカの約4割に到達した。

　日本に続いて経済発展を遂げたのは，香港，シンガポール，台湾，韓国のアジア新興工業国（Newly Industrialized Economies：NIEs）である。アジアNIEsの経済発展は，輸出志向の工業化によって特徴づけられる。60年時点で，これらの国々の人口はそれぞれ，306万人，165万人，1,120万人，3,550万人で，内需主導による経済発展に限界があることは明白であった。香港は繊維産業を中心に50年代から工業化が始まり，台湾，韓国，シンガポールが60年代にそれに続いた。60年代のアジアNIEsの平均経済成長率は8.8%，オイルショックの影響を受けた70年代も8.4%，80年代は7.8%と高成長を長期にわたって続けた。

　アジアNIEsの輸出志向工業化をモデルにしたのが先進ASEAN 4 カ国（マレーシア，タイ，インドネシア，フィリピン）であった。先進ASEAN 4 カ国はシンガポール同様に，外資の誘致を積極的に行い，特に，85年のプラザ合意以降のドル安の流れのなかで，日系企業のみならず，アジアNIEsからも多くの企業が先進ASEAN 4 カ国に進出して輸出志向工業化の中心的な担い手となった。87年からアジア通貨危機前年の96年までの10年間の平均経済成長率は，タイが9.5％，マレーシアが9.1％，インドネシアが7.7％となっており，この時期に輸出志向工業化が本格化したとみることができるだろう（ASEAN 4 の平均経済成長率は70年代が7.1％と最も高くなっているが，90年代の成長率はアジア通貨危機とフィリピンの不振によって押し下げられている）。

　90年代に入ると，中国が目覚ましい経済発展を始めた。中国は78年に改革開放政策に転換して以来，経済成長を加速させてきたが，90年代以降の平均で年率10％を超える高度成長には，92年の鄧小平による南巡講話による社会主義市場経済体制の明確化に加え，94年の人民元の大幅な対ドルレートの切り下げを一因とした輸出の急激な拡大も貢献した。また，90年代の中国の輸出拡大にはたした外資系企業の役割は大きく，中国海関（税関）が発表した2010年の輸出企業上位200社のうち153社を外資系が占め，外資系の輸出額は全体の78％に達している（人民日報日本語版2010年4月21日付）。

　ベトナムは86年のドイモイ政策の採用によって市場経済化を本格化させ，90年代の高度成長へつなげた。ベトナムでも，外資系企業の流入が輸出志向工業化を主導した。現在では，経済発展の波はカンボジアやラオス，ミャンマーにまで達し，ベトナムを合わせたCLMV 4 カ国（後発ASEAN）は東アジアの中で，90年代以降，中国に次ぐ高い成長率を記録している。

　2010年代に入り，中国は10％を超える高度成長から減速して「新常態」に移行したようにみえるが，依然として，相対的に低成長の日本，中成長のNIEsとASEAN 4，高成長の中国とCLMV 4 カ国という，より後発の国がより高い経済成長率でキャッチアップする構図は維持されている。

　こうした東アジアの重層的な経済発展は，一般的に**図 5 - 2** で示されるような「雁行形態」と呼ばれる形態によくマッチする。日本が東アジアの経済発展の先陣を切り，アジアNIEsがそれに続き，その後，ASEAN 4，中国およびCLMVも経済発展の列に加わった。また，単に発展を開始した時期や現在の

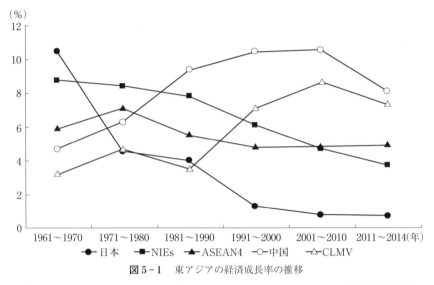

図5-1　東アジアの経済成長率の推移

出所：WDI Online, The World Bank, およびStatistical Yearbook of The Republic of China各年版より筆者作成。

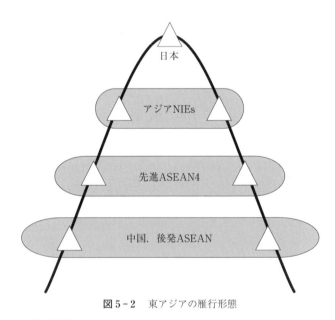

図5-2　東アジアの雁行形態

出所：筆者作成。

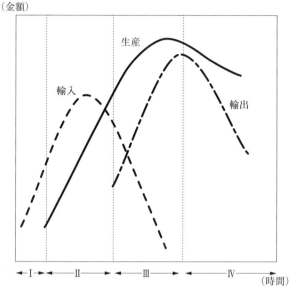

図5-3　雁行形態論の基本モデル

出所：Akamatsu（1962）より筆者作成。

1人あたり所得の水準が重層的になっているだけでなく，主に直接投資を媒介とした国際的な産業の移転という点でも，東アジアの雁行型発展は興味深い。

（2）　雁行形態論

　雁行形態論は戦前に赤松要が日本の産業発展を説明するために発表したものがオリジナルであるが（赤松，1935,1937），その後，様々なバリエーションを生み，特に1980年代後半からの東アジアの発展を説明する概念として，頻繁に登場するようになった。

　まず，赤松の「基本モデル」について簡潔に整理してみよう。1つの後発国に注目し，消費財の輸出入と生産のパターンを説明すると次のようになる。（Ⅰ）先発国からの消費財輸入が始まる，（Ⅱ）輸入されていた消費財の国内生産が始まる，（Ⅲ）国内で生産された消費財の輸出が始まる，（Ⅳ）消費財産業が最後発国にキャッチアップされ，その後，消費財の輸出が低下し始める。

　このような輸入・生産・輸出の関係を，縦軸に金額を横軸に時間をとって図

示すると**図5-3**のようになる。赤松は、このような図を逆Ⅴ字を形成して飛ぶ雁の群れになぞらえて、雁行形態と名づけた。

赤松の雁行形態論の背後にあるロジックを要約すると次のようになる。まず、ある後発国で新規の財が消費される際、それは先発国からの輸入である、と想定する。続いて、当該の財が後発国でも生産され始めるが、赤松はこの点について「最も多く輸入される完成品、半製品の生産事業に向かって資本が集中し、生産活動が興りきたることは、条件のゆるす限りきわめて当然である」（赤松、1935）と説明している。さらに、こうして輸入代替が完了して生産量が増加し、輸入品を駆逐するに至り、それが輸出されるのもまた、自然であると赤松は考察している。この段階では、単に消費財の輸入代替が完了するだけではなく、資本財を自国の自然・文化・技術的条件に合わせて改良・生産できている必要があると赤松は述べる。

こうした赤松の理論は、明治時代から戦前にかけての日本の綿工業と羊毛工業のデータ分析が基礎となっている。後に、輸入財の国内生産がはじまる条件として、資本の蓄積と後発国の人々の技術適応性（Technological Adaptability）、政府の保護、豊富な原材料の確保などが赤松自身によって挙げられているように（Akamatsu, 1962, p.13）、この理論の適用可能性は国や産業、時代によって変わってくる。中国や韓国など北東アジアの国、あるいは各国が輸入代替を進めた時代の自動車産業については赤松の理論が良く当てはまる一方、東南アジアや輸出指向の電子産業についてはやや事情が異なる。この点は第5節で詳しく述べる。

赤松の雁行形態論は、基本的に分析の視点は後発国にあるが、少なくとも、輸出入相手を含めて、先発国（欧米）、後発国（日本）、最後発国（東アジア）の3層の国家群を想定している。また、財についても消費財と同時に生産財を考慮している。それぞれの輸出入の状況を整理すると、**図5-4**のようになる（生産と輸出入の関係を簡略化して示すため、縦軸には、純輸出比率（＝（輸出－輸入）／（輸出＋輸入））をとってある。これが、0を超えると、ある財について、輸入から輸出に転換することを意味している）。まず、第1段階では、消費財が先発国から後発国に輸出されている。続いて、第2段階では後発国での消費財の生産が始まり、先発国からの消費財の輸出は減少する。一方で、後発国での消費財の生産のために、先発国から生産財が後発国に輸出され始める。続いて、第3段階

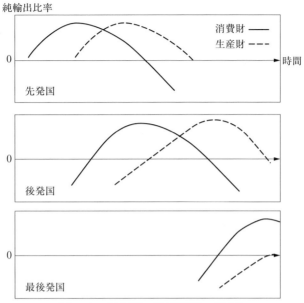

図5-4　3国2財の雁行形態論の図式化

出所：筆者作成。

では後発国からの消費財輸出が始まり，先発国では消費財が輸出から輸入に転
じる。一方，最後発国でも消費財の輸入がはじまる。また，後発国では生産財
の自国生産が始まり，先発国からの生産財の輸入が減少する。第4段階では最
後発国での消費財の生産が始まり，後発国の消費財輸出が減少し始める。一方
で，後発国から最後発国に対して，消費財を生産するための生産財の輸出が始
まる（Akamatsu, 1962, pp.12-16）。

　雁行形態論と比較されることが多いヴァーノンのプロダクトサイクル理論
（PC理論）は，最先進国であるアメリカを中心に構成された企業立地論である
（Vernon, 1966）。PC理論でも，ある商品の生産がアメリカから他の先進国，途
上国へと移転し，各国の輸出入関係が転換することが，図5-4と整合的に示
されている。

　ただし，PC理論は雁行形態論と主に次の3点で異なる。第一に，雁行形態論
では後発国が先発国の既存の消費財を輸入するところから議論が始まるが，
PC理論では，新製品の開発など革新的な活動が先発国（アメリカ）で行われる

ところが出発点となっている。第二に，雁行形態論では「産業」が分析の視点
となっているが，PC理論では文字通り「商品（プロダクト）」が分析の視点と
なり，新商品の陳腐化に応じて，生産コストの安い国に生産拠点が移転するこ
とを示している。第三に，雁行形態論は主に地場資本による輸入代替を想定し
ているが，PC理論では企業行動に焦点をあて，先発国の直接投資によって生
産拠点の移転が起こることを明示している。

　小島は，赤松の雁行形態論を「キャッチアップ型PC理論」と位置づけ，PC
理論と統合的に説明している。小島によれば，赤松理論は後発国のキャッチ
アップまでを重視しており，例えば日本が雁行形態の先頭に立った後は，PC
論の領域であるとする（小島，2000）。加えて，小島は日本からアジアへの産業
移転は「順貿易志向的（PRO-TRADE）直接投資」によって推し進められてい
るとしている（Kojima，2000）。すなわち，投資元の先発国が比較優位を失った
労働集約的な消費財が直接投資によって途上国に移転し，先発国から途上国へ
は生産財が，途上国から先発国へは消費財が輸出され，貿易量の増加を伴って
両国の厚生が改善するとともに，産業構造が共に高度化していくというもので
ある。小島版の雁行形態論は，これまでの東アジアの経済発展メカニズム，特
に1985年のプラザ合意以降の状況とより整合的であると言える。

　このように，複数国・複数財に拡張された雁行形態論を国家群に注目して簡
単に図式化すると，先頭の国を発展段階の違う何層かの国家群が追いかける，
図5-2のような「雁行形態」が現れる。80年代半ば以降広く知られるように
なった「雁行形態」は，赤松の基本モデルよりも，こちらのバージョンである。

（3）　東アジアにおける産業の雁行型発展

　続いて貿易データを用いて東アジアにおける産業の雁行型発展について検証
してみよう。図5-5（a）〜（c）は，繊維産業について日本・韓国・タイに注目
し，資本財（繊維用機械），中間財（糸・生地），消費財（衣類）の純輸出比率（＝
（輸出−輸入）／（輸出＋輸入））を5年移動平均でみたものである。[1]まず，日本に
ついては，消費財の純輸出比率が1970年代前半に負に転じている。中間財につ
いては緩やかに低下しつつ正の領域で推移する一方，資本財は，大幅な正の値
をたどっている。すなわち，海外への生産移転は消費財→中間財の順であり，
資本財は依然として強い競争力を持っていることがわかる。

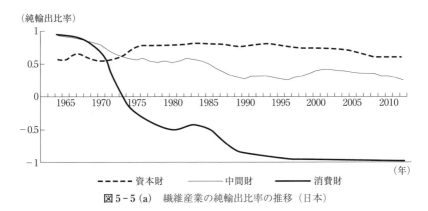

図 5 - 5 (a)　繊維産業の純輸出比率の推移（日本）

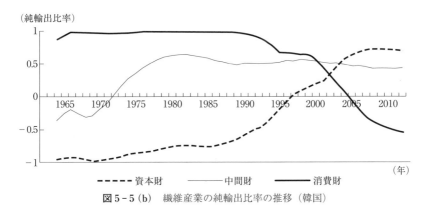

図 5 - 5 (b)　繊維産業の純輸出比率の推移（韓国）

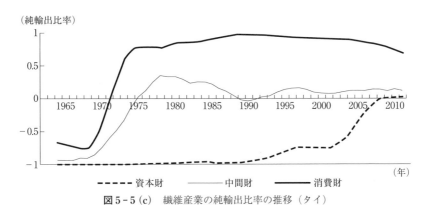

図 5 - 5 (c)　繊維産業の純輸出比率の推移（タイ）

出所：COMTRADEデータベースより作成。

　続いて韓国の場合，消費財の純輸出比率は80年代末から低下し始め，2000年代前半に負となった。中間財は，70年代前半に負から正になり，80年代以降ほぼ横ばいとなっている。資本財については一貫して上昇しており，90年代中盤から正に転じている。これを見ると，産業発展は消費財→中間財→資本財の順番で進んだことがわかる。

　タイの場合，消費財は70年代初頭に，中間財は70年代前半に正に転じ，資本財は90年代以降上昇を続けて，2000年代後半には０付近で推移している。タイについても，産業発展は，消費財→中間財→資本財の順で進んだことがわかる。

　東アジアの繊維産業の例は，雁行形態論が非常にきれいに当てはまっていると言える。１国に注目してみれば，消費財→中間財→資本財という，赤松の指摘通りの順番で産業が発展している。また，財に注目してみれば，それぞれの財について競争力を持っている国が，先発国（日本）→後発国（韓国）→最後発国（タイ）と時間差で移転しているのがわかる。

　もう１つの例として，自動車産業についてみてみよう。**図5-6 (a)～(c)**は自動車産業の消費財（完成車）と中間財（自動車部品）について，ふたたび日本，韓国，タイに注目して純輸出比率を５年移動平均で見たものである[(2)]。まず，日本については，消費財，中間財共に60年代から現在まで，一貫して高い数値となっており，競争力を保っていることがわかる。

　韓国については，消費財については70年代後半に正に転じ，中間財については90年代後半に正に転じている。これは，韓国の自動車産業が，まず，部品を輸入し，組み立てることで完成車の競争力を高め，続いて部品の競争力を高めて行ったことがわかる。発展の順番は，ここでも消費財→中間財となっていると言えよう。

　タイの場合，長く消費財，中間財ともに輸入がほとんどという状況が続いていたが，90年代後半に急激に消費財の純輸出比率が高まり，2000年代後半になって，ようやく中間財についても０を超えようとしている。ここでも，発展の順番は消費財→中間財ということになるだろう。

　自動車産業についても，先頭の雁（日本）が消費財において競争力を失っていない，という点を除けば，発展のパターンは雁行形態によく当てはまる。１国に注目すれば消費財→中間財の順番で発展し，１財に注目すれば先発国→後発国→最後発国の順に競争力を高めている。

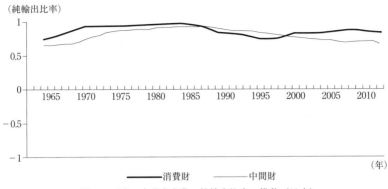

図 5 - 6 (a)　自動車産業の純輸出比率の推移（日本）

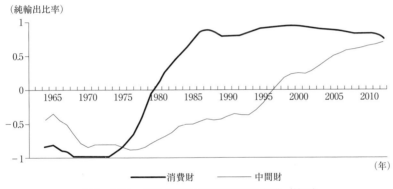

図 5 - 6 (b)　自動車産業の純輸出比率の推移（韓国）

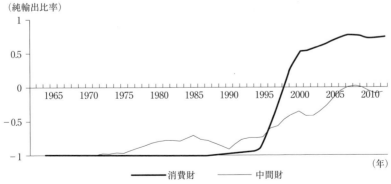

図 5 - 6 (c)　自動車産業の純輸出比率の推移（タイ）

出所：COMTRADEデータベースより作成。

　また，産業に注目して図5-5と図5-6を比較すれば，日本，韓国，タイの3国とも，まず繊維産業が発展し，自動車産業が遅れて発展していることがわかる。これは，図5-4に示された雁行形態論と整合的であり，また，労働集約的な産業およびリンケージの弱い産業から移転する，という点で後述する空間経済学の予測と一致している。

3　経済発展と産業の国際的移転

（1）　産業の集積と分散

　ここでは，雁行形態論において想定されている産業，貿易構造の重層的な変化を説明するために，産業の集積と分散の関係について予備的な考察を行う。

　一般に企業の立地要因として，労働力，土地，資源など生産要素の豊富な賦存が考えられる。仮にこれらが唯一の立地要因であるとすると，企業はそれらを求めて移動するため，企業活動は（各立地点の要素賦存状況を反映しながら）分散していくはずである。しかし実際の企業の立地行動は，投入要素の賦存状況にのみ影響を受けるのではない。

　むしろ，強い競争力を持つ国や地域では産業集積が見られ，企業活動の分散よりも地理的集中の方が顕著である。例えば，デトロイト，愛知県における自動車，ニューヨーク，ロンドンにおける金融サービス，シリコンバレーにおけるIT産業などは世界的に著名な産業クラスターの事例である。他方東アジアにおいても，バンコク周辺における自動車，ペナンにおける半導体，北京・天津における携帯電話，華南におけるプリンター・コピー機など，国際的競争力をもつクラスターが育っており，各国の産業発展を主導している。

（2）　産業集積のメカニズム

　産業の集積力はどのように生まれるのか。空間経済学では，経済を構成するすべての主体をモデルに含め，賃金，価格などの内生変数の均衡解を求める一般均衡，あるいはその動学化である一般均衡動学に立脚している。そのため，そのメカニズムを理論モデルに従って理解することが望ましいが，数学的にかなり複雑である。ここでは藤田（2003）に依拠しながら，集積メカニズムのエッセンスについて説明しよう。

①　消費財の多様性に基づく集積メカニズム

　大きな都市では多様な消費財が入手可能であり，そのことが都市の魅力（＝消費者の効用あるいは労働者の実質賃金）を高め，多くの労働者（＝消費者）が都市に引きつけられる（＝前方連関効果）。他方，労働者が移住すると，消費財需要が拡大して，今度はより多くの企業が都市に引きつけられるようになる（＝後方連関効果）。このことは，当該都市においてさらに多様な消費財を入手できることを意味するため，循環的因果関係が働き，集積が促進される。

②　中間財の多様性に基づく集積メカニズム

　自動車などの産業では，部品サプライヤーとアセンブラーが近接して立地し企業城下町を形成するケースがみられる。その背景として，部品サプライヤーの集積によって多様な中間財（素材，部品，企業向けサービス等）が供給されれば，そこに立地するアセンブラーの生産コストが節約されるため，より多くの最終財生産者が引きつけられる（＝前方連関効果）。他方，最終財生産者によって誘発される中間財市場の需要拡大は，今度はより多くの中間財生産者を引きつけるため（＝後方連関効果），循環的メカニズムが働き，中間財生産者と最終財生産者の間に集積力が生まれる。

③　人材の多様性，知識外部性，イノベーション

　イノベーションを目的とする活動では，多様な人材とイノベーションのためのサポーティング活動（数々の基盤的技術サービス，ベンチャーキャピタル等）が必要である。そのため都市内に人材およびサポーティング活動が集積するとイノベーション活動の生産性がさらに高まり，都市内でより多様なイノベーション活動の集積が起きる（＝前方連関効果）。またイノベーション活動の集積はより多様な人材，サポーティング活動への需要を生み，そうした活動の都市への集積を促す（＝後方連関効果）。他方人材，なかでも知識労働者の集積は，人材同士の対面接触を通じて，知識，情報がスピルオーバーし，知識外部性を増大させていく。知識外部性はイノベーションのような新たな知識を創造していく活動にとって極めて重要である。

分散力 ⬅ 賃金，地代の上昇，混雑の増加等

集積力 ⬅ 消費の多様性，前方・後方連関効果，スピルオーバー等

集積を伴う分散プロセス

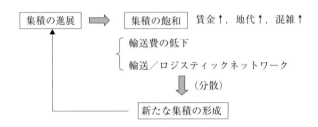

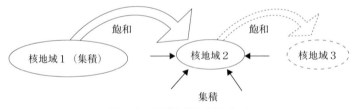

図5-7　集積を伴う分散プロセス

出所：筆者作成。

（3）　集積を伴う分散プロセス

　産業集積は，そこに立地する企業の生産性を高めるため，集積がさらなる集積を生み，累積的に拡大する傾向をもつ。しかし集積がある限度を超えて拡大すると，混雑が増え賃金，地代が上昇し始める。そのため，後述のように，それらの生産要素を集約的に使い，しかも集積力が弱い産業から順番に集積地を離れていく現象がみられる。その際，集積するメリット（＝消費者の効用増大，企業の生産性向上，知識・情報のスピルオーバー等）と分散するメリット（＝賃金，地代の上昇，混雑の増加等を避けるメリット）が比較考量されるが，輸送費が小さければ，分散に伴う追加的な費用（＝従来の生産拠点と新しい生産拠点の間で部品や製品を運ぶ費用）が低下するため，分散を促しやすい。そのため，輸送費が低

く集積地と優れた輸送／ロジスティックネットワークで結ばれた国や地域（＝周辺地域）では，集積地から生産活動を引きつける可能性が高い（**図5-7**）。

一方，従来の産業集積地（＝核地域）は，高い賃金，地代に見合うだけの付加価値を生む産業クラスターに移行していかなければならない。こうした変化は貿易・産業構造を高度化させ雁行型発展とも矛盾しないダイナミックな変化を生み出す。[6]

なお，集積地から拡散した生産活動は，賃金が低い国や地域（＝周辺地域）へと移転するが，そこで新たな集積地（＝核地域）が形成され，さらにその集積が飽和すれば，別の国や地域（＝周辺地域）へと移転していく（＝「集積を伴う分散プロセス」：図5-7下段）。雁行型発展では，このようなプロセスが繰り返されて，産業発展のダイナミズムが先発国から後発国に向けて順次伝播されて行く。戦前の日本に始まった東アジアの産業発展のダイナミズムは，最後発のCLMV諸国にまで伝播し，同諸国は東アジア先発国に対するキャッチアップの過程にある（図5-1）。

以上のように，雁行型発展において輸送費の低下とともに先発国から後発国に向けて産業が移転して行く。それでは，一体どのようなプロセスで産業が移転して行くのであろうか。先述したように，雁行形態論では，産業が移転するプロセスや順番に関して，一定の仮説が置かれている。これらの仮説は理論的にも支持されるのであろうか。以下では，空間経済学に基づきながら考察する。

（4） 雁行形態論と空間経済学

前項では，集積の進展によって賃金が上昇し，集積が飽和した結果，一部の生産活動が核地域から周辺地域へと分散していくプロセス（集積を伴う分散プロセス）を示した。しかし，労働集約度の高い産業と低い産業，消費財と中間財，あるいは川上産業と川下産業の間でどちらが先に低開発国（あるいは低開発地域）に移転していくか，といった産業間の違いについては，理論的に説明されていない。ここでは，代表的な空間経済モデルである藤田・クルーグマン・ベナブルズ（2000）の第15章のモデル（以下，このモデルをFVK15モデルと呼ぶ）を使って，産業がどのような順序で移転していくか説明しよう。

FVK15モデルでは，生産性が向上して所得が高まり，工業製品への需要が[7]高まると，①工業製品を生産している国（M国）の所得と農業財のみを生産し

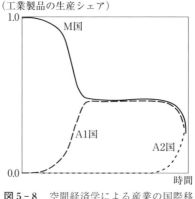

（工業製品の生産シェア）

図 5-8　空間経済学による産業の国際移
　　　　　　転過程の例

出所：FVK15章より筆者作成。

ている国（A国）の所得格差が大きくなり，②ある程度所得格差が大きくなる
と，M国内の前方・後方連関を考慮しても，賃金の安いA国で工業製品を生産
したほうが有利になるので，A国でも工業製品の生産が始まる，③これにより
両国の所得格差は縮小に転じ，最終的には所得格差が消滅していく，という産
業移転の過程が示される。

　この過程を3カ国のケースとして工業製品の生産シェアに注目して示すと**図
5-8**のようになる。まず，生産性の上昇に伴って当初工業が立地するM国の
賃金が上昇すると，M国から全く同じ性質（人口，M国との間の輸送費など）を
持つ2つの農業国A1国またはA2国への工業の移転が進む。この際，A1国
とA2国のどちらへ工業が移転するかは，ごくわずかな初期条件の差による。
しかし，一旦どちらかの国に移転が始まると，工業はその国に集中して移転す
る。これによってM国とA1国の所得水準が同一になると，今度はA2国への
工業の移転が始まり，最終的には3カ国の所得水準が同一となる。

　FVK15章では，性質の異なる7つの財を導入して，どのような財から国際
的な移転が起こるのかを検証している。結論は，以下の通りである。①労働集
約的産業から移転が始まる，②消費財から移転が始まり，中間財の移転はそれ
に遅れる，③他産業からの中間投入が少ない産業から移転が始まる，④産業リ
ンケージが弱い産業が先に移転し，産業リンケージが強い産業がそれに続く。
こうした結論は，東アジアの雁行型発展と概ね整合的である。

4　雁行型発展の背景

前節で触れたように，東アジアにおいて産業が雁行型形態型に移転していくためには，域内の輸送費が十分に低下していく必要がある。輸送費が高いままでは，国境を越えて部品や製品を輸送するためのコストが低賃金による生産コスト節約のメリットを上回るため，生産活動の分散は起きない。そのため，東アジアにおける産業の雁行型発展を検証するには，その前提となる輸送費の変化をみる必要がある。

（1）　輸送費とは

ここでの輸送費は通常の貨物運賃を中心とした輸送費のみならず，関税や非関税障壁によるコスト，為替レートの変動によるリスクを伴うコスト，取引を実際に行うための情報コスト，言語や文化の違いによるコストなど，計測の困難な多くの費用を含めて考慮する必要がある（藤田，2003）。

輸送費には様々な要素が含まれる。最も狭い定義をとれば，輸送費とは財を生産地から消費地へ運ぶための貨物運賃であると言える。一方で，より広い定義をとれば，輸送費には，生産地と異なる消費地で財を売るために必要な追加的なコスト，すなわち，関税，非関税障壁，その他の社会・文化的障壁，時間費用などが含まれることになる。

貿易コストの大きさについては，様々な先行研究がある。狭義の貿易コスト，すなわち輸送費の財価格に対する比率は一般的に10%以下であるとされる一方，広義の貿易コストについては関税率換算で約170%にもなるという研究もある（Anderson and Wincoop, 2004）。

このように，貿易コストの大きさは，その定義によって大きく変わってくるが，ここでは関税率と貨物運賃に注目して，東アジアにおける輸送費の低下について考える。

（2）　開発政策の転換と輸送費の低下

すでに述べたように，NIEs，ASEAN，中国，CLMVでは内需主導型から輸出志向型へと開発政策の転換が進み，市場自由化とともに外資を受け入れるた

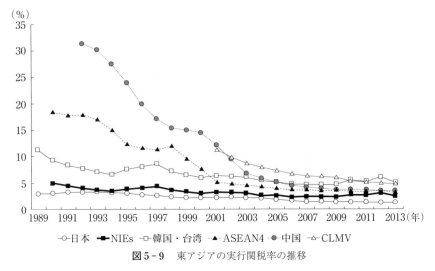

図5-9　東アジアの実行関税率の推移

注：各国の関税率には実行関税率の3年移動平均を用いている。また，2時点間に欠損値がある場合には2時点の
　　中間値を用いて補完している。
出所：UNCTAD TRAINSデータベースより筆者作成。

めの投資環境の整備が進められてきた。さらにそれら諸国がWTO，ITA（情報技術協定），FTA（自由貿易協定）に加盟することによって（輸送費の一部である）関税率が引き下げられ，東アジア域内の地域統合が進展した。**図5-9**は，NIEs，台湾・韓国，ASEAN4，中国，CLMVにおける実行関税率の変化を示している。それによると，日本に続いてNIEs→ASEAN4→中国（CLMV）と順次関税率が引き下げられてきたのが明らかである。その結果，関税率は低い順から日本，NIEs，ASEAN4，中国（CLMV）となっており，2008年時点ではすべての地域で関税率は10%以下となっている。[13]

　なお，FTAなどによって進められる地域統合は，東アジア域内の輸送費を他地域に先行して引き下げる役割を果たす。そのため，地域統合の進展は，東アジア域内における雁行型産業発展のプロセスを圧縮させるであろう。

　続いて**図5-10**は，東アジアを含む各地域の運賃（Freight costs）の変化を示している。それによると，1980年代以降，世界の他地域と比較して，東アジアにおいて運賃が顕著に低下してきたのは明らかである。これは，東アジアにおいて積極的に新技術が採用され，インフラ投資が進められてきたことを反映している。

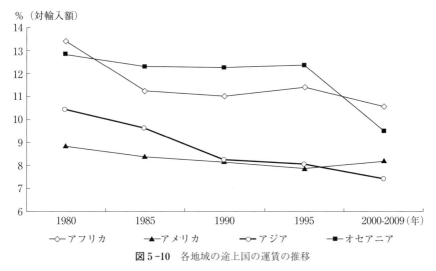

図5-10　各地域の途上国の運賃の推移

出所：Review of Maritime Transport各年版，UNCTADより筆者作成。

　このようなトレンドは，東アジア域内における輸送費を大きく低下させ，投資環境の整備と相まって，産業を先発国から後発国へと雁行形態に従って移転させる上で大きな役割を果たしてきたことを推測させる。

（3）　直接投資の推移と多国籍企業の立地

　図5-11は日本から東アジアへの製造業直接投資の件数および国・地域別シェアを示している。日本は東アジアにおける主要な投資国であり，東アジア域内諸国の産業，貿易構造を変化させる上で重要な役割を果たしてきた。棒グラフで示される件数をみると，日本から東アジアへの製造業直接投資は，1985年のプラザ合意以降，87年頃から増加を始め，一旦バブル経済崩壊の影響で1990年代初めに下落するが，95年頃に再びピークを迎えている。その後，アジア通貨危機の影響で大きく落ち込むが，2000年代には再び増勢に転じている。

　国・地域別のシェアをみてみると，1980年代前半はNIEsへの直接投資が過半を占め，続いて1980年代末から1990年代初頭はASEAN４への投資が過半を占めている。1990年代中盤以降は，改革開放の加速を受けて，中国への直接投資のシェアが圧倒的に高くなっている。また，徐々にではあるが，CLMVへの直接投資も始まっていることがわかる。このように日本からの直接投資の

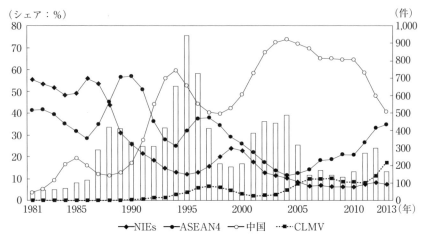

図 5-11 日本から東アジアへの製造業直接投資の件数および国・地域別シェア

出所：東洋経済「海外進出企業総覧」各年版より筆者作成。

シェアの推移をみると，投資受け入れ国は，NIEs→ASEAN 4 →中国（CLMV）へと移っていった。興味深いことに，投資の流入が始まった時期と投資受け入れ国において開発政策が転換した時期，あるいは関税率の低下した時期がほぼ重なっており，産業が移転するための前提条件として，輸送費の低下や投資環境の整備が重要な役割を果たしたことがわかる。

　以上のように，東アジアでは開発政策の転換やインフラ建設によって輸送費が低下し，投資環境が整備されてきた。そのため，賃金格差が拡大した先発国から後発国へ向けて直接投資が順次行われてきたのである。直接投資は，技術や資本の移転を通じて後発国の産業発展を促し，第 2 節で触れた雁行型産業発展を主導したと考えられる。

5　国際経済環境の変化と雁行形態型発展

　これまで雁行型発展という視点から東アジアの経済発展について検討してきた。しかし，日本の戦前の産業発展パターンをみて着想を得た経済発展モデルを，現在の途上国にそのまま当てはめることができるであろうか。確かに，日本や韓国などの北東アジア諸国は，輸入代替政策によって自国の産業資本を保

護しながら，輸入→生産→輸出という産業発展プロセスを歩んできた。また，タイをはじめとする東南アジア諸国では，電気・電子，自動車産業を中心に外国資本が主体になる場合が多かったが，1980 年代央まで輸入代替政策を実施した。

　ところが，雁行型発展の最後尾にいる CLMV 諸国では状況が異なる。これらの国々では，開発の初期段階より自主的な貿易・投資自由化，世界貿易機構（WTO）への加盟，自由貿易協定（FTA）による地域統合の進展などによって政策の選択肢（policy space）は狭まり，もはや関税などの直接的手段によって自国産業の保護，育成を図るのは困難になった。

　このような状況に鑑み，現在の途上国が直面する国際経済環境を踏まえた上で，雁行形態論について再検討する必要があろう。以下では，そのような試みの 1 つとして，東アジアで進んでいる生産工程の分離（「第二のアンバンドリング」あるいは「フラグメンテーション」）を前提にした経済発展モデルについて考察しよう。

（1）　第二のアンバンドリング理論

　第 4 章でも取り上げられているようにボールドウィン（Baldwin, 2013）は南北間の国際貿易の歴史的経緯を念頭に置きながら「第二のアンバンドリング」理論を提唱した。ボールドウィンによると，1830 年代頃までは低い輸送技術とそれに伴う極めて高い輸送費用のために，一部の贅沢品を除くと，生産と消費は一国内で完結していた（つまりそれぞれの国内で自給自足，地産地消に近い状態が続いていたのである）。ところが，19 世紀に鉄道や蒸気船を生み出した蒸気機関の登場（steam revolution）によって，国際的な輸送費用は下落し，国境を越えた生産と消費の分離（「第一のアンバンドリング」）が可能になった。しかし生産過程では，工程間の複雑な調整や財，サービスの移動を伴うため，すべての工程を 1 カ所に集約した方がコストやリスクを減少させることができる。その結果，蒸気機関の登場による輸送費用の低下は，製造業の活動を北（＝先進国）に集中させ，他方，南（＝途上国）では非工業化が進行し，南北間の所得格差が拡大した。[14]

　ところが，1980 年代央に発生した情報通信技術革命や輸送，通信インフラの整備は輸送・通信コストを大幅に引き下げて，国境を越えた財・サービスの移

動や工程間の複雑な調整を可能にした。それとともに，南北間の大きな賃金格差が製造業における生産工程の分離（「第二のアンバンドリング」）を有利なものにし，北にあった労働集約的な生産工程は南に移転し始めた（第4節(4)参照）。

　第二のアンバンドリング理論の最も顕著な特徴の一つは，産業発展への障壁が大きく引き下げられたことである。第一のアンバンドリングの時代には，先進国に倣い，開発途上国はすべてのバリューチェーンを国内で完結させるために輸入代替政策を実施した（第一次輸入代替は最終財，第二次輸入代替は中間財・資本財を国内生産に置き換えるために実施された）。しかしながら，近年そのような政策は貿易自由化や地域統合が進展したため，実施するのが困難になっている。他方，第二のアンバンドリングでは，最初は後発国における低賃金の優位性を活かしてニッチな活動に特化するものの，次第に生産の拡大や技術力の向上を通じて高度化し，バリューチェーンの階梯を上って行くことが求められる。

（2）　第二のアンバンドリングと雁行形態型発展

　第二のアンバンドリングの時代は，貿易，投資自由化や地域統合の推進を前提にしており，第一のアンバンドリングの時代に作られた雁行形態論と前提条件が異なるようにみえる。しかしながら，筆者たちは雁行形態論の基本的メカニズムは依然として有効であると考える。以下では，その理由を述べるとともに，次節では収穫逓増産業を取り上げ，現在の途上国が置かれている特殊な状況について述べる。

　まず，第一のアンバンドリングの時代は，保護主義的政策によって消費財（川下産業）の輸入代替が図られたが，第二のアンバンドリングの時代には，貿易自由化によって多国籍企業の生産ネットワークに参入することが課題となる。そこでは，製品の輸入代替を前提とするオリジナルな雁行形態論とは異なり，当初から輸出を志向する場合も含まれる。したがって対象となる市場や貿易政策を比較すると，両論は必ずしも同一とは言えない。

　しかしながら，次の段階では，消費財（川下産業）を生産するために輸入されていた中間財（川上産業）の輸入代替が課題となる。現在のWTOルール（TRIMs協定）ではローカルコンテント規制によって中間財の輸入代替を強制することはできない。しかし，第3節(2)②で触れたような産業集積メカニズムが機能すれば，消費財（川下産業）の生産拡大に誘発されて，後方連関効果が

働き，中間財（川上産業）の輸入代替生産が開始される。したがって，産業発展の高度化・多様化のプロセスに関する限り，両論の間に基本的な相違はないものと思われる。

（3）　収穫逓増産業と雁行形態型発展

　第二のアンバンドリングでは，低賃金労働を求めて，労働集約的な生産活動が先発国（高所得国）から後発国（低所得国）へ向けて移転すると想定されている。例えば，アパレル，靴，電子部品，自動車部品（ワイヤーハーネス等）などの産業では，貿易自由化や輸送費用の低下とともに労働集約的な生産工程が後発国に移転するのがみられる。このような動きは雁行型発展とも整合的であり，後発国のキャッチアップを促すであろう。

　しかしながら，一部の産業では異なる動きもみられる。例えば，収穫逓増産業の１つである自動車産業では，ASEAN地域統合の進展によって，すでに生産拠点として優位性が高いタイやインドネシアに生産が集中し，ほかのASEAN諸国との間に格差の拡大がみられる。また同様に，家電などの内需主導型産業でも地域統合に備えて生産拠点を集約化する動きがみられる。これらの産業は輸入代替の時代に規模の経済や集積のメリットを無視して，生産拠点がASEAN域内に分散していた。しかし地域統合とともにASEAN域内の競争が激化して，競争力を高めるために生産拠点を集約化させる必要性が高まっている。このような動きは，すでに集積が形成された既存の生産拠点の優位性をさらに高める傾向があるため，後発国への生産拠点の移転を前提とする雁行形態論とは必ずしも整合的ではない（ボックス１，２）。[15]

6　おわりに──雁行型経済発展と政策インプリケーション

　本章ではまず，東アジアの重層的な経済発展過程について雁行形態論をベースに説明してきた。雁行形態論では，一国内でひとつの産業が発展する過程で輸入→国内生産→輸出と財の生産・貿易構造が移り変わると想定する。また，一国内での産業発展は，消費財からより資本集約的な生産財へと進むことが想定されている。このサイクルを発展段階が異なる国々が貿易・投資を通じて同時並行的に辿るとき，よく知られた多国・多財の雁行形態発展の構図が現れる。

本章では純輸出比率を用いた自動車産業や繊維産業の分析によって，東アジアにおける産業の移転が概ね雁行形態論に整合的なかたちでこれまで起こってきたことを示した。

続いて，経済発展と産業の国際的移転についての理論モデルを示し，空間経済学に基づいたFKV15モデルによる分析の結果として，労働集約的産業から，中間財よりも消費財から，産業リンケージが弱い産業から後発国に移転することが示された。これは，東アジアの雁行型発展と概ね整合的であると言える。

さらに，こうした産業の国際的移転を可能にする条件としての輸送費の低下が東アジアで実際に起こってきたことを，関税と貨物運賃のデータから示した。産業の国際的移転の証左として日本からの直接投資先のシェアが，NIEs→ASEAN 4 →中国（CLMV）へと移っており，これが輸送費の低下や投資先の投資環境の整備と軌を一にしていることが示された。

雁行型の産業発展は，先発国にとっては産業，貿易構造のさらなる高度化を促すとともに，後発国にとっては先発国から移転してきた産業を新たに発展させる機会となる。その際，東アジアでは先発国から後発国に対して行われる直接投資が後発国の産業発展を牽引する上で大きな役割を果たしてきた。特に地場資本の力が相対的に弱い東南アジアでは，直接投資が果たした役割は極めて大きかった。本章の最後に，後発国の視点に立って，後発国が雁行型の産業発展を進める上でどのような政策が有効か考察してみよう。

先述したように，東アジアにおいて雁行型の産業発展の最後尾を走っているのはCLMV諸国である。CLMV諸国のような後発国が先発国に対してもつ最も大きな優位性は相対的に低い賃金である。したがって，急速な経済発展によって先発国の賃金が上昇すると，労働集約的な産業が先発国から移転してくる可能性が高まる。その際，後発国にとって重要なのは，産業の移転にともなって発生する追加的な費用を最小化させることである。

なかでも，後発国では裾野産業が発展しておらず，国内の市場規模も小さい。したがって多くの部品は先発国から輸入され，また完成した製品は先発国市場に輸出されるケースが多い。そのため部品や中間財の輸送費を低下させる必要がある。東アジアでは，FTAなどによって地域統合が進み，域内における関税および非関税障壁が削減されてきた。またCLMV諸国では東西経済回廊，南部経済回廊，南北回廊など重要な輸送インフラ・プロジェクトが進められて

いる。こうした事業をさらに積極的に進めて，域内の輸送ネットワークを強化することが望まれる。

　続いて，後発国の投資環境が先発国より劣る場合には，生産拠点の移転に伴い追加的な費用が発生する。通常，後発国では電気，ガス，水道などのハード・インフラが十分に整備されておらず，法制度などのソフト・インフラやガバナンスが脆弱である。そのため，移転に伴う追加的な費用を削減するため，援助などを通じて後発国を支援することが望まれる。その際，後発国の全地域で投資環境を整備するのは困難であろう。経済特区（SEZ）などを設けて，外資を誘致するために優先的に投資環境を整備するのは効果的かもしれない。

　最後に，強い規模の経済や集積の経済が働く産業では，そのような特性が後発国の産業発展にとって不利に働く場合がある。これらは伝統的な幼稚産業保護論で扱われてきた問題であり，市場自由化は産業政策によって幼稚産業を保護，育成することを困難にする。ただし，経済統合の流れを止めて産業保護を強化するのは現実的な選択肢ではないだろう。幸いなことにFTAにおいても一定の配慮が払われ，後発国は先発国よりも関税削減の時期を遅らせることができる。後発国にとって重要なのは，自由化までの猶予期間を最大限有効に使い，既存の産業基盤を強化させて将来の市場競争に備えることであろう。

■□コラム□■

産業の特性とローカル・コンテントの変化

　ここでは，産業の特性や輸送費の違いが，産業集積や部品の調達構造にどのような影響を与え，それが産業のローカル・コンテントにどのように反映されるのか，エレクロニクス産業と自動車産業を例として取り上げながら，比較してみよう。

　多くの実証分析が示しているように，エレクトロニクス産業はフラグメンテーションが盛んであり，各国の要素賦存状況あるいは賃金格差に応じて，生産工程が分散していく傾向がある。他方，自動車産業では，アセンブリーを行う川下工程から部品や原材料を供給する川上工程まで同じ地理的範囲に集積する傾向が見られる。ここではアジア国際産業連関表の分析結果をもとにその事実を確かめてみよう

表　ローカル・コンテントの変化（1990〜2000年）注1

自動車注2	3.9	農　業	-0.9	商業・輸送	-2.4
その他製造業	3.6	建　設	-1.2	原　油	-2.6
電力・ガス・水	2.2	食　品	-1.2	機　械	-3.9
金属製品	0.4	二輪車	-1.5	ゴム製品	-3.9
衣　料	0.2	紡　績	-1.5	窯業土石	-4.0
基礎金属	-0.1	化学製品	-1.7	その他電気機械	-4.1
その他鉱業	-0.6	石油精製	-1.8	その他輸送機械	-4.2
紙・パルプ	-0.6	基礎化学	-2.2	精密機械	-5.5
サービス	-0.7	木材・木製品	-2.3	電子製品	-5.6

注1：数字は，1990-2000年の東アジア8カ国（中国，韓国，台湾，シンガポール，マレーシア，タイ，インドネシア，フィリピン）におけるローカル・コンテントの平均値の変化（％）を示す。
注2：網掛け部分は製造業を表す。
出所：アジア国際産業連関表1990年，2000年より筆者計算。

　表は，アジア国際産業連関表を用いて計測した東アジア8カ国のローカル・コンテント（＝国内中間財＋付加価値の生産額に対する比率）の平均値の変化を示している。その結果，以下のことが明らかになった。
①　1990〜2000年の間に，分析対象となった27産業の内，22産業でローカル・コンテントが低下している。これは，東アジア域内でフラグメンテーションが進み，中間財を海外から調達する割合が全般的に高まったためと考えられる。
②　エレクトロニクス産業のローカル・コンテントは相対的に低い（1990年における東アジア8カ国の平均ローカルコントは60.3％である）。しかも表が示すように，1990〜2000年の期間にローカル・コンテントが最も低下したのが，エレクトロニクス産業である（−5.6％）。これは東アジア域内において同産業の生産拠点が分散し，

中間財を近隣諸国から調達するフラグメンテーションが進展したためであると考えられる。

③ 自動車産業のローカル・コンテントはエレクトロニクス産業よりも高い（1990年の平均ローカルコントは71.1%）。しかも，エレクトロニクス産業とは反対に，自動車産業のローカル・コンテントは1990〜2000年の期間に最も大きく増大している（＋3.9%）。つまり自動車産業では同期間中に裾野産業が発達し，国内から調達する部品や原材料の割合が増大したのである。

　以上の結果を空間経済学の視点から見ると，エレクトロニクス産業では，「第二のアンバンドリング」が活発に起きていると考えられる。一般にエレクトロニクス産業は，部品が軽量で小さく，輸送費が低い。そのため，労働集約的な生産工程（多くの場合，下流工程）を低所得国に移転し，そこで生産された製品を輸出するのが合理的な分業パターンになる。

　他方，自動車産業の場合は，部品が大きく嵩張るために輸送費が高い。その上現地ニーズに合った部品をアセンブラーと共同で開発したり，ジャスト・イン・タイムで部品を供給するためには，部品サプライヤーとアセンブラーの地理的近接性が重要である。したがって，ローカル・コンテントの傾向的な増加が見られる。

（黒岩郁雄）

空間経済学を用いた政策的シミュレーション

　現在，東アジア地域では，国境を越えた交通インフラの整備が数多く計画されている。ベトナム中部の都市ダナンからラオス，タイ北部を経てミャンマー・モーラミャインまで続く東西経済回廊（East West Economic Corridor：EWEC）や，ベトナム南部のホーチミンからカンボジア，タイを経てミャンマーのダウェイに至り，そこから海路でインド・チェンナイまでを海路で結ぶメコンーインド経済回廊（Mekon-India Economic Corridor：MIEC）などである。こうした国際的なインフラ整備は，輸送コストを削減し，特に後発国の経済発展に寄与することが期待されている。

　JETRO・アジア経済研究所は東アジア・ASEAN経済研究センター（ERIA）の支援のもと地理経済シミュレーションモデル（IDE/ERIA Geographical Simulation Model：IDE-GSM）を開発し，こうした国際的な交通インフラ整備の影響を予測している。IDE-GSMは本章第3節で説明したモデルをベースにした空間経済学に基づいたモデルで，ASEAN10を中心に，日本，中国，韓国，インド，バングラデシュなど19カ国，約1,800地域を対象とし，1万以上の陸路，海路，空路および鉄道が組み込まれている。

　IDE-GSMでは，越境交通インフラの整備は総合的な輸送費の低減，具体的には
ルートの平均通過速度の向上および国境での通関時間・コストの減少として扱われ
る。図はMIECについての経済効果をMIECが整備されなかった場合と比較して算
出した結果である。こうした交通インフラ整備は，一般的に整備されたルートの近
隣地域にプラスの影響を与える一方で，他の地域にマイナスの影響を与える場合が
ある。また，特定の交通インフラ整備が，離れた地域で陸路・海路・空路の交通量
に無視できない影響を与えることがある。したがって，こうした国際的な交通イン
フラ整備を行う場合には，より広範囲の国々が協力して，各国・各地域への影響を
慎重に評価する必要がある。

　空間経済学のモデルをベースにした実際的なシミュレーションモデルはEUでい
くつか例があるものの，アジアではほとんど例が無く，これから発展が期待される
分野である。

（熊谷　聡）

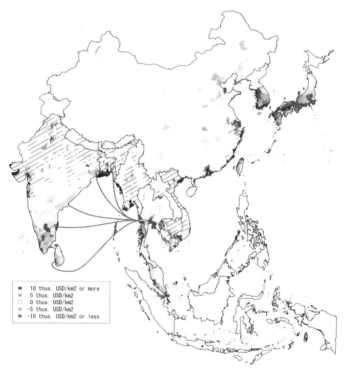

図　メコン＝インド経済回廊の経済効果（インフラ建設後10年後，面積あたりGDP増分）

■　■　■

●注―――――――――――――

（1）　ここでは繊維産業の資本財をSITC rev.1の717，中間財を同651，652，653，消費財を同841としている。

（2）　ここでは自動車産業の中間財をSITC rev.1の7321～7327，消費財を同7328としている。

（3）　日本の場合，1960年代には繊維産業と自動車産業は共に大きく輸出が超過しているが，赤松の研究でも明らかなように，繊維産業は1900年代初頭にはすでに輸出産業として確立されており，消費財，中間財は60年代後半からすでに衰退期に入っている。

（4）　本稿以外にも，東アジアの雁行型産業発展に関しては，優れた実証分析が行われている。小島（2002）は代表的な研究成果をまとめ，以下の点を示した。①日本の対東アジア直接投資は，台湾，韓国など先発国から順次高度化，多様化し，労働集約的軽工業に対し機械類の投資比率が高まった（小島，1996）。②東アジアでは，先発国と後発国の間でタイム・ラグを置きながら産業，貿易構造が高度化，多様化し，比較優位構造が平準化する「重層的追跡過程」がみられる（高中，2000）。③東アジアでは貿易と直接投資の域内依存度が高まっており，直接投資は貿易に対して正の有意な影響を与えている（浦田，2001）。④繊維産業，機械産業などでは，日本→NIEs→ASEAN 4 →中国の順番に見事な雁行型産業発展がみられる（通商白書，2001）。

（5）　以下の議論は，貿易，投資の自由化を前提としており，1985年以降の東アジアの状況と整合的である。輸入代替期の政策については第5節で触れる。

（6）　これは産業クラスターにおいて，当初消費財（下流産業）の生産に従事していたクラスターが中間財や資本財（上流産業）の生産に移行したり，生産する財自体が高度化したりするのと対応している。また別の視点から産業クラスターの高度化について考えることもできる。一般に経済成長によって所得水準が上昇すると，労働，資本などの要素投入に代わって，技術革新や生産性の向上が果たす役割が増えてくる。そのため産業集積においても，所得水準が上昇した国や地域では，第3節(2)③で触れた「人材の多様性，知識外部性，イノベーション」の集積メカニズムがより重要になるであろう。事実，北東アジア諸国と比較して研究開発などの面で後れを取ってきた東南アジア諸国でも，シンガポール，マレーシア，タイを中心に研究開発やイノベーションを目的とする産業クラスターの振興

が活発になっている。

(7)　FVK15モデルでは生産性の向上に伴う賃金格差の拡大が産業の移転を促進しているが，輸送費の低下が産業の移転を促進するモデルもある（Fujita and Mori, 1999）。

(8)　FKV15の産業集積メカニズムは第3節(2)②で触れた「中間財の多様性に基づく産業集積メカニズム」であり，前方，後方連関効果もそれに対応している。

(9)　FVK15モデルでは，仮説的な産業連関表を設定して財の質を定義している。産業の労働集約度は，生産の際に投入される労働とほかの財の比率による。このモデルでは賃金の高騰が産業を移転させる原因となっているため，労働集約的な産業が先に移転する。

(10)　「消費財」は生産された財が中間投入よりも消費により多く振り向けられる財である。中間財と比較して，消費財は他産業によって中間投入される割合が低いため，前方連関効果が弱い。これは，産業集積のメリットを低下させるため，先に移転しやすいと同時に，消費志向型の産業では，他国にいる消費者を求めて生産活動が拡散する。

(11)　他産業からの中間投入とは，当該産業が他産業から投入する中間財の総量である。他産業からの中間投入が低い産業は，後方連関効果が弱く，産業集積のメリットが小さくなる。

(12)　FVK15モデルが雁行型発展と食い違うのは，川上産業から移転し，川下産業がそれに続く点である。なお，同モデルでは「川上」産業とは他産業への産出が多く，他産業からの投入が少ない財をさす。そのため，川上産業は強い前方連関効果と弱い後方連関効果をもつ。反対に「川下」産業は，他産業への産出は少なく，他産業からの投入が多い。なおChenery and Watanabe（1958）の分析によると，原材料として使われる一次産品は，前方連関効果が強く後方連関効果が弱い「最上流」の産業であり，反対に最終財を生産する製造業は「最下流」の産業にあたる。また中間財を生産する製造業（＝鉄鋼・化学などの素材および部品産業）は，前方・後方連関効果がともに強くなる傾向がある。

(13)　図5-10が示すように韓国・台湾の関税率は相対的に高い。しかしNIEsの関税率は，自由貿易地域に近い香港とシンガポールを含むため，地域としては低くなっている。CLMVの関税率も比較的低いが，ミャンマーのように関税率は低いが貿易が制限・禁止されている品目が多い国も含まれるため，実際よりも関税率が低く出ている可能性がある。

(14)　同時に分業体制では，南（＝途上国）は一次産品の生産に特化し，工業製品を北（＝先進国）から輸入するようになった。

(15)　自動車の例に見られるように，規模の経済や集積のメリットが大きい産業は，

輸入代替政策（あるいは幼稚産業保護）の対象となってきた産業であり，当初より貿易自由化を前提にして後発国が誘致するのは難しい産業であったと考えられる。特に国内市場が小さい後発国では，「自国市場効果」（Krugman，1980）が働かないため，収穫逓増産業の誘致はさらに難しくなる（カンボジア，ラオスなどのケース）。また，ベトナムのような人口大国であっても，国内における十分な産業基盤（部品サプライヤーの集積）が形成される前に，タイなど近隣諸国との競争に晒されると，自動車産業の存続が厳しくなる恐れがある。なお，これらを別の視点からみると，収穫逓増産業の場合には，関税や貿易コストを人為的に高めることによって輸入代替産業を誘致してきたのであり，その前提が崩れると，後発国への生産拠点の移転を前程とした従来の雁行形態論とは異なる変化が起きるのかもしれない。

●参考文献

赤松要（1935）「我國羊毛工業品の貿易趨勢」『商業経済論叢』第13巻。

赤松要（1937）「吾國經濟發展の綜合辯證法」『商業経済論叢』第15巻。

浦田秀次郎（2001）「東アジアにおける貿易・直接投資の拡延」小島清編著『太平洋経済圏の生成・第3集』文眞堂。

小島清（1996）『開放経済体系──応用国際経済学・補論』文眞堂。

小島清（2000）「雁行型経済発展論・赤松オリジナル──新興国のキャッチアプ・プロセス」『世界経済評論』44（3）。

小島清（2002）「雁行型経済発展の国際的伝播（下）」『駿河台経済論集』11（2）。

世界銀行（1994）『東アジアの奇跡──経済成長と政府の役割』（白鳥正喜監訳／海外経済協力基金開発問題研究会訳）

高中公男（2000）『外国貿易と経済発展』勁草書房。

藤田昌久（2003）「空間経済学の視点から見た産業クラスター政策の意義と課題」石倉洋子・藤田昌久・前田昇『日本の産業クラスター戦略』有斐閣。

藤田昌久，A・ベナブルズ，P・クルーグマン（2000）『空間経済学──都市・地域・国際貿易の新しい分析』小出博之訳，東洋経済新報社。

Akamatsu, K. (1962), "A Histrical Pattern of Economic Growth in Developing Countries," *The Developing Economies*, Vol. 1.

Anderson, J. E. and E. Van Wincoop (2004), "Trade costs," Journal of Economic literature, 42(3) : 691-751.

Baldwin, R. (2013), "Global supply chains : why they emerged, why they matter, and where they are going," Deborah K. Elms and Patrick Low. *Global value chains in a changing world*, ed. WTO Publications. Geneva.

Chenery, H.B. and T. Watanabe (1958), "International comparisons of the structure of production," *Econometrica* Vol. 26.

Fujita, M. and T. Mori (1999), "A flying geese model of economic development and integration : evolution of international economy a la East Asia," *KIER Discussion Paper* No. 493.

Kojima, K. (2000), "The "flying geese model of Asian economic development : Origin, theoretical extensions, and regional policy implications," *Journal of Asian Economics*, Vol. 11.

Krugman, P. (1980), "Scale Ecnomies, Produt Differetiation, and the Pttern of Trade," *Americal Economic Review*, 70 : 950-959.

Vernon, R. (1966), "International investment and international trade in the product cycle," *Quarterly Journal of Economics*.

●学習のための推薦図書─────────────

小島清 (2004)『雁行型経済発展論 (第1巻) 日本経済・アジア経済・世界経済』文眞堂。

小島清 (2004)『雁行型経済発展論 (第2巻) アジアと世界の秩序』文眞堂。

（熊谷　聡・黒岩郁雄）

第**6**章
国際金融環境と東アジア経済

　戦後の目覚しい経済発展によって，「東アジアの奇跡」と賞賛された東アジア経済は，1997～98年に深刻な危機に見舞われる。その原因をさかのぼっていくと，1980年代の構造調整政策の下での経済の自由化・規制緩和の開始にさかのぼる。プラザ合意後の直接投資の流入と工業化の加速の素地は，この時期につくられた。他方で，金融・資本自由化による国際金融市場との結びつきの強まりを背景として，国際資本の流出入が活発になり，アジア金融危機の原因となる国内の脆弱性を生み出した。危機に見舞われた国は，IMF支援の受け入れを余儀なくされ，その苦い経験がアジアにおける地域金融協力の推進力となった。アジア金融危機の教訓は世界金融危機への対応で活かされ，アジア諸国は深刻な被害を受けることなく，いち早く回復に向かった。中国経済の存在感は危機後に一層高まっており，今後の金融面でのアジアへの影響を注視していく必要がある。

1　はじめに——本章のねらい

　本章では，1980年代以降の東アジア経済を取り巻く国際金融環境に焦点をあてて分析を行う。東アジア経済は，1980年代後半から1990年代にかけての金融・資本自由化によって，国際金融市場との結びつきを強めたが，自由化の始まりは1980年代の構造調整政策にさかのぼる。第1節では，構造調整政策の下での経済の自由化・規制緩和の進展や，それと関連するプラザ合意後の東南アジア諸国への直接投資ブームについて述べる。第2節では，1997～98年のアジア金融危機について取り上げ，その特徴と原因，IMF支援に対する批判，マレーシアの資本規制の評価を中心に説明する。第3節では，アジア金融危機後の地域金融協力の具体的な成果である「チェンマイ・イニシアティブ」と「アジア債券市場構想」について紹介する。第4節では，2007～09年の世界金融危

機が東アジア経済に及ぼした影響について論じる。最後に，中国経済の台頭が
東アジアの国際金融環境に及ぼす影響について展望を行い，本章を締めくくる。

2　構造調整政策と直接投資ブーム

（1）　構造調整政策

　戦後の目覚ましい経済発展によって，「東アジアの奇跡」とまで賞賛されて
いた東アジア経済は，1997〜98年に深刻な経済危機に見舞われた。いわゆるア
ジア金融危機である。この引き金となったのは，海外から流入していた資本の
突発的な逆流である。

　それに先立って東アジアには，銀行融資や証券投資を中心に海外からの資本
流入が急増していた。背景には，東アジア経済の将来性に対する期待とともに，
金融・資本の自由化の進展があった。東アジアの金融・資本の自由化は，1980
年代後半から1990年代にかけて加速したものであるが，そもそもの始まりは，
1980年代の構造調整政策の下での自由化・規制緩和の進展にさかのぼる。した
がって，本章では，1980年代の東アジア経済から話を始める。

　1980年代の東アジア経済にとっての大きな問題は，累積債務問題であった。
1970年代後半から1980年代にかけて，東アジアやラテンアメリカなどの開発途
上国においては，経常収支赤字が拡大し，そのファイナンスのための対外借入
れが大幅に増えた。その結果，対外債務が膨張し，その返済負担が途上国経済
に重くのしかかった。

　そもそも，経常収支赤字が拡大した背景には，国内的な要因として，財政赤
字の拡大や高インフレによる実質為替レートの過大評価があった。だが，それ
に加えて，次のような国際環境の変化も大きく影響した。すなわち，①途上国
の主力輸出品であった一次産品価格の下落による交易条件の悪化，②1970年代
の２度の石油ショックによる石油の輸入価格の高騰，③石油ショックに伴う先
進国経済の低迷による途上国の輸出の減少などである。

　また，国際市場の金利の上昇も債務問題の悪化に拍車をかけた。1980年代は
じめに，米国が金融政策を引き締めに転じたことをきっかけに国際市場の金利
が高騰した。これに連動して，途上国の対外債務の金利も上昇し，利払い負担
を増大させたのである。

　累積債務問題の解決に向けて，IMF（国際通貨基金）と世界銀行（国際復興開発銀行）は，国際収支の不均衡に伴う外貨不足に陥っていた途上国に対して，融資を行った。この融資の見返りとして，IMFは，経常収支の改善を目的とした財政・金融政策の引き締めや為替レートの切り下げを求めた。一方，世界銀行は，経済体質の強化を目的として，自由化・規制緩和・民営化などの改革を柱とする構造調整プログラムの実施を求めた。

　世界銀行が，自由化などの改革を重視したのは，累積債務問題の根本的な原因が，途上国政府による経済活動への過度の介入や規制にあるとの処方箋に基づく。すなわち，政府の介入・規制が，市場メカニズムを歪め，経済の効率性を損なったことに基本的な問題があると考えたのである（西垣・下村，1993）。こうした「小さな政府・市場重視」の考え方が前面に打ち出された背景には，米国のレーガノミックスや英国のサッチャリズムに代表される新自由主義的な政策理念の台頭があると考えられる。

　なお，米国際経済研究所のジョン・ウィリアムソンは，構造調整プログラムのエッセンスを，①財政規律，②公共支出改革，③税制改革，④金利自由化，⑤競争的為替レート，⑥貿易自由化，⑦対内直接投資の自由化，⑧民営化，⑨規制緩和，⑩所有権の保障の10項目に集約し，これを「ワシントン・コンセンサス」と名づけた（Williamson，1989）。名前の由来は，この10項目が，ワシントンに所在する米政府・国際機関（米財務省，IMF，世界銀行など）によって共有される政策理念を反映しているところからきている。

　東アジアの累積債務問題は，ラテンアメリカほどには危機的でなかった。だが，対外債務の重圧が経済に重くのしかかっていた点で変わりはなく，様々な形で構造調整への取り組みを余儀なくされた。

　例えば，第二次石油ショックによって，特に深刻な影響を受けたタイとフィリピンでは，1980年代の初めにIMFと世界銀行の融資を受け入れ，構造調整政策を通じた経済の建て直しに取り組んだ（奥田・三重野，2008）。また，インドネシアでは，新自由主義的な考え方の強いテクノクラート集団の主導で，構造調整政策を積極的に推進し，1980年代に金融自由化を大きく進展させた。さらに，巨額の対外債務を抱えていた韓国では，IMF融資を受け入れて，引き締め政策を行うとともに，貿易・投資の自由化や公営企業の民営化に着手した（深川，1997）。

このように東アジア諸国では，1980年代前半からの構造調整への取り組みを通じて，貿易・投資・金融などの自由化が進展した。また，こうした自由化の流れは，1980年代後半からの経済状況の好転を受けて，さらに加速した。

（2） プラザ合意と直接投資ブーム

東アジア経済に大きな転機をもたらしたのは，1985年9月のプラザ合意（先進5カ国蔵相・中央銀行総裁会議におけるドル高是正に関する合意）後の急激な円高である。

円高は，韓国経済に追い風となった。ドルとの連動が強かった韓国通貨のウォンは，円高・ドル安に伴い，対円レートが下落した。これによって，日本の輸出に対する価格競争力が高まり，韓国の輸出が急増した。

さらに，1980年代後半の原油や一次産品価格の下落による交易条件の改善や，国際市場の金利の低下による対外債務の利払い負担の減少によって，韓国の経常収支は改善し，1986年には黒字に転換した。経常収支の改善は，国際収支の制約を緩和し，為替管理やクロスボーダーの資本取引の自由化を促した（深川，1997）。

プラザ合意後の円高は，東南アジア経済にも転機をもたらした。円高によって，輸出競争力を失った日本企業は，生産コストの削減のため，相対的に賃金の安いタイやマレーシアなどの東南アジア諸国へ大挙して進出した。また，かつては直接投資の受入国であったNIEsの企業も，賃金上昇による競争力低下を背景に，東南アジア諸国への進出を始めた。こうした外資系企業の進出ブームによって，東南アジア4カ国への直接投資は1980年代後半から顕著に拡大を始めた（図6-1）。

東南アジア諸国への直接投資流入の拡大には，1980年代前半からの構造調整への取り組みが大いに関係した。すなわち，貿易や投資の自由化の進展によって，東南アジア諸国の生産・輸出拠点としての魅力が高まり，外資系企業の進出を後押しした。また，東南アジア諸国政府による積極的な外資誘致策も直接投資流入の拡大に寄与した。

直接投資の流入によって，東南アジア諸国の工業化は飛躍的に進んだ。特に，家電や自動車などの機械産業において，設備投資が拡大し，雇用が増加した。さらに，進出企業の経営ノウハウ・技術が現地企業に移転することで，生産性

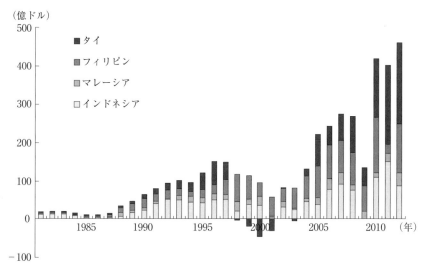

図 6-1　東南アジア諸国への直接投資純流入

出所：World Bank, *World Development Indicators.*

の向上に寄与した。

　また，直接投資の受入れを通じて，東南アジア諸国は，日本の多国籍企業などの生産ネットワークに組み込まれ，工業製品の貿易が急速に拡大した。たとえば，日本企業は，生産工程のうち，労働集約的な組み立ての工程を東南アジア諸国に移転し，日本から供給した部品・パーツを使って現地で組み立てた最終製品を，欧米などの消費地に輸出した。こうしたことによって，東南アジアの工業製品の輸出は急速に拡大した。

　このように，東南アジア諸国は，直接投資の受け入れを梃子に工業生産と貿易を飛躍的に拡大させ，1980年代後半から成長を加速させた。

3　アジア金融危機

（1）　危機発生の原因

　1980年代後半からの高成長で順調にみえた東アジア経済は，1997〜98年のアジア金融危機で，深刻な打撃を受けた。タイ・インドネシア・韓国はIMF融資を受け入れ，マレーシアとフィリピンはマイナス成長に陥った。

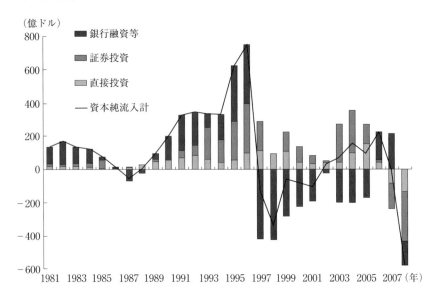

図 6 - 2　東アジア（韓国，タイ，フィリピン，マレーシア，インドネシア）への資本純流入

出所：IMF, *International Financial Statistics.*

　1990年代に入って，東アジア経済には，銀行融資や証券投資を中心に海外か
らの資本流入が急増した（**図 6 - 2**）。その背景には，東アジア経済の高成長と
その将来性への期待に加え，1980年代後半から1990年代にかけて加速した国
内金融市場の自由化や資本取引の自由化の進展がある。なかでも，危機の震源
地となったタイでは，1993年にバンコク・オフショア金融市場（BIBF）を開設
したことで，短期資本の流入が急増した。

　金融・資本の自由化によって，外国の金融機関による国内金融市場へのアク
セスが容易になった。特に，日本の金融機関は，アジアに進出した日系企業向
けの融資を増加させるとともに，非日系企業向けの融資も積極的に行った。ま
た，欧州の金融機関もアジア向けの融資を拡大させた。

　アジア各国は事実上のドル・ペッグ制を採用し，米ドルに対する為替レート
を固定化していた。大量の資本流入は，為替レートの切り上げ圧力を強めたが，
切り上げによる輸出競争力の低下を嫌う各国政府は，外国為替市場で自国通貨
売り・ドル買いの介入を行い，為替レートの安定を維持した。その結果，国内
でベース・マネーの供給が拡大し，国内信用の膨張をまねいた。その一部は，

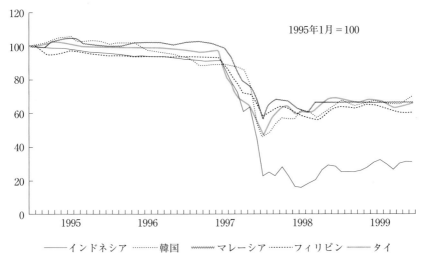

1995年1月＝100

ーーーインドネシア　………韓国　〜〜〜〜マレーシア　‥‥‥‥フィリピン　ーーーーータイ

図6-3　名目為替レート（対米ドル・レート）の推移

出所：IMF, *International Financial Statistics.*

不動産・株式市場に向かい，資産バブルを引き起こした。また，企業の過剰投資を助長し，金融機関の不良債権増加の原因となった。

　アジア金融危機の震源地となったタイでは，危機発生に先立ってバブルが崩壊し，景気後退が始まっていた。このため，為替レートの切り下げは時間の問題とみられ，ヘッジ・ファンドなどのよる為替投機が活発化した。これに対して，タイ政府は自国通貨買い・ドル売りの介入によって対抗したが，最終的に外貨準備が枯渇し，1997年7月に事実上のドル・ペッグ制は崩壊した。

　タイの危機は，瞬く間にアジア域内に伝播し，事実上のドル・ペッグ制の崩壊と為替レートの大幅な下落を引き起こした（**図6-3**）。危機伝播の大きな要因は，外国の金融機関が，近隣のアジア諸国もタイと同様の問題を抱えていると考え，一斉に資金を引き揚げたことにある。投資家の中には，各国の経済実態がよくわからないままに，追随的に資金を引き揚げたものもあるとみられる。こうした投資家の行動は，「群衆行動」と呼ばれる。

　危機に見舞われた国が，深刻な不況に陥った原因のひとつは，国内金融機関の経営悪化などによって，金融市場の仲介機能が大きく低下したことにある。金融機関の経営悪化の根本的な原因は，バブル崩壊や過剰投資の表面化による

不良債権の増加である。だが，より直接的なインパクトを与えたのは，為替レートの大幅な下落による債務の膨張である。

　すなわち，国内の金融機関や企業の対外借入れの多くは，満期が1年以内の短期債務で，外貨建て比率が高かった。短期債務が中心であったため，短期間で大量の資本流出が生じた。これに加えて，外貨建て比率が高かったため，為替レートの下落によって自国通貨建ての債務残高が一気に膨らんだ。その結果，金融機関のバランスシートが直接的に，あるいは貸出先の破たんを通じて間接的に劣化し，経営を圧迫した。さらに，後述するように，IMF融資の条件として，経営が悪化した金融機関の閉鎖が性急に行われた。

　こうした金融機関の経営悪化や閉鎖によって，金融市場の仲介機能が大きく低下し，急激な信用収縮が引き起こされた。その結果，個人や企業の資金制約が強まり，国内需要の大幅な落ち込みと生産活動の停滞によって，深刻な不況に陥った。

（2）　IMF支援に対する批判

　金融危機に見舞われたタイ・インドネシア・韓国が受け入れたIMF支援は，大きく2つの部分から構成されていた。1つは，国際収支不均衡に伴う外貨不足を一時的に補うための融資である。もう1つは，国際収支の均衡を回復するために必要な政策調整の実施に関する合意である。これらふたつは密接に関連しており，IMF融資は，政策調整の実施を監視するために設定される融資条件の遵守状況に応じて実行された。この融資条件は，コンディショナリティと呼ばれる。IMFの支援を巡っては，このコンディショナリティが不適切であったため，危機が深刻化したとの批判がある。

　固定為替レート制の下での国際収支の不均衡とは，経常収支と資本収支を合計した赤字が大きくなり，自国が保有する外貨準備の取り崩しで，その赤字を補うことができなくなる状態である。典型的には，財政赤字の拡大や高インフレによる実質為替レートの上昇で，経常収支赤字が大きくなり，これを資本収支の黒字（純資本流入）でファイナンスできなくなることで起きる。こうした場合には，財政・金融政策の引き締めを通じて国内支出を抑制し，為替レートを切り下げることによって，経常収支を改善する必要がある。先に述べたように，1980年代の累積債務問題への処方箋として，IMFはこうした政策調整の実

施を求めた。

　これに対して，アジア金融危機では，突発的な資本流出が引き金であった。これに伴う為替レートの切り下げ圧力に対抗して市場介入が行われた結果，外貨準備高が大幅に減少した。たしかに，タイでは，危機発生に先立って経常収支赤字が拡大していたが，財政収支は黒字で，インフレ率は高くなかったことから，必ずしも引き締め政策を必要とする状況ではなかった。

　ところが，IMFは従来の処方箋を踏襲し，コンディショナリティの設定を通じて財政・金融政策の引き締めによる経常収支の改善を求めた。加えて，危機の根本的な原因は，地場企業の経営の透明性・規律の欠如や金融規制・監督体制の不備にあったとして，これらの改善を目的とした広範な構造改革の実施を求めた。

　国際収支不均衡は，引き締め政策による経常収支の改善によって是正することは可能である。だが，引き締め政策は同時に，需要の減少や金利上昇による債務支払い負担の増大によって景気後退に拍車をかけた（スティグリッツ，2002）。また，構造改革は即効性がなかった上に，経営が悪化した金融機関の閉鎖を性急に行ったことで，銀行取り付け騒ぎを引き起こすなど，かえって経済の混乱を深めた。

　こうした批判を受けて，危機後にIMFはコンディショナリティの見直しを進めてきた。2002年にはガイドラインを改訂し，コンディショナリティの設定に関して，被支援国の主体性を重んじることやその範囲を必要最小限に限定する方針を打ち出した。また，構造改革に関するコンディショナリティについては，融資実行の条件とはしないこととなった（岡村，2009）。

（3）　マレーシアの資本規制

　マレーシアは，アジア金融危機によって最も深刻な打撃を受けた国のひとつである。だが，IMFの支援を要請せず，固定為替レート制と資本規制の導入で対応した。同時に，拡張的なマクロ経済政策によって，景気後退に歯止めをかけた。

　実はマレーシアも，タイの危機が波及した直後，財政・金融政策の引き締めを実施した。これには，IMF支援を受け入れた国と同様の政策対応を行うことで，マレーシア経済に対する投資家の信認を回復し，為替投機と資本流出を抑

制する狙いがあった。だが現実には，引き締め政策によって，景気後退に拍車
をかけた。さらに実体経済の悪化に伴う不良債権の増加で，金融機関のバラン
スシートが劣化するとともに，企業業績の低迷で株価が下落した。

　こうした経済状況の悪化を受けて，マレーシア政府は，1998年半ば頃から大
きく政策転換を行う。まず，景気刺激を目的として，それまでの財政・金融政
策の引き締めから拡張に転換した。また，為替投機と資本流出の抑制のため，
1998年9月に，固定為替レート制と資本規制を導入した。さらに，金融システ
ムの安定を回復するため，政府による預金保護，不良債権買い取り，銀行への
資本注入を実施した。こうした政策転換を契機に，マレーシア経済は回復に向
かい，1999年には，前年のマイナス成長からプラス成長に転じる。

　資本規制は大きく2つの目的があった。1つは，マレーシアの通貨リンギッ
トのオフショア市場での取引の禁止である。これは，リンギットに対する為替
投機が，シンガポールなどのオフショア市場で盛んに行われており，そこでの
投機家に対するリンギットの供給を断ち切る必要があったからである。

　資本規制のもう1つの目的は，マレーシアからの資本流出の抑制である。そ
の内容は多岐にわたるが，例えば，海外の投資家が取得したマレーシアの株式
を最低1年間保有し続けるか，あるいはその売却代金をマレーシア国内に止め
ておくことが義務づけられた。株式投資を対象としたのは，マレーシアへの短
期資本流入の多くが株式投資であったからである。また，期限を1年としたの
は，資本規制を市場の混乱が収まるまでの一時的な措置として考えられていた
からである。事実，この規制は1999年に段階的に緩和され，2001年には廃止さ
れた。

　資本規制の導入は，拡張的なマクロ経済政策に転換する上でも重要な意味を
持っていた。いわゆる「国際金融のトリレンマ」によれば，自由な資本移動，
固定為替レート，金融政策の独立性の3つは，同時に達成できない（Caves et
al. 2007）。したがって，固定制による為替レートの安定と金融緩和による景気
刺激を同時に達成するためには，資本移動の自由を放棄する必要があった。

　マレーシアの資本規制の評価を巡っては，賛否両論がある。リンギットのオ
フショア市場での取引の禁止については，為替投機の抑制に効果があったと評
価されている。他方で，資本流出の抑制については，意見が分かれている。否
定的な見解によれば，資本規制が導入された時点で，かなりの資本がすでに流

出しており，アジア経済を取り巻く市場環境も改善していたことから，資本流出抑制の直接的な効果は限定的であったとされる（Meesook et al., 2001）。

　このように，マレーシアの資本規制の効果については，定まった評価はない。だが，アジア金融危機を通じて，金融システムが未発達な段階での資本移動の自由化が，新興市場国経済に及ぼすリスクについての理解が深まった。従来，資本規制には否定的であったIMFも，最近では，一時的な資本流入の急増に対して資本規制を活用することを容認している（Ostry et al., 2010）。ただし，資本規制の有効性については，実証研究でもはっきりとした結論が出ているわけではなく，今後の研究を待つ必要がある。

4　地域金融協力の進展

（1）　チェンマイ・イニシアティブ（CMI）

　アジア金融危機を契機として，アジア域内における金融協力の必要性が強く認識されるようになり，ASEAN＋3（日本，中国，韓国）の枠組みのなかで具体的な進展があった。すなわち，2000年に通貨スワップの域内ネットワークを構築するチェンマイ・イニシアティブ（CMI）が合意され，2003年にはアジア域内の債券市場の育成を目的としたアジア債券市場構想（ABMI）が打ち出された。これらの取り組みはアジア金融危機の教訓をもとに，域内の金融危機の再発防止と金融セクターの強化を目指すものである。

　アジア金融危機の直接的な引き金となったのは，海外から流入していた資本の突発的な流出である。こうした資本流出は，投資家のパニックや群衆行動によって増幅されやすい。したがって，大幅な資本流出や為替レートの下落を防ぐためには，大規模かつ迅速な外貨資金の支援によって投資家心理の安定を図ることが鍵となる。

　また，アジアのように域内の経済的結びつきが強い地域においては，通貨・金融市場の混乱が波及しやすいため，地域全体での協調した対応が必要となる。こうした認識を背景として，迅速性や資金量の面でIMFを補完する地域レベルの支援メカニズムが必要と考えられるようになり，CMIの合意へと結びついた。

　2000年に合意したCMIは，ASEAN＋3内の二国間通貨スワップ取極め（BSA）のネットワークを新たに構築することなどを内容とする。通貨スワッ

表6-1　CMIのマルチ化による各国の貢献額と借入れ可能額

	貢献額 （億ドル）	全体に占める 割合（％）	乗　数	借入れ可能額 （億ドル）
日中韓	960.0	80.00		
日　本	384.0	32.00	0.5	192.0
中　国	384.0	32.00		
除く香港	342.0	28.50	0.5	171.0
香　港	42.0	3.50	2.5	21.0
韓　国	192.0	16.00	1	192.0
ASEAN	240.0	20.00		
インドネシア	45.52	3.793	2.5	113.80
タ　イ	45.52	3.793	2.5	113.80
マレーシア	45.52	3.793	2.5	113.80
シンガポール	45.52	3.793	2.5	113.80
フィリピン	45.52	3.793	2.5	113.80
ベトナム	10.00	0.833	5	50.0
カンボジア	1.20	0.100	5	6.0
ミャンマー	0.60	0.050	5	3.0
ブルネイ	0.30	0.025	5	1.5
ラオス	0.30	0.025	5	1.5
合　計	1200.00	100.00		

注：香港はIMFに加盟していないため，借入可能額はIMFデリンク相当分のみ。

出所：第13回ASEAN＋3財務大臣会議共同声明（2010年5月2日）付属文書（財務省ホームページより入手）。

プ取極めとは，対外的な支払いに必要な米ドルなどの外貨資金を各国の外貨準備から短期的に融通するための約束である。通貨スワップは，文字通り外国通貨と自国通貨の交換であるが，実質的には相手国の通貨を担保とした外貨貸し付けである。資金支援にあたって，IMF融資のようなコンディショナリティは課せられない。BSAの総額は2009年で640億ドルに達した。

　通貨スワップの利便性をさらに高めるため，2010年にはCMIのマルチ化（CMIM）を行った。マルチ化とは，従来の二国間の通貨スワップ取極めに代えて，多国間のマルチ契約を締結するものである。これにより，スワップ発動のルールが共通化され，多数決による意思決定が行われるなど，迅速で円滑な資金供給が期待される。また，全体の資金規模が1,200億ドルに拡大した。資金貢献の負担割合は，日本，中国（香港を含む），韓国が各々32％，32％，16％であり，ASEAN10カ国で残りの20％を分担する。各国の借入れ可能額は，その貢献額に国ごとに定められた乗数をかけて算出される（**表6-1**）。さらに，

2014年に発効した改訂契約では，資金規模の倍増や危機予防機能の導入など追加的な機能強化策が講じられた。

CMIは，域内の短期的な流動性問題（外貨不足）への対応を目的としており，IMFの融資制度など既存の国際的な枠組みを補完するものとして位置づけられている。このため，CMIの資金支援はIMF融資とリンクしており，IMF融資がなくとも実施できる部分（IMFデリンク）は，支援可能額の一定割合に止まる。なお，IMFリンクは，日本がアジア金融危機の最中に提唱し，結局は断念した「アジア通貨基金（AMF）構想」の失敗を教訓としている面もある（コラム参照）。

IMFデリンク割合の引き上げには，各国の経済状況と政策を相互に監視し合う経済サーベイランス機能の強化が重要となる。すなわち，安易な資金支援が行われると，借入れ国が国内事情を優先し，痛みを伴う政策調整を先延ばしすることで資金返済に悪影響を及ぼす恐れがある。こうした事態を避けるためには，効果的なサーベイランスを実施し，メンバー間のピアプレッシャーによって政策調整の実施を促していく必要がある。サーベイランスの強化に向けて，2011年にサーベイランス・ユニット（ASEAN＋3マクロ経済リサーチ・オフィス：AMRO）がシンガポールに設立された。さらに2016年2月にAMROを国際機関とするための協定が発効し，サーベイランス強化のための基盤が整備された。

（3）　アジア債券市場構想（ABMI）

アジア金融危機が深刻化した原因のひとつに，地場の金融機関や企業が資金調達を短期の外貨建て対外借入れに大きく依存していたことがある。このことによって，国内の金融システムが突発的な資本流出や為替レートの下落に対して極めて脆弱になっていたと考えられる。そもそも，アジアの金融機関や企業が海外からの資金調達に依存する背景には，アジアで蓄積された貯蓄資金の多くが，アジア域内で投資されず，欧米の金融市場に向かっていることがある。

ABMIは，アジアの債券市場の発展を支援することで，こうした資金の流れを変え，アジアの貯蓄がアジア域内の投資に有効活用されることを目指す。これまで，アジア開発銀行（ADB）や国際協力銀行（JBIC）などの公的機関による現地通貨建て債券の発行及び民間企業が発行する現地通貨建て債券への保証

供与が実施され，アジア通貨建て債券の供給拡大と多様化が図られた。また，域内の債券市場に関する情報やABMIの活動を紹介する「アジア・ボンド・オンライン」が開設された。2008年には，新たなロードマップが策定され，現地通貨建て債券の発行促進と需要拡大ならびに規制の枠組みと市場インフラの改善が重点課題に選定された。さらに2010年には，アジアの企業等が発行する現地通貨建て債券に対する保証を行うため，「信用保証・投資ファシリティ（CGIF）」が設立され，2014年に保証可能規模の拡大が合意された。

　2010年に設置されたASEAN＋3債券市場フォーラム（ABMF）は，域内のクロスボーダー債券取引を促進するための官民ファーラムである。ABMFでは，各国の規制や市場慣行および決済上のメッセージ・フォーマットをまとめたASEAN＋3債券市場ガイドを公表している。また，各国のプロ投資家向け債券市場への上場に必要な書類・手続きの標準化に向けた作業も進められている。

　こうした地域レベルの取り組みもあり，東アジアの現地通貨建て債券市場の規模は着実に拡大している。主な東アジア新興国における発行残高は，2002年から2015年の間に7.8倍に拡大しており，内訳をみると公共債が7.9倍，民間債が7.7倍に拡大している。ただし，発行残高に占める民間債の割合が比較的大きいのは，香港，韓国，マレーシア，シンガポールなどであり，その他の国では公共債の割合が高い。今後の課題は，民間債発行が伸び悩む国において，いかに地場企業などによる現地通貨建て債券の発行を支援していくかにあると考えられる。

5　世界金融危機の東アジア経済への影響

　2007年に米国の住宅バブルの崩壊で表面化したサブプライム・ローン問題は，欧米の金融市場に未曾有の混乱を引き起こし，2008年9月のリーマン・ショック（米大手投資銀行リーマン・ブラザースの経営破綻）を経て，世界的な金融危機へと発展した。さらに，金融危機は実体経済にも大きな打撃を与え，世界経済は深刻な不況に陥った。

　当初，いわゆる「ディカップリング論」を根拠に，欧米の金融危機が東アジア経済に与える影響は軽微であるとの楽観的な見方もあった。すなわち，東ア

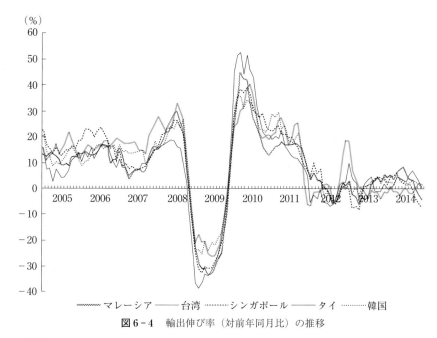

～～～～マレーシア ─── 台湾 ………… シンガポール ━━━━ タイ ………… 韓国

図6-4 輸出伸び率（対前年同月比）の推移

出所：ADB, *ARIC Indicator System.*

ジア経済は，近年の貿易・投資面での域内依存度の高まりなどによって，域外経済圏との景気連動が弱まっており，欧米が不況に陥っても高成長を持続できると考えられた。しかし実際には，中国やインドネシアなど一部の国を除いて，東アジア諸国の多くがマイナス成長に陥った。

　金融危機が東アジア経済に波及した第一の経路は，貿易取引である。欧米の景気悪化によって，韓国，台湾，シンガポール，タイ，マレーシアなどの輸出が大幅に落ち込んだ（**図6-4**）。これらの国の輸出は，自動車や家電製品といった所得弾性値の高い耐久消費財の割合が大きく，欧米の消費停滞が直接影響した。

　金融危機が波及した第二の経路は，金融取引である。東アジア諸国は証券化商品への投資は少なく，サブプライム・ローン問題の表面化による直接的な影響はあまり受けなかった。しかし，多額の損失を抱える欧米の金融機関が，レバレッジ解消の過程で新興国市場から資金を引き揚げるとともに米国債などの安全資産への「質への逃避」を強めたことで，東アジア経済も間接的な影響を

表6-2　外貨準備残高の対外短期債務残高に対する比率

	外貨準備高の変化（倍）	外貨準備高の対外短期債務残高比率	
	2006年/1996年	1996年末	2006年末
中　国	10.0	3.8	13.3
韓　国	7.0	0.5	2.1
シンガポール	1.8	0.4	1.3
タ　イ	1.7	0.8	3.8
マレーシア	3.0	2.3	3.3
インドネシア	2.3	0.5	1.8
フィリピン	2.0	1.2	1.8

出所：Joint BIS- IMF-OECD-WB External Debt Hub.

被った。例えば，ドル資金の不足，株価や為替レートの下落，対外借入制約の強まりなどによって，金融市場が大きく混乱した（IMF, 2009）。

　しかし，深刻な経済危機に見舞われた中東欧諸国などに比べると，東アジア諸国の成長率の落ち込みは小さかった。また，1997～98年のアジア金融危機と比べても，深刻の度合いは低かったと言える。こうした違いが生じた要因としては，以下のことが考えられる。

　第一に，アジア金融危機以降，東アジア諸国の外貨準備高は大幅に増加していた。これは，輸出競争力を維持するためのドル買い・自国通貨売りの市場介入や，突発的な資本逆流に備えるための予備的動機での外貨準備保有の増加によるものとみられる。表6-2に示すように，外貨準備高の短期対外債務残高に対する比率は，アジア金融危機前に比べて大幅に上昇し，1を優に超えていた。豊富な外貨準備は，資本逆流に対するバッファーの役割を果たし，投資家心理の安定にも寄与したとみられる。

　第二に，アジア金融危機に見舞われた国では，危機後の金融機関の再編や健全性規制・監督の強化によって，金融機関のバランスシートの健全性が高まっていた（ADB, 2009）。これによって，金融面での対外的なショックにもかかわらず，深刻な金融危機や信用収縮が誘発されることはなかったと考えられる。また，ASEAN＋3の地域金融協力の進展も域内の金融安定に寄与した。

　第三に，景気後退に対応して，政府・中央銀行が拡張的な財政・金融政策を実施し，実体経済の悪化に歯止めをかけた。これは，アジア金融危機への対応において，タイ・インドネシア・韓国がIMFプログラムに沿った引き締め政策

を実施し，景気後退に拍車をかけたこととは対照的である。また，金融機関への流動性供給，預金・債務の保証，資本注入，中小企業向け貸し付けの支援などの措置によって，金融市場の安定性を確保した（BIS, 2009）。

　以上のような要因に支えられ，東アジア経済は深刻な経済危機に陥ることなく，いち早く景気回復に向かった。アジア金融危機の教訓をふまえた政策対応や制度面での改革が，実を結んだとも評価できよう。

6　おわりに——中国経済台頭の影響

　最後に，中国の経済大国としての台頭が，アジアの国際金融環境に及ぼす影響について展望を行いたい。世界金融危機を 4 兆元の経済対策で乗り切った中国は，期せずして危機後の世界経済のけん引役となり，世界経済におけるプレゼンスを一気に高めた。中国のGDPは日本を上回って世界第 2 位であり，米国の約 6 割の水準に達している。経済大国としての自信を深めた中国は，新たな国際金融秩序の形成に強い意欲を示している。その象徴的な出来事が，人民元の国際化，SDR（IMFの特別引き出し権）の構成通貨への組み入れ，アジアインフラ投資銀行（AIIB）の設立の 3 つである。

　人民元の国際化に関しては，貿易における人民元決済の解禁につづいて，対内直接投資における人民元決済の解禁や人民元建証券投資制度の導入を行っている。また，人民元クリアリング銀行の設置認可や人民元の通貨スワップ協定締結の対象国を広げている。さらに，香港の点心債市場に代表される人民元オフショア市場の規模も着実に拡大している。他方で，国際資本取引は依然として厳しく制限されており，人民元の為替レートも，柔軟性が増したとはいえ当局の厳格な管理下にある。このため，経常取引に比べて資本取引における人民元の国際化は遅れている。

　2015年には，SDRの価値を決定する通貨バスケットに人民元が追加されることが決定された。SDRは，金や外貨を補う国際的準備資産としてIMFが創設したものであり，その価値は通貨バスケットの価値に連動する。これまで通貨バスケットは，米ドル・ユーロ・日本円・英ポンドの 4 通貨で構成されていたが，2016年10月から人民元が加わった。そのシェアは10.92％であり，日本円を上回って第 3 位である。SDRは民間の経済取引に使用されるわけでないため，

構成通貨へ組み入れによって人民元の国際利用がただちに拡大するわけではないが，各国が準備資産として人民元の保有を増やすことは考えられる。

　中国が設立を提唱したアジアインフラ投資銀行（AIIB）は，2016年に正式に発足した。AIIBはアジアのインフラ整備を融資等で支援することを目的とした国際機関であり，北京に本部を置く。AIIBへの出資は，アジア域内国のみならず，域外国へも開放されており，創立メンバーには，英独仏伊を含む57カ国が名を連ねた。ただし，域内国の出資シェアは75％以上となっており，中国が単独で30％程度のシェアを確保することで，重要事項の決定に関して事実上の拒否権を持っている。日本および米国はAIIBの運営に関して，公正なガバナンスの確立，借入れ国の債務の持続可能性への配慮，環境・社会セーフガードの重視，ハイレベルな調達基準の採用などの点で懸念があるとして参加を見送っている。資本金は1,000億ドルで，国際復興開発銀行の3分の1，アジア開発銀行（通常資本財源）の3分の2の規模である。資金調達は人民元を含む主要通貨で行われるものの，当面融資等は米ドル建て中心に行われるとみられる。また，案件形成に関する十分なノウハウの蓄積がない現状では，国際復興開発銀行やアジア開発銀行などの既存の国際開発金融機関との協調融資を中心とした連携協力が不可欠であろう。AIIBを通じた支援は，中国が掲げる「一帯一路構想」の実現を目的として設立されたシルクロード基金による支援と相まって，アジアにおける中国の影響力を強める可能性がある。しかし，人民元の国際利用の促進という点では，その効果は未知数である。

　以上のように，中国による新たな国際金融秩序の形成に向けた挑戦は始まったばかりであり，現状を大きく揺るがすには至っていない。米ドルを実質的な基軸通貨とし，欧米との金融面での結びつきが強い東アジアを取り巻く国際金融環境が当面大きく変わることはないであろう。しかし長期的に，中国の金融大国としての存在感が高まることは十分に予想され，その影響を注視していくことが重要である。

┌─■□コラム□■────────────────────────

アジア通貨基金（AMF）構想

　日本は，アジア金融危機の最中の1997年夏に，「アジア通貨基金（AMF）構想」を提唱した。その詳細は明らかにされていないが，榊原（2000）によれば，IMFと類似の機能を持つ，アジア地域を対象とした基金で，1,000億ドル規模の基金の設立を検討していた。AMFは，基本的にはIMFと協調するが，場合によっては独立して行動することも視野に入れていた。また，当初の出資国として，中国，香港，日本，韓国，オーストラリア，インドネシア，マレーシア，シンガポール，タイ，フィリピンの10カ国・地域を想定しており，米国を含んでいなかった。

　この構想に対して，IMFと米国は強く反対した。その大きな理由は，AMFが危機国に対して，厳しいコンディショナリティを課すことなく，単独で大規模な資金支援を行えば，モラルハザードを引き起こす可能性があったからである。さらに，IMF離れが進むことで，アジアにおけるIMFの活動を妨げることへの懸念もあったと考えられる。AMF構想に対して，韓国やASEANは賛成をしたが，米国が強く反対したことに加え，中国も支持をせず，結局，日本はこの構想を断念する。

　CMIへのIMFリンクの導入には，こうしたAMF構想を巡る批判への対応の意味合いがあったとみられる。すなわち，IMFとの協調を明確にすることで，モラルハザードやIMFの活動の阻害に関する懸念を払拭する狙いがあったと考えられる。

（金京拓司）

■　■　■

●参考文献

岡村健司編（2009）『国際金融危機とIMF』大蔵財務協会。
　＊財務省職員によるIMFの解説書。
榊原英資（2000）『日本と世界が震えた日──サイバー資本主義の成立』中央公論新社。
　元財務省財務官による国際金融外交の舞台裏の紹介。
スティグリッツ，J・E（2002）『世界を不幸にしたグローバリズムの正体』鈴木主税訳，徳間書店。
　＊ノーベル経済学賞受賞者による米国・IMF主導のグローバリズムへの批判書。

西垣昭・下村恭民・辻一人（1993）『開発援助の経済学——「共生の世界」と日本のODA』有斐閣。

　＊開発援助に関する解説書。構造調整政策の背景をわかりやすく説明。

吉富勝（2003）『アジア経済の真実——奇蹟，危機，制度の進化』東洋経済新報社。

　＊アジア金融危機の特徴と原因について，詳しく分析。

ADB (2009), *Asia Economic Monitor*, Manila : Asian Development Bank, December.

BIS (2009), *79th. Annual Report*, Basel : BIS, June.

Caves, R. E., J. A. Frankel and R. W. Jones (2007), *World Trade and Payments: An*

　Introduction, Boston, MA : Pearson.

IMF (2009), *Regional Economic Outlook: Asia and Pacific*, Washington, DC : IMF, May

Meesook, K., I. H. Lee, O. Liu, Y. Khatri, N. Tamirisa, M, Moore, and M. H. Krysl, (2001), "Malaysia : From Crisis to Recovery," *IMF Occasional Paper*, 207.

Ostry, J. D., A. R. Gosh, K. Habermeier, M. Chamon, M. S. Qureshi, and D. B. ReinhardtS. (2010), "Capital Inflows : The Role of Controls," *IMF Staff Position Note*, SPN/10/04

Williamson, J. (1989), "What Washington Means by Policy Reform," in Williamson ed. *Latin America Readjustment: How Much Has Happened*, Washington, DC : Institute for International Economics.

●学習のための推薦図書

奥田英信・三重野文晴（2008）「東南アジアの金融発展——共通性・多様性と東北アジアとの対比」寺西重郎・福田慎一・奥田英信・三重野文晴編『アジアの経済発展と金融システム　東南アジア編』東洋経済新報社。

　＊東南アジアの金融発展の特徴を東北アジアと対比させて分析。

金京拓司（2011）『為替レート制度選択の経済分析——東アジア持続的成長の条件』東洋経済新報社。

　＊為替レート制度に焦点をあててアジア金融危機や地域金融協力を分析。

深川由起子（1997）『韓国・先進国経済論——成熟過程のミクロ分析』日本経済新聞社。

　＊1980年代から1990年代半ばにかけての韓国の経済発展の過程を詳細に分析。

（金京拓司）

第7章
東アジアの金融システム

　　ある経済にとってどのような金融システムが望ましいのかは，それぞれの経済の持っている条件に応じて違う。同じ市場経済でも，金融システムは国ごとに異なっており，また同じ国でも経済発展の過程で変化するのが一般である。東南アジア諸国の金融システムは，その経済発展の水準の違いや各国特有の社会的あるいは歴史的な諸要素を反映しており，金融発展（financial development）の経路には国ごとの特徴が刻まれている。しかし大きな視点で見ると，各国の経済発展の構造には共通性があり，そのなかで形成されてきた金融システムの発展の方向にも類似性がみられる。本章では，東南アジア諸国の金融システムの特徴を共通点と相違点の双方から整理し，その背景と今後の課題について検討したい。

　　第2節では，東南アジア諸国の経済および金融システムの発展過程における共通性を考え，その観点から各国の金融システムの特徴と構造を整理する。第3節では，反対に，東南アジア各国の相違点に着目し，各国特有の金融システムについて取り上げる。第4節では，世界金融危機以降の世界経済において東南アジア諸国の経済構造がどんな新しい課題に直面しているか考え，第5節ではそれに対応した今後の東南アジアの金融システムの構造変化を検討する。第6節は我が国からみた今後のアジア金融について言及する。

1　はじめに——金融システムと経済発展

　　金融の重要な役割は，国内外の資金を動員し，それを高い生産性が見込まれる分野に配分することによって，資源の利用効率を高め経済成長を加速することにある。実際にも多くの実証研究によって，金融システムの発展が経済成長にプラスの効果を与えることが確認されている。途上国にとって，経済成長率を高め経済発展を促進することは最重要の経済政策目標であり，その実現のためには優れた金融システムの構築が必要とされる（奥田他，2010）。

　資金を動員して効率的に配分するためには，資金使途の収益性とリスクを正しく把握し，利用可能な金融技術を駆使して両者の関係を最適化しなければならない。さらに，資金が本来の目的に適切に利用されているのかを監督し，もし問題が発生した場合には善後策を立てて処理しなければならない。各国に存在する金融システムは，以上のような機能を円滑に果たすように工夫された仕組みである。

　金融システムには多様な形態がある。市場経済では，家計，企業，金融機関など市場の参加者達によって，資金の移動やリスクのコントロールは分権的に行われる。ただし市場経済であっても，政府が部分的に市場に介入し，資金の移動やリスクのコントロールに関与する場合もある。市場経済の代表的な資金移動の経路には，銀行制度と証券市場の2つがあり，その性質は異なっている。[1]銀行を通じる資金移動では，預金者などから提供された資金を銀行が吸収し，その資金を企業や公共団体などの資金の利用者に仲介する（間接金融）。これに対して，株式市場や債券市場などの証券市場では，投資家が株式や債券を市場で購入することで，株式や債券を発行した企業や公共団体などに直接的に資金が移動する（直接金融）。両者の中間的形態も多様に存在し，例えば投資信託では，最終的な資金の提供者から提供された資金を，信託機関が代理人となって証券市場で投資を行う。

　ある経済にとってどのような金融システムが望ましいのかは，それぞれの経済の持っている条件に応じて違う。同じ市場経済でも，金融システムは国毎に異なっており，また同じ国でも経済発展の過程で変化するのが一般である。東南アジア諸国の金融システムは，その経済発展の水準の違いや各国特有の社会的あるいは歴史的な諸要素を反映しており，金融発展（financial development）の経路には国毎の特徴が刻まれている。しかし大きな視点でみると，各国の経済発展の構造には共通性があり，そのなかで形成されてきた金融システムの発展の方向にも類似性がみられる。本章では，東南アジア諸国の金融システムの特徴を共通点と相違点の双方から整理し，その背景と今後の課題について検討したい。

2 東南アジア金融システムの共通性

（1） 経済と金融システムの変化

独立後の東南アジア諸国の経済および金融システムの発展過程を振り返ると，各国に共通する特徴がある（寺西他編，2008，2009）。第一に，東南アジア各国は，基本的には市場メカニズムに基づいて，経済発展を達成してきた。1970年代までは，政府による市場への関与が比較的に強い国もあったが，1980年代以降は，規制緩和と経済の自由化が進み，政府による市場への直接的な介入は著しく低下した。また，このような流れのなかで，経済の対外開放も進められ，最初は実物部門で，やがて金融セクターでも対外的な開放が進むことになった。

第二に，東南アジア諸国は，過去数十年の間，世界のほかの途上国地域と比較して高い成長率を達成し，急速な工業化を実現しつつ経済発展を遂げてきた。その過程で，1人あたり所得が向上し，貯蓄率の上昇と金融資産の蓄積が進んだ。各国の金融セクターは，産業構造の高度化と金融資産の蓄積に呼応しながら，規模を拡大し深化を遂げてきた。

第三に，東南アジア諸国のマクロ的な資金バランスは，経済発展が進むにつれて，国内投資が国内貯蓄を上回る状態から，国内貯蓄が国内投資を上回る状態へと変化してきた。かつてはどの国も投資資金の不足分を海外資金で補っていたが，経済発展の進んだ国では国内の余剰資金を海外に投資する状態へと変わった。[2]

第四に，東南アジア各国の経済開発政策における主要なプレーヤーは，次第に多様化し，相互間の関係も複雑になってきた。1970年代までは，専ら自国企業と自国金融機関を主要なプレーヤーと位置づける政策が実施された。しかし1980年代末からは，製造業部門で対外開放が進められ，政府による積極的な誘致政策もあって外国企業が重要な役割を果たすようになった。1990年代からは，世界的な金融自由化の流れのなかで，金融面での対外開放が進み，先進諸国の外国金融機関の活動が活発化した。さらに2000年代以降は，東南アジア各国の企業や金融機関による相互進出も顕著になり，外国企業と金融機関の活動は規模と業容の両面で拡大と深化が進んでいる。

以上のような経済構造の変化のなかで，東南アジア諸国の金融システムも大

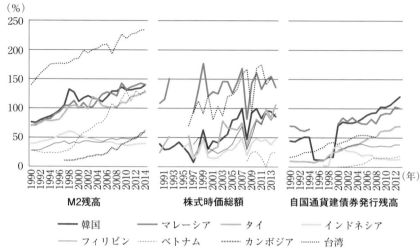

図7-1　M2残高，株式時価総額，および自国通貨建債券発行残高の対GDP比率

出所：ADB, Key Indicators（2015）より筆者作成。

きく姿を変えた。1970年代までは，規制色の強い金融制度の下で，自国金融機関が自国企業と家計を対象として国内金融サービスを提供し，外国金融機関は対外取引など限定的な領域で活動するのが一般的であった。[3]金融部門では，圧倒的に銀行部門の比重が高く，株式市場や債券市場はその規模が小さかった。その後，金融部門の対外開放政策・自由化政策が進み，特に2000年代以降は，外国企業や外国金融機関が，自国企業や自国金融機関と並んで中心的なプレーヤーとして金融取引に参加するのが標準的な姿となった。以下では現在の東南アジア各国に共通する金融部門の特徴を，やや詳しく見ていきたい。

（2）　銀行部門が金融部門の中核

　アジアの金融制度の中核は，銀行部門であるといわれる。近年では株式市場や債券市場の成長が目覚ましく，必ずしも全ての国で，銀行部門が株式市場や債券市場よりも規模が大きいとは言えない場合がある。しかしながら，銀行部門は金融制度の基盤である決済機能を担うとともに，膨大な数の企業・家計に資金を貸し付け，株式市場や債券市場でも重要な参加者でもあることから，経済全体への影響力は極めて大きく，依然として金融部門の中核に位置している。

図7-1は東南アジア主要国における銀行による資金吸収力，株式市場の規模，債券市場の規模を，それぞれM2（広義貨幣）残高，株式時価総額，自国通貨建債券発行残高の対GDP比率で，表したものである。三者の大きさを比較すると，東南アジア各国において銀行部門の規模は依然として大きくまたその値はほぼ持続的に上昇していることがわかる。

　東南アジア諸国の金融部門のなかで銀行部門の比重が大きいのには，いくつかの理由が考えられる（World Bank, 2001）。例えば，制度面の基盤が不十分な経済では，銀行が金融市場より優越するといわれる。一般に，先進国に比べて途上国では情報の透明度が低く法制度も未整備で金融に携わる専門職業人も不足している。このような状況下では，株式市場や債券市場は機能しにくいため，相対的に銀行の方が円滑に金融サービスを提供できる。また，途上国の中心産業は周知の技術を利用する成熟産業であり，投資先のリスクや収益を判断する際に投資家の間で評価が一致しやすい。このような場合には，投資家が個別に資金を提供する証券市場よりも，預金者の資金をまとめて提供する銀行の方が取引コストが安上がりだとされている。また所得の低い途上国では，家計は安全資産をより強く選好するといわれ，この点でも株式投資や債券投資よりも銀行預金の安全性が好まれると考えられる。

　銀行は以上のような優越性を持っているが，その一方で，銀行は，取り付け騒ぎなどに対して脆弱であるという弱点もある。銀行が倒産すると，決済システムに障害が発生したり取引先企業が連鎖倒産するなど，経済への悪影響は深刻である。また金融自由化が進むにつれて，銀行が直面しなければならない経営リスクは高くなるので，この様な危険性は一層高まる。1997年に発生したアジア金融危機（Asian Financial Crisis）が深刻化したのは，各国で銀行部門に大きな損害が発生したためである。図7-1のM2残高の対GDP比率をみると，韓国，タイ，マレーシアでは数年間，インドネシアでは10年以上に渡って銀行部門の低迷が続いたことがわかる。

（3）　比重が高まる証券市場

　図7-1の株式時価総額の対GDP比率が示すように，2000年代以降の東南アジアの多くの国々で，株式市場の拡大が続いている。株式時価総額は，株価がその時々の経済情勢によって大きく変化するため変動が激しい。しかし長い目

で見ると各国ともその値は上昇しており，経済規模を表すGDPよりも早いスピードで，株式市場が成長してきていることがわかる（日本証券経済研究所，2016）。

　東南アジア諸国の株式市場は，1970年代以降に本格的な成長を開始した。特に1990年代には各国金融市場の対外開放と世界経済のグローバル化の流れのなかで，海外から投資資金が流入したこともあり株式市場の規模が急激に拡大した。その後，1997年のアジア金融危機では，海外資金の大量流出が発生し株式市況が極度に悪化する時期を経験したが，経済情勢の安定化とともに比較的早く市場は成長軌道に戻った。2008年のリーマン・ブラザーズ破綻を契機とした世界金融危機（World Financial Crisis）では，東南アジアの株式市場も悪影響を被ったものの素早く回復して，その後はほぼ順調に成長している。

　東南アジア各国の債券市場は，マレーシアなど一部の国を除いて，株式市場に比べて発達が大きく遅れていたが，アジア金融危機を1つの契機として，近年，成長が加速している。図7-1において，自国通貨建債券発行残高の対GDP比率は，各国の債券市場の成長を表している。アジア金融危機後に，各国政府が財政資金の調達のために大量の国債を発行したことから，債券市場は急速に規模が拡大した。またアジア金融危機の直接的な原因とされる為替と満期のダブル・ミスマッチ⁽⁴⁾を避けるという観点からも，国内資金を原資とした長期資金供給メカニズムとして，株式市場に比較して発展が遅れていた債券市場の整備が推進されている⁽⁵⁾。ただし，マレーシアや韓国を除いて，債券市場の中心は国公債市場であり，社債市場は一部大企業を除いて利用が少なく未だ発展の初期段階にある。

（4）　高まる外国金融機関のプレゼンス

　2000年代に入って金融システムにおける外国金融機関のプレゼンスが拡大している。中欧諸国やラテンアメリカ諸国とは違って，東南アジア諸国では1990年代に入っても外国銀行の国内市場参入については厳しい規制が維持された。各国では海外資金の急激な流入とオフショア市場の急拡大とがみられたものの，国内銀行市場における外国銀行の活動は強く制約されたままで，その影響力も限定的であった（World Bank, 2008）。

　ところが，1997年のアジア金融危機後の金融・経済改革を通じて，外国銀行

の市場参入規制が大幅に緩和され，欧米系の先進国銀行による地場銀行への資本参加・買収などを通じて，その市場シェアは大幅に高まった。また2000年代後半から，東南アジア地域の金融協力が進むにつれて，東南アジアの銀行が相互にアジア各国に進出し営業活動を拡大する動きが表れた。ASEANの金融先進国であるシンガポールやマレーシアの有力銀行などが，近隣諸国に進出しリテール市場の業務にも参入するようになった。⁽⁶⁾

（5）　海外資金利用と為替制度

　開放経済である東南アジア諸国は，自由な資本移動，為替相場の安定，独立した金融政策という3つの政策は，同時に2つまでしか実現できないという国際金融のトリレンマの問題に直面してきた。1980年代までは，東南アジア諸国への国際資金移動は公的資金が中心で民間資金は限定的なものに止まっていた。各国は固定相場制度を採用し，資本取引には規制を課しつつ選別的に海外資金を利用することで，開発政策を実施してきた。しかし1990年代以降，世界的な金融自由化とグローバル化が進み，東南アジア諸国への民間資金移動も急激に拡大することとなった。これに対して，東南アジア諸国は，事実上のドルペッグ制を維持しつつ，外国資金の利用を図って金融市場の対外開放を進めたため，短期海外資金の過剰流入を招く結果となった。これが，1997年のアジア金融危機発生の大きな要因となった（清水，2016）。

　アジア金融危機後，東南アジア各国は，政策目標から為替レートの安定を外してある程度伸縮的な為替制度へと移行した。同時に，幾つかの国では金融政策の目標を物価安定に絞ったインフレターゲティング政策が導入された。ただし，各国の政策は，完全なフロート制を導入した上で資本移動を完全に自由化しようとするものではなく，管理フロート制の下で為替レートを安定的に維持しつつ，直接投資など長期的資金の導入を図ろうとするものである。一方，短期海外資金の移動に対しては，直接的な統制手段（海外での自国通貨取引の禁止，過剰流入に対する短期投資規制や課税など）を含む厳しい規制を課して機動的に対処しようとしている。さらに各国は外貨準備を大幅に積み増し，短期資金の急激な移動や金融危機への備えとしている。

3　アジア金融制度の多様性

　東南アジア諸国が長期にわたって順調な経済成長を達成できたのは，実物経済の発展と金融部門の発展が深刻な祖語をきたすことなく，相互に支えあった機能をはたしてきたからである。途上国は一般に，実物経済も金融部門も未発達である。さらに多くの場合，実物経済の未発達が金融部門の発達の障害となり，金融部門の未発達が実物部門の発展を制約するという相互抑制的関係に陥っていることが多い。このような経済が発展するためには，相互の抑制関係を離脱する必要がある。金融と実物とを巧くかみ合わせるコーディネーションこそが経済発展の重要な鍵だといわれるのはこのためである（寺西他編，2009）。コーディネーションの対象やその構造は，経済発展の水準，社会的や歴史的背景，その時々の世界経済情勢などを反映して国ごとに異なっており，それが東南アジア諸国の金融システムの多様性を形作っている（青木他編，1997）。

（1）　政府主導の産業構造高度化──韓国の金融システム

　急速な工業化の過程では，金融システムと産業構造とが相互に対応できるように両者をコーディネートする必要がある。1980年代までの韓国では，政府の積極的なイニシアティブの下で重化学工業化が進められた。韓国政府は，自らが産業と金融を調整するコーディネータとなって，技術導入，資金調達，海外への販売支援を，多面的かつ有機的に実施した。金融面では，統制的な資金配分の手法を駆使してリスクの高い戦略産業に投資資金が誘導され，工業化を担ったコングロマリット（財閥）は，世界的な輸出企業へと成長した（青木他編，1997；寺西他編，2008）。

　その一方で，政府介入による金融の支配は，さまざまな歪みを生み出した。政府は財閥をコントロールするために，銀行を政府の支配下においたため，自律的な経営能力を持った民間銀行が育たなかった。また，政府による金融抑圧は闇金融を肥大させた。企業は不足資金を賄うため，また家計はより高い利回りを求めて，闇の私募債市場に積極的に参加した。政府の市場介入は金融法制度の整備を停滞させ，有能な金融職業人の不足という状況も招いた。

　図7-2は，図7-1に表された東南アジア主要国のM2，株式時価総額，自

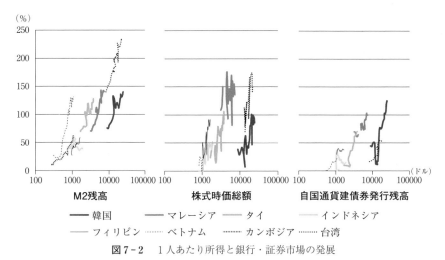

図7-2　1人あたり所得と銀行・証券市場の発展

出所：ADB, Key Indicators (2015) より筆者作成。

国通貨建債券発行残高の対GDP比が，各国の1人あたり所得との関係でどの
ように変化してきたかを表したものである。1990年初頭の韓国の銀行部門は，
同水準の1人あたり所得で比較すると，台湾やタイ，マレーシアよりも小さく，
そのような銀行部門にしかないにもかかわらず，韓国が他に先駆けて急速な産
業構造の高度化に成功したのは，政府介入による製造業部門への集中的な資金
配分に支えられたからであった。その反面で，強力な政府介入は韓国の銀行部
門の発展を抑圧し，金融自由化以降もその成長にマイナスの影響を残した。

　1990年代に入ると，韓国でも金融の自由化が進められ，金融機関への政府介
入は次第に限定的なものとなり，闇金融はノンバンクとして正規金融制度に組
み込まれた。しかし民間銀行のレベルアップや法制度の整備はなかなか進まな
かった。韓国の製造業企業の世界的な活躍に比べて，韓国の民間銀行のパ
フォーマンスは国際的にみて現在でも高いとはいえない[7]。その一方で図7-1
や図7-2のように，韓国の証券市場は東南アジア諸国のなかでも最も発展し
ているものの1つであり，韓国の金融システムが東南アジア諸国のなかでは例
外的に証券市場中心型であることは，興味深い事実である（Demirguc-Kunt et
al., 2001）。

（2）　外国企業主導の産業構造の高度化──タイの金融システム

　経済発展に先行した韓国や台湾とは異なり，タイでは，1980年代の後半以降に外国企業の進出を契機として急激な産業構造の高度化が進んだ。1990年代に形成されたタイの金融システムの原型は，外国資本・企業を積極的に誘致して輸出産業を育成したことと対応しており，この特徴は今日のASEAN諸国にも共通している。タイでは政府が直接に産業と金融のコーディネータになるのではなく，外国企業を重要なプレーヤーとして経済に導き入れるために，産業および金融の両面において整合性のとれた政策環境の整備に努めた。金融面では金融自由化政策が実施され，金利規制，業務規制，外国為替規制の緩和が進められた。また，政府系金融機関や公的基金の整理が進み，戦略産業の育成を目指した政府による統制的資金配分は縮小した。その一方で，外国企業が現地金融市場で調達できないサービスを海外金融市場から調達できるように，規制緩和と金融市場の対外開放が進められた。技術と資金導入のコーディネータの役割は，極東アジア諸国では政府が担ったが，東南アジアでは外国企業が担うことになった（寺西他編，2009；三重野，2015）。

　図7-1や図7-2が示すように，金融セクターへの政府介入の厳しかった韓国とは違って，タイの金融部門は，速い成長を遂げた。しかし，タイの金融システムも別の意味で構造的な弱点を抱えていた。それは，海外からの投融資によって新産業導入に必要な金融サービスが提供されたために，地場金融機関のレベルアップや金融関連の法制度の整備が後回しにされ，国内の金融発展と産業発展が乖離してしまったことである。産業構造の高度化と国内金融発展の乖離問題は，現在のASEAN諸国の金融システムを考える上でも依然として重要である。

（3）　経済発展の成果の分配──マレーシアの金融発展

　経済発展を持続するには，経済活動の基盤となる政治的安定が不可欠である。多民族国家であるマレーシアでは，経済発展の過程で生まれる所得格差の拡大とそれによる民族間の政治的対立の悪化を防ぐことが，金融制度の整備上の課題とされた。[8]このことが，図7-2が示すように，同水準の1人あたり所得で比較した場合に，マレーシアの証券市場が他国よりも発展していることの一要因だとされている（青木他編，1997；寺西他，2009）。

　経済発展の過程で所得格差が拡大する現象はクズネッツの逆U字曲線として知られている。これは，経済活動に寄与する資源を多く持つ人々の所得が，それ以外の人々の所得よりも早く上昇するために発生する。マレーシアでは，企業経営の経験があり，教育水準が高く，商業・金融ネットワークを持つ華人系住民が，経済発展の成果をより多く受け取る傾向があった。一方，マレー系住民や先住民からなるブミプトラ（bhmi putra）は，農村地帯に住み企業経営の知識が乏しく，教育水準も相対的に低く，商業や金融のネットワークも乏しいため，経済発展の成果の取り分が少なくなる傾向があった。このような状況を放置すると，所得格差が民族的な政治的対立を招き，経済発展の妨げとなる恐れがあった。このため，ブミプトラに経済発展の成果を再分配する仕組みが必要となり，経済・社会・教育・就職の分野で各種の政策（ブミプトラ政策と俗称される）が1971年から実施された。

　証券市場を通じた所得再分配政策は，国営企業株式の民間売却や公的年金基金の運用によって行われた。このため，経済発展の比較的早い時期から，株式市場の整備や公的資金の証券市場での運用が，政府主導で積極的に進められた。また，銀行制度と違って証券市場を通じる金融取引では利息が発生しないため，利息を禁ずるイスラム宗教法の観点からも，ブミプトラの対多数を占めるイスラム教徒にとって証券市場の整備は望ましいものであった。

（4）　出稼ぎ・サービス経済の金融システム──フィリピンの金融発展

　ASEAN諸国のなかで，フィリピンは金融システムの成長が遅い。特に，株式市場が比較的早いスピードで拡大しているのに対して，経済発展の初期段階で中心になるとされる銀行部門の成長は低調である。M2残高や銀行貸出残高の対GDP比率をみても，図7-1や図7-2に示されるようにその伸びは低い。

　フィリピンの銀行部門の発展が他のASEAN諸国と比べて低いのは，フィリピンが韓国・タイ・マレーシアといった国々とは違って，輸出志向工業化による経済発展に成功せず，図7-2のように1人あたり所得がほかの諸国から大きく後れを取ったことが主たる原因である。製造業部門が停滞した理由としては，貿易・投資の自由化が近隣諸国と比較して遅れたことと，1980年代の政情混乱のためにタイ・マレーシアのような海外直接投資を利用した産業構造の高度化に失敗したことが挙げられる。[9]

　2010年代以降のフィリピン経済は比較的好調で，GDP成長率がASEAN平均値を上回ることも少なくない。経済の好調さは，GDPの10%以上になる海外出稼ぎ収入（労働者海外送金）の拡大と国際コールセンター・サービスや小売業など国内サービス業の活況が牽引している。その一方で，経済の活況にもかかわらず，製造業部門の成長率はそれほど伸びていない。

　東南アジア諸国の発展パターンは，輸出主導型の工業化を基本としたもので，製造業部門の拡大と高度化によって1人あたりの所得が高まるという形態を取ってきた。2000年代後半以降のフィリピンでは，製造業部門の成長が伸び悩むなか，海外出稼ぎや海外企業向けのアウトソーシング型サービス業が拡大している。これは世界経済のグローバル化の進展とともに，サービス財の貿易が著しく拡大したことを反映している。このような形態の経済発展が，東南アジア諸国に新しい金融発展のパターンをもたらすことになるかどうか，興味深い問題である。

（5）　移行経済国の金融システム整備──ベトナムの金融発展

　市場経済に基づく経済発展をしてきた東南アジア諸国のなかで，ベトナムは長期にわたって社会主義政権下の計画経済を経験した。しかし，ベトナムも，1980年代後半からドイモイ政策の下で経済システムの市場化や企業の民営化・株式会社化を進め，直接投資を積極的に誘致して急速な経済成長を開始した。その経済発展の構造は，国内成長産業において外国企業の投資が重要な役割を果たしていること，発展を主導する中核産業（leading industries）の成長資金が直接投資や海外金融市場に強く依存していることなど，1980年代以降のASEAN諸国の急成長と多くの点で類似している。金融面でも，図7-1や図7-2が示すように銀行中心の金融構造であることや，経済発展とともに株式市場が急成長している点など，ほかの東南アジア諸国の経験と類似した発展のパターンがみられる（日本証券経済研究所，2016）。

　移行経済国であるベトナムの金融制度には，市場経済が徹底しているASEAN諸国と違い，政府介入が依然として多く残っている。政府介入が最も強く残っているのは，中国と同様に，銀行部門であり，銀行部門では総資産の約6割を国営銀行が占める。企業の所有についても国家所有比率が50%を超える企業が上場企業の3割程度を占めており，国家支配企業と国営銀行との癒着

が指摘されることが多い。また対外資本取引についても，ASEAN諸国と比較して，内外資金の移動は厳しく管理されており，外国銀行の市場参入は厳しい規制を受けている。

　一方，ベトナムでは，銀行部門が強い規制の下に置かれているのに対して，株式市場では投資家の活動がほぼ自由であり，情報開示の問題や政府系企業の特殊な優越性といった問題はあるものの，外資系の優良会社が人気を集めるなど，市場ベースの価格形成がそれなりになされている。ベトナムの経済発展の推進力は，外資系企業とそれを支える金融ネットワークである。ASEAN型金融システムの亜種ともいうべきベトナムの金融システムが，国家支配企業と国有銀行を残したまま，産業構造の高度化を支え続けられるのか，やがて問われることになるだろう。

（6）　ドル化経済と金融システム──カンボジアの金融発展

　外国通貨が自国通貨に代わって利用される「ドル化（dollarization）」は，グローバル化の進展とともに世界各地域で進んでいる。東南アジア諸国はドル化の程度が低いが，例外的にメコン河下流域国（カンボジア，ラオス，ベトナム）ではドル化の比率が高い。[11]このなかで，特にカンボジアは世界でも最もドル化が進んだ経済の1つであり，東南アジア諸国のなかでも特異な金融制度となっている（Unteroberdoerster, 2014）。

　カンボジアのドル化は，クメール・ルージュ政権の崩壊後，国内金融制度が著しく未整備で外貨取引や国際資本取引に関する規制が事実上無いといってもいい環境の下で，自然発生的に人々がドルを利用することによって形成されてきた。このようなドル化は，カンボジア経済の安定化と金融システムの発展に大きく寄与してきた。国際通貨であるドルの流通が，クメール・ルージュ政権下で破壊された貨幣経済に対する信認を回復し，国内金融活動の拡大に大きく貢献した。また，経済がドル化し自由な金融取引が可能であることが，製造業・観光業への海外投資を誘引する要因となっている。

　しかしながら，ドル化の進行は，金融システムの脆弱性を内包している。国内のドル現金流通量が管理できず，海外のドル金利の変動に国内金利が影響されやいことは，カンボジアの自立的な金融政策の実施を困難にしている。また，金融機関の活動がドル化しているため，金融機関に対する中央銀行の「最後の

貸し手機能」が無効になり，銀行を中心とする金融システム全体の安定性維持にも不安がある。

　カンボジアではドル化と金融発展が相互促進的で，金融発展が進むほどドル化が進み，ドル化を抑制すると金融発展も抑制されるという状況にある。ドル化の下で進む経済発展を支えるにはどのような金融システムがあり得るのか，あるいは経済発展を支えつつ脱ドル化を実現するにはどうすればいいのか，カンボジアの事例はこれまで東南アジア諸国が経験したことのない金融発展のパターンを模索している。

4　世界金融危機と東南アジア経済の新課題

　東南アジア諸国は，グローバル化の流れに乗って，先進諸国の好景気と中国経済の急成長を背景に，輸出指向型の成長をしてきた[12]。世界的な市場統合の動きは，EPA，TPP，アジア地域包括経済連携（REEP）など引き続き重層的な展開が予想され，東南アジア域内でも，2015年のASEAN経済共同体（AEC）の発足などで国際統合が加速している。その一方，各国国内では，国内市場の重要性の増加，中進国の罠（middle income trap）の懸念，少子化高齢化の問題など，内在的な変化が生じてきている。各国は，新しい経済課題とこれを解決するための新しい金融ニーズに直面している。

（1）　投資環境整備と資金調達

　アジア諸国にとって海外輸出は引き続き成長の1つの柱であり，国際競争力を維持し成長産業を育成するため，海外投資を積極的に誘致している。アジア諸国は経済発展の水準に差があり，各国の中核産業も安価な労働力を活用した労働集約型産業から先進技術集約型産業までバラツキが大きい。しかし，海外からの技術・資本・経営ノウハウなどの資源を有効活用することが，競争力の維持に不可欠である。

　魅力的な投資環境を作るためには，政治的安定性や開放的な経済制度を維持するともに，インフラ整備を着実に進める必要がある。東南アジア各国がそれぞれ注力すべきインフラ整備は，発展水準に応じて内容が異なるが，経済活動の基盤となるインフラの高度化はますます必要性が高まっている（Inderst,

2016)。

　インフラ整備には多額の長期資金が必要であるが，各国の財政的な余裕は必ずしも十分ではない。このためインフラ整備資金を調達する債券発行市場の整備や，公的資金を補足するために官と民がパートナーを組んで事業を行うという新しい官民協力の形態PPP（Public Private Partnership）が求められている。PPPの円滑な実施には，各国内の制度整備によって事業リスクの軽減と収益性の向上を図るとともに，多額の長期資金を調達するための証券市場整備など国内金融制度の整備が不可欠になっている。

（2）　中進国の罠と金融サービス

　国際競争力の維持・強化の問題は，マレーシアやタイなど先発ASEAN諸国にとっては，いわゆる中進国の罠の問題でもある（世界銀行，2007）。東南アジア諸国のなかで，すでに韓国，台湾，などは1人あたり所得が1万ドルを大きく超えて，先進国の所得水準に達している。一方，マレーシア，タイは1人あたり所得が1万ドルを超えるもしくは超えようとする水準にあり，中進国から先進国への過渡的なレベルにある。これらの国々にとって，もはや安価で良質な労働力を活用しただけでは，これ以上の所得水準の向上は見込めない。すでに，賃金の上昇にともなって，マレーシアやタイの一部の産業では，より賃金の安い周辺国に企業の移転が始まっている。

　マレーシアやタイが，中進国の罠に陥ることなく所得水準を上昇させ続けるには，より資本・技術集約度の高い産業を成長させ，労働生産性を高めるとともに総要素生産性（TFP）を改善することが必要である。そのためには人的資本の蓄積，技術進歩の上昇につながる積極的な投資が不可欠であり，さらにその基盤となる高等教育制度の整備，企業経営の近代化・効率化，研究開発費の増加，都市インフラの整備，投資意欲を高める対外開放・規制緩和，を推進しなければならない。

　これまでマレーシアやタイは，生産性の高い輸出関連部門は外資系企業が担い，リスクを伴う長期資金の調達は海外からの投資資金に依存するところが大きかった。しかし今後は，上記のようなニーズを実現するための長期投資資金を担いうる，国内金融制度の多様化とレベルアップが重要な政策課題となるであろう。

（3）　国内市場重視の金融サービス

　東南アジア諸国では，1人あたり所得水準の上昇と人口増加の相乗効果によって国内市場が拡大しており，需要面からみた国内市場の重要性が高まっている。1990年代のアジア諸国は，外資系企業にとって輸出製品の生産拠点と位置づけられていた。しかし2000年代後半からは，拡大しつつある各国の国内市場への販売を目的とした外国投資が徐々に比重を増している。[15]

　また2008年の世界金融危機，2010年のユーロ危機，2015年の中国経済の成長鈍化など，繰り返される世界経済の混乱は，東南アジア諸国の経済成長パターンを，従来の海外市場中心の輸出主導成長から，国内市場重視の現地化型成長に転換することを求めている（全国銀行協会，2011）。世界金融危機が明らかにしたように，海外市場への輸出に依存した成長パターンは，経済の安定性を重視する観点からも望ましくない。各国の発展パターンは，次第に国内市場と国内生産を重視するものになっていくと考えられる。

　東南アジア諸国では，これまで国内市場向け金融と輸出部門向け金融とが分離する傾向がみられ，前者は地場金融機関が中心的な役割を担い，後者は外資系金融機関が重要な役割を担ってきた。現地通貨建取引を扱う国内市場向け金融は，企業向けサービスと家計向けサービスの双方で急速にニーズが多様化・高度化していくと予想され，金融発展の遅れが成長の障害とならないように，適切なサービス向上が求められている。

（4）　高齢化と資産運用ニーズ

　東南アジア諸国は比較的人口構成が若く，人口増加率も低くなかったので，過去20年間以上，労働生産人口が増加する局面にあった。ライフサイクルからみると，働き盛りの中年までは所得が消費を上回る貯蓄の時期であり，老年期に入るとそれが逆転して貯蓄を取り崩す時期になる。過去20ないし30年間にわたって，東南アジア諸国では，生産人口の拡大を背景として所得増加と資産蓄積が進み，いわゆる人口ボーナスの利益を享受してきた（Lee et al., 2016）。

　しかしながら，東南アジア諸国では，近年，各国で出生人口の伸びが低下もしくは低下し，平均年齢の上昇がみられる。今後，各国では少子化と高齢化が進行すると予測されており，人口ボーナスを享受した時期が終わり，その逆転が発生する人口オーナスに直面する時期を迎えつつある。すでに，域内の先進

経済である韓国ではその傾向がはっきりしてきており，マレーシアやタイでも
早晩そのような時期が来るとされている。

　人口オーナス期への転換期に差し掛かった各国では，新たな金融ニーズが生
まれるであろう。今後，国内貯蓄率の低下，金融資産の蓄積速度の低減が起こ
るので，高齢化に対応した社会保障制度の充実も求められる。東南アジア各国
は，依然として社会保障制度が十分とは言えず，個人資産の運用手段も限られ
ている。年金制度や資産運用のための証券市場整備など解決すべき課題は多い。

5　変化するアジア金融システム

　インフラ高度化や生産性向上のための長期資金の確保，国内市場重視の成長
を支える金融サービスの向上，資産運用の整備と年金制度の充実，といった新
しい金融ニーズに対して，アジア各国の金融システムが解決すべき課題は多い。

（1）　銀行サービスの多様化と高度化

　東南アジア諸国の金融の中核である銀行部門に求められるのは，第一に長期
性資金の供給能力の拡大である。中進国の罠を回避し，労働生産性を更に高め
ていくためには，投資活動を支える長期資金が必要である。このためには，銀
行の規模拡大，資本金の充実，資産負債管理技術の向上，経営の近代化，業務
スキルの向上が必要になる。同時に，企業サイドについても，情報開示の改善，
企業ガバナンスの近代化，など制度インフラの充実が求められる（全国銀行協
会，2011）。銀行にとって第二の課題は，国内市場重視の成長を支えるための，
より高度な国内融資・決済サービスの提供である。情報化社会に対応した低コ
ストで高度な企業取引の支援が可能になるように，銀行の技術導入と投資が求
められる。第三に，家計の求めるサービスの充実である。家計所得の向上によ
り，家計の金融ニーズは多様化している。より多様な資産運用手段の提供，住
宅・消費金融サービスの向上，家計向けフィンテックの導入など，銀行の努力
が必要とされる。

　従来，東南アジア諸国は，生産面では国際的なネットワークがよく発達して
おり対外依存比率が高いにもかかわらず，金融面では外資系金融機関の浸透が
低い地域と位置づけられてきた。今後，内需重視＝現地生産型の発展パターン

が強まるにつれて，外資系金融機関も内需重視あるいは現地化に対応する分野に進出するであろう。外資系金融機関のなかには，国際金融市場の豊富な資金，高度な金融技能，国際的なネットワークを持っているものも多く，これらは経済発展を促進するのに有効である。

その反面で，海外の金融ショックが，外資系金融機関を経由して急速な波及する危険性も高まる。今後も，ASEAN共同体，FTA，TPPなどを通じて，各国の金融部門はより一層対外開放が進むとみられる。外資系金融機関のメリットを活かし，そのデメリットをいかにコントロールするかが，重要な課題になる（21世紀政策研究所，2011）。

（2）　拡大する証券市場の役割

東南アジア各国の新しい金融ニーズは，証券市場の発展なしには供給できない（World Bank, 2001）。その理由は，まず第一に，銀行の長期資金供給能力に限界があるからである。銀行は，預金で調達した短期資金を長期資金として貸し出すため，期間転換に伴うリスクを避けられない。また銀行は預金口座を利用した決済機能を担っているため，経営の健全性を担保する厳しい規制が課せられ，銀行を通じる資金仲介コストはその分だけ割高になる（福田，2013）。これに対して証券市場では，年金基金や保険会社などが，年金契約や保険契約などによって調達した長期資金を，銀行より緩やかな規制の下で運用しているため，高いリスクを負担しつつ低コストでの資金提供ができる。

第二に，東南アジア諸国の中間所得層の家計にとって，証券市場を活用した銀行預金よりも収益性の良い金融商品の需要が高まるからである。家計の資産が僅かなときは，家計はリスクに敏感で，収益性は低くても安全な資産を保有しようとする。しかし，家計の所得が上昇し保有資産の額が増加するに連れて，家計の許容できるリスクが大きくなり，リスクを負担しても収益性の高い資産も需要するようになる。これらの家計にとって証券市場を利用した金融商品はニーズの高い金融資産である。

第三に，大規模な優良企業の資金調達にとって，銀行以外に証券市場が重要になってくるからである。銀行借入，株式発行，社債発行は，企業の代表的な3つの資金調達方法であり，相互に異なった特性を備えている[16]。従来，東南アジア諸国では銀行が優越的であったが，大規模で優良な企業が増えてくると，

これらの企業にとっては銀行だけでなく証券市場も容易に利用できる制度となることが望ましい。

　第四に，保険の普及や高齢化社会に備える年金制度の整備のためにも，証券市場が欠かせないからである。中所得国の水準に達した東南アジア諸国では，保険業が急激に発展しつつあり，その有望性を見込んで先進国の保険会社も参入が続いている。また年金制度の充実も今後必要となっている。保険会社や年金基金は，機関投資家として資産運用を主として証券市場で行っており，証券市場の拡大が期待される。

　最後に，証券市場は銀行の経営安定化や近代化にとっても必要だからである。例えば，銀行がリスク資産ポートフォリオを適切に構築しようとすると，証券化商品や社債など多様な金融商品が取引されている大規模で流通市場を備えた債券市場が必要になる。また銀行のリスク管理の面からも，保有する資産評価を行うため，証券市場における市場評価が欠かせない。

（3）　金融包摂──マイクロ・ファイナンスとイスラム金融

　過去20年間のアジアの経済発展が金融自由化政策の下で達成されたことが示すように，グローバル化の進む世界経済において市場機能の強化による効率的な金融サービスの提供は多くのメリットを持っている。しかしその反面で，グローバル化は所得や保有資産の格差を拡大させ，経済格差と結びついた民族問題を顕在化させる危険性を秘めている。その意味で，経済発展の最も重要な基盤である政治的な安定性を確保するためにも，より多くの人々が成長に参加し果実を享受できるようにする努力が必要である。

　その1つが，これまでフォーマルな金融サービスを利用できなかった家計や企業に金融サービス提供することを目指す金融包摂（financial inclusion）である。アジアの中進国でも零細企業や貧困家計などは依然として在来金融に強く依存しており，後発ASEAN諸国ではその程度はさらに深刻である。これらの家計や企業を対象として，金融アクセスを改善することは，経済格差を是正し経済発展を加速する上で重要な課題となっている（World Bank, 2014）。

　マイクロ・ファイナンスは，金融包摂の重要で有効な手段と考えられている。マイクロ金融機関（MFI）は，経営の自立性を保ちながら貧困層向けの金融サービスの提供拡大を目的とする金融機関で，各国で活発に活動している。特

にマイクロ金融機関の活動が活発な国としてはフィリピン，カンボジア，ベトナム，ラオスなどが挙げられ，これらの国々では，銀行，ノンバンク，NGOなど様々な形態のマイクロ金融機関が活動している。マイクロ金融機関に対する政策対応は各国で異なるが，近年は経営自律性をより重視する方向にあるともいわれており，貧困層への金融サービスの提供という目的に制約が掛かるのではないかという懸念も生まれている。

　宗教と金融との関係も注目される問題である。2000年代以降，イスラム教徒の覚醒と産油国余剰資金の拡大を背景に，独特の手法と金融体系とを持つイスラム金融が台頭してきた。イスラム宗教法では利息が利用できないため，利息を用いない金融手法が開発され，ロンドンなど先進国市場でも取引が行われるようになった。東南アジア諸国では，マレーシアがイスラム金融の発展を積極的に進めており，インドネシアもこれに追随する動きをみせている。自己の価値観により合致する金融商品が利用可能になることによって，従来よりも多くの家計や企業が金融サービスを使うようになれば，資金動員の拡大と資金利用の効率化を通じて，経済発展へも好影響が期待される。

6　おわりに——我が国の金融機関とアジア諸国

　我が国の金融機関は，古くから東南アジア諸国に関わりを持ってきた。しかしながら，2000年代に入るまでは，その活動領域は専ら日系企業向けビジネスに偏っており，現地企業向けサービスは非常に限定的であった。しかし，近年の東南アジア諸国の金融システムは大きな変化をみせており，長期性資金の供給能力の向上や証券市場の整備といった現地の金融ニーズの変化をふまえると，我が国の金融機関が現地経済により深く浸透する好機である。

　すでにその兆しは表れており，インフラ整備資金の調達に関しては官民連携によるプロジェクトファイナンス，現地通貨建ての金融サービスとしては現地市場での販売を行っている日系企業への金融が始まっている。また国境を越えて活動する企業に対するトランザクション・バンキングのサービスも我が国金融機関の重要なターゲットになっている。このほかにも我が国の投資家のアジアでの資産運用やアジアの余剰資金の我が国での運用なども取り組むべき課題である。

　我が国の金融機関にとって，先進国市場，中国市場と並んで，東南アジア市場は重要な比重を占めつつある。最近では，邦銀による，現地銀行への資本参加・買収，現地法人による店舗拡大，消費者向けローンなどが注目を集めている。また，日系証券会社による現地市場への投資やアジア投資家の対日投資も拡大しており，日系保険会社も積極的にアジア地域での活動を進めている。新たな展開を始めた東南アジア諸国において，我が国金融機関がどのような金融サービスで活路を開くか，東南アジア金融システムの全体像を理解しつつ，積極的に探っていく時期に来ている。

━■□コラム□■━━━━━━━━━━━━━━━━━━━━━━━

ビジネスグループと金融機能

　東南アジア諸国の経済を特徴づけるものとして，巨大なビジネスグループ（conglomerate）の存在がある。ビジネスグループが形成されるのには複数の事業を行う企業が相互に助け合うことで外生的なショックへの対応力が高まること，グループ企業間で有能な人材や優れた管理手法など経営資源を有効活用できること，グループ企業が結束することで取引先に対して契約順守など強い規律を与えられること，などのメリットがあるためだとされる。

　また，金融機能の面からは，内部資本市場を活用したリスクマネーの調達のメリットがしばしば指摘されている。開発途上国では，情報開示が遅れ証券市場や機関投資家も育っていないため，企業は外部資金の資金調達が難しい。一方，グループ企業は，相互間で資金の融通ができるので，資金調達が容易になり投資・経済活動が有利に行える。ビジネスグループは，外部から資金を調達するための窓口として機能する企業を持ち，ビジネスグループが銀行を保有している場合もある。

　アジア金融危機前には，ビジネスグループ企業の優位性が注目され，東南アジアにおける経済発展の一要素とされた。しかし，1997年にアジア金融危機が発生すると，ビジネスグループの金融機能の負の側面が厳しく批判された。グループ企業は，親会社・子会社・孫会社，といった複雑なピラミッド構造をとるため，外部の投資家との情報の非対称性が大きくなり，支配的な大口株主が少数株主を搾取する可能性も大きくなる（Claessens et al., 2000）。その結果，有望な投資機会を持つ企業でも十分な外部資金調達ができず，危機時には資金が急速に流出するためダメージが大きくなる（花﨑，2008）というのである。

　このような批判を背景として，アジア危機後に各国政府は広範囲の金融・経済改革を実施し，金融機関の近代化や企業ガバナンスの強化を進めてきた。その結果，多くの国で，金融と企業の再編が行われ，ビジネスグループも大きく変化したかに見えた。しかし危機から時間が経つにつれて多くのビジネスグループが復活すると，本質的な問題点が改善されていないと批判する意見がある反面，ビジネスグループの持つ経済合理性を否定すべきでないという意見も一定の再評価を受けつつある。

（奥田英信）

■　■　■

●注────────────

（1）　前者が中心となるシステムを銀行中心型システム，後者のそれを市場中心型システムと呼ぶ。

（2）　アジア金融危機後，ASEAN諸国では投資率が大幅に低下して経常収支が黒字基調になり，途上国の一般的なパターンとは逆に，国内の余剰貯蓄が先進諸国に投資されるという事態が生じた。この現象はグローバル・インバランスと呼ばれ，その是非と発生原因をめぐって多くの議論がなされた。

（3）　独立当初に有力であった欧米金融機関に対し，各国は自国金融機関の育成を図った。

（4）　当時，多くの企業や金融機関が，海外から短期ドル建てで資金を調達し，国内通貨に変換して長期的投資に利用した。このため，一旦，資金の海外流出が始まると，満期と為替のダブル・リスクが顕在化し，債務超過（倒産）に陥った。

（5）　金融危機の発生時に，機能が低下した銀行に代わって，債券市場が代替的に機能するという「スペアタイヤ論」も提唱された。域内証券市場の整備も，各国政府の国際協力やアジア開発銀行の支援を受けて勧められた。その一環として域内各国の国内通貨建て債券への投資を支援するABMI（Asia Bond Market Initiative）や域内各国のドル建て国債への投資を支援するABF（Asia Bond Fund）が創出された。

（6）　シンガポールのDBS，OCBC，UOB，マレーシアのMayBankなどが好例である。

（7）　2015年World Economic Forum調査の「金融市場の成熟度」によると，韓国は144カ国中80位である。

（8）　マレーシアの人口構成は，マレー系と先住民族で構成されるブミプトラが7割，華人は2割強，インド系が1割弱である。

（9）　マルコス政権末期の政治・経済混乱は1990年代初頭まで尾を引き，フィリピンは外国企業の投資先として敬遠された（寺西他編，2009）。

（10）　需要面から見ると国内消費の活況による部分が大きく，投資は伸び悩んでいる。

（11）　ベトナムとラオスでは，2000年代後半から，ドンとキップ資産の信認が高まり，資産ドル化比率は低下に転じた。

（12）　2008年の世界金融危機では，東南アジア諸国から先進諸国向けの輸出が鈍化したものの，これに代わって中国向け輸出が拡大した。

(13)　インフラ整備資金の不足分は，海外からの公的資金に依存することが多かったが，援助供与国である先進諸国も財政に余裕がなく財源は不足勝ちである。域内の後発国であるカンボジア，ラオス，ベトナムのインフラ整備は，海外からの公的資金に依存するところが大きい。

(14)　マレーシアではナジブ政権が産業高度化を目指した「新経済モデル（NEM）」を発表した。タイはグローバル・サプライチェーンにおける産業集積地を目指している。

(15)　生産の面からみても，東南アジア各国において国内生産の占める比率が高まってきている。従来は，部品や素材は輸入に依存するところが大きかったが，それらについても現地化比率が高まっている。

(16)　銀行借入と社債で調達される資金は債務性であるのに対して，株式発行で調達される資金は非債務性の資金である。また株式発行と社債発行は多数の投資家から市場で資金を調達するのに対して，銀行借入は原則として相対取引で資金を調達する。

●参考文献

青木昌彦他編（1997）『東アジアの経済発展と政府の役割──比較制度分析アプローチ』日本経済新聞社。

清水聡（2016）「国際金融情勢がASEAN諸国の金融安定に与える影響」『JRIレビュー』3（33）。

全国銀行協会（2011）「アジア経済圏にとって望ましい金融・資本市場のあり方」（政策提言レポート）。

寺西重郎・福田慎一・奥田英信・三重野文晴編（2008，2009）『アジアの経済発展と金融システム』東北アジア編・東南アジア編，東洋経済新報社。

21世紀政策研究所（2011）『アジア債券市場整備と域内金融協力』。

日本証券経済研究所（2016）『図説 アジアの証券市場 2016年版』。

花崎正晴（2008）『企業金融とコーポレート・ガバナンス──情報と制度からのアプローチ』東京大学出版会。

三重野文晴（2015）『金融システム改革と東南アジア──長期趨勢と企業金融の実証分析』勁草書房。

Claessens, Stijin, Simon Djankov, and Larry Lang（2000），The Separation of Ownership and Control in East Asian Corporations, Journal of Financial Economics, 58（1-2）

Demirguc-Kunt and R. Levine eds.（2001），*Financial Structure and Economic Growth*, Cambridge, Massachusets, MIT Press.

Inderst, G. (2016), "Infrastructure Investment, Private Finance, and Institutional Investors : Asia from a Global Perspective," ADBI Working Paper Series, No. 555.

Lee, S-H. J. Kim, and D. Park (2016), "Demographic Change and Fiscal Sustainability in Asia," ADB Economics Working Paper Series, No.481.

Unteroberdoerster, O. (2014), Cambodia : Entering a New Phase of Growth, IMF.

World Bank (2001), Finance For Growth.

World Bank (2008), Global Development Finance, International Banking.

World Bank (2014), Global Development Finance, Financial Inclusion.

World Bank (2007), An East Asian Renaissance-Ideas for Economic Growth.

●**学習のための推薦図書**────────

奥田英信・三重野文晴・生島靖久（2010）『新版　開発金融論』日本評論社。

　＊途上国開発をめぐる金融問題を多面的に取り上げた開発金融論の標準的テキスト。

福田慎一（2013）『金融論──市場と経済制策の有効性』有斐閣。

　＊家計・企業・金融機関の行動やマクロ金融論を理解するための，バランスの取れた学部向けのテキスト。

（奥 田 英 信）

第Ⅲ部

地域統合と多様性

第8章
経済発展の「北東アジアモデル」
——韓国の事例を中心に——

　かつて新興経済工業群（NIEs）と呼ばれた韓国，台湾，香港，シンガポールは購買力平価でみた1人あたり所得が3万ドルを大きく超え，絶対的にも相対的にも「先進経済」への収斂を達成した。北東アジアNIEsの発展は，政策面で貿易自由化に基づく対外志向型戦略を採りつつ，産業政策の形で政府が強い主導力を持ったこと，制度面ではテクノクラートを中心とした行政が政治との距離を維持する反面，民間との情報共有を図る諸制度が工夫されたこと，キャッチアップに適した産業金融や産業組織を柔軟に形成してきたことなどが共通する。最も人口の大きな韓国の事例をみても，政策や制度の選択に初期条件がもたらした影響はむしろ限定的であった。ただし，キャッチアップを終了したNIEsはいずれもイノベーションによる内発的発展，深い経済統合の推進，少子高齢化への対応などキャッチアップ時代にはなかった課題の解決を迫られている。これらの課題解決には韓国の「財閥」に対する経済力集中や労働市場改革，福祉国家建設などにみられるように，成功したキャッチアップ体制の創造的破壊が必要となっている。

1　はじめに——何が経済発展を決めるのか

　第二次世界大戦後，多くの植民地が独立したが，時間の経過と共に経済開発では大きく差がついた。このため，近年では経済発展を左右するのは地理的・歴史的な条件（初期素材）か，貿易などの政策か，あるいは制度か，といった議論がしばしば立てられてきた（Dollar, 1992；Rodorik and Rorodiguez, 2001；Acemoglu, Johson and Robinson, 2001；Rodrik, Subramanian and Trebbi, 2002；Acemoglu and Robinson, 2012など）。こうした議論は一定の歴史観を持つ構造主義から市場機能中心の新古典派，所有権や取引費用などに着目した新制度論など，開発経済学の潮流を反映したものでもあった。しかし，クロス・カントリー中心の実

証から離れると，現実には初期条件や政策，制度は相互に絡み合って説明変数
の切り分けはそう単純ではなく，まだ多くの議論が残る。[1]

　そこで本章では，これまでのところ開発に最も成功した北東アジアを事例と
して，初期条件や政策，制度がどのような関係にあり，それらはどう解釈され
てきたか，について大まかな整理を試みる。かつてのアジア新興工業経済群
（NIEs：香港・韓国・台湾・シンガポール）は揃ってOECD水準の1人あたり所得
を達成し，経済先進化を果たした。華人の多いシンガポール以外のNIEsは全
て北東アジアに位置しており，本章ではこれらNIEsの共通体験を「北東アジ
アモデル」として提起する。実は開放後の中国にも共通点は多いが[2]，中国には
移行経済としての面もあり，本シリーズの中国編に譲る。

　以下，まず第1節ではNIEsに共通する政府主導，対外志向型戦略，および
域内の動態的国際分業への対応を取り上げ，それぞれにおいて初期条件と政策，
制度がどう作用したか，それがどう理解されてきたか，を通じて「北東アジア
モデル」の特徴を整理する。ついで第2節では最も経済規模が大きな韓国につ
いて，その開発経験を掘り下げ，同モデルの特性を考察する。第3節はグロー
バリゼーションと発展による内的変化双方によって「北東アジアモデル」が直
面した課題を明らかにし，後発国への示唆を結論に代える。

2　アジアNIEsの経済発展と「北東アジアモデル」

（1）　経済開発における「政府主導」

　一般に開発の初期条件としては人口規模・民族構成や資源の有無といった経
済地理に加え，歴史的な植民地遺制などが挙げられる。開発が本格化した1960
年代前半のNIEsの人口は最大の韓国でも2,800万人程度で，国内市場の規模が
小さく，天然資源を持たないという共通項が存在した。だがその後の開発政策
や体制を考える時，多くの先行研究は経済地理よりも，NIEsが常に対外緊張
の下にあったことを初期条件として重視してきた（司空，1994；谷浦，1989；片
山・大西，2010；岩崎，2000など）。冷戦時代からの対峙が続く南北朝鮮半島や台
湾はもちろん，香港は英国統治時代から1997年の中国返還で「一国二制度」の
下に置かれた後も，中国との複雑な関係が続き[3]，華人国家のシンガポールさえ，
マレーシアとの緊張が存在した。幸いにして深刻な軍事的衝突は免れたが，常

態化した対外緊張は政府の関心を常に幅広い意味での安全保障，すなわち経済力の優位確立に向けさせた。北東アジアでは主権意識の強い政府主導の下で経済開発に大きな政治的優先順位があった。同時に存亡を左右する対外緊張が政策や制度選択に経済地理以上の影響を与えるのも自然なことであった。

　台湾や韓国は1980年代後半の民主化まではいわゆる「開発独裁」型の政治体制が長く続いた。政治的な自由を抑制することで一定の安定を維持し，経済開発に集中する開発主義（developmentalism）政権の下で，経済運営の実務は専門知識を持ち，政治との一定の距離を持つテクノクラートが経済計画策定などによって主導した。しかも経済計画はマクロ経済の安定や各種インフラ建設，エネルギーの安定供給や初期教育といった基礎的役割に留まらず，輸出振興や中小企業支援，技術基盤の強化，外資誘致，農業・農村開発などにも及び，政府はこれらを強力に推進した。積極的不介入主義を採った中国返還前の香港でさえ，政庁は通商制度や金融市場の整備を通じて自由貿易港造りに邁進した。より多くの労働力を抱えた韓国や台湾では1960年代に繊維や雑貨といった労働集約産業中心の工業化が進んだが，70年代に入ると，資本集約的な重化学工業への産業構造転換が模索された。鉄鋼や石油化学，造船，重機械などの産業育成が始まると，政府・当局は貯蓄機関の整備や対外借款の獲得，国内市場保護，技術導入の審査，土地開発，設備投資への租税減免や技術導入の認可，輸出支援，人材育成などを通じ，資源や政策を総動員して介入を強めた。とりわけ韓国政府は国有化された銀行を通じて人為的な低金利資金を特定産業・企業に割り当て，大きなレントを民間に提供するところまで踏み込んだ。

　NIEsにおけるこうした政府介入，特に個別産業の育成（targeting policy）は経済学の伝統的標準からは逸脱し，開発をめぐる政府の役割は激しい議論を呼んだ。1970年代後半から80年代にかけてWestphal（1978），Krueger（1979），Balassa（1988）など，IMFや世銀で活躍した新古典派エコノミストたちはNIEsの輸出主導型成長は，利上げや為替レートの切り下げ，貿易の自由化といったマクロ構造調整（Getting the price right）の賜物，として高い政策評価を与えた。反面，こうしたエコノミストのなかには重化学工業化に伴う政府介入を正しい政策からの逆行，と捉えた者も少なくなかった。これらに対し，Amsden（1989）やWade（1990）など構造論の流れをくむ研究は収穫逓増に向けた産業政策と政府介入の効果（Getting the price wrong）を肯定した。

　対立する両者を包摂するような形でまとめられたWorld Bank（1993）は，NIEsはマクロ安定など，政府が本来の役割を十分に果たしたがゆえに市場とうまく協同することができた，として市場親和的（market-friendly）政府像を提示した。また，同レポートはNIEsの経済的成功と，多くの途上国における失敗を画する政府介入の違いとして，①テクノクラートの存在と政治からの独立，②審議会など官民情報共有の制度，③輸出といった明確なパフォーマンス基準の下で企業競争（contest approach）などを取り上げた。ただし同レポートは特定産業支援に向けた政府介入には極めて懐疑的で，「政府の能力」を提起し，介入の有効性はこれに左右されるとした。その後，World Bank（1997）は「政府の能力」の強化要件として，公務員のインセンティブ改革，政策決定への参加と監視，説明責任強化，幅広い分権化などを提起し，開発のガバナンスにつながる論議を発展させた。

　韓国や台湾では前述のように政府や当局が低金利融資で特定産業や企業を支援する産業政策が行われた。ただ，マクロ経済の統制はそれなりに維持されて大幅なマイナス金利に陥ることはなく，むしろ政府によって提供されたレントによって重化学工業化は急激に進展し，輸出の成功によって所得が向上，貯蓄量も増えて金融の深化も進んだ。こうしたNIEsの経験は金融抑制（financial restraint）として，Hellmann Stliglitz-Murdoch（1997）などによって中南米など多くの途上国が失敗した金融抑圧（financial repression）から区別されることとなった。Aoki-Kim-Okuno（Fujiwara）（1997）は，市場は理論が想定するよりはるかに不完全であり，政府は金融抑制や輸出コンテストといった状態依存的レントを提供して市場の機能を補完することができる，とする市場拡張的政府（market-enhancing）を提起した。市場友好的政府が依然として市場と政府の分業に基づくのに対し，市場拡張的政府は両者の補完性を主張する点で異質のものと提起された。

　冷戦という初期条件の下で台湾や韓国は古典的な国家・国民経済建設を志向し，強力な政府が開発を主導した。政策的には次節で扱うように高い開放性が特徴となったが，他方で外資に依存せず，地場企業中心の「自立した」産業基盤を強化することに大きな政治的価値が置かれた。産業政策は自由貿易とのバランスをとりながら様々な制度的工夫を伴った。特に相対的に公企業が大きな役割を果たした台湾に比べ，韓国では特定民間企業の集中育成によって競争力

を強化しようとした。状態依存的レントの規模ははるかに大きく，やがて「財閥」（chaebol）への経済力集中という深刻な問題を抱えることとなった。

（2）　対外志向型（Outward-Oriented）戦略の推進

　政府主導と並ぶNIEsの共通体験はよく知られる通り，比較的早い時期に輸入代替型工業化から対外志向型工業化に転じたことであった。国内市場規模の制約や天然資源の欠落といった初期条件からNIEsの輸入代替は早い段階で行き詰まりが表面化した。自由貿易港の機能を整えた香港が最初に貿易を拡大させたのをきっかけに，1960年代半ばまでには台湾，韓国とも労働集約型の組み立て加工貿易中心への政策転換を完了した。幼稚産業保護のため障壁を残していた輸入の自由化はとりわけ経済全体の効率化に大きく寄与した。1980年代に入ると，長期の幼稚産業保護にもかかわらず工業化に失敗した大多数の途上国と，世界貿易拡大の波に乗って輸出を急拡大させ，成功したNIEsとの対比は鮮やかになった。NIEsの成功は貿易の自由化による資源配分の是正，比較優位の顕在化など，市場を重視した新古典派の台頭とぴったり合致し，前節のような政策的評価を得た。

　ただし，政策レベルでより注意深く観察すれば，NIEsの経済自由化は①貿易，②直接投資，③資本取引の自由化が「漸進的に」推進され，常に一定の政策介入の余地を残すように設計されてきた。この点，ASEANなど後発途上国の多くで①から③までの時間が極めて短くなったことや，ロシアのような移行経済のビッグバン型の自由化との間には大きな差がある。

　例えば①でさえ，完全な自由貿易が早くから確立したのは香港だけで，台湾や韓国の貿易自由化は輸出用原材料や設備投資用資本財に限定され，しかも一度関税を徴収した後に還付する制度の下で，内需用消費財とは区別された。輸入の自由化が消費財にまで拡大したのは台湾や韓国では実は1980年代後半からに過ぎない。また，1970年代の重化学工業化は輸出の高付加価値化であると同時に，一部は輸出用原材料や資本財の国産化推進（輸入代替）としての側面もあった。ただ，この時期でも輸出競争力維持に必要な原資材の輸入は概ね自由に保たれ，実質実効為替レートが大きく過大評価されることは注意深く忌避された。

　②の点では当初の外資誘致は輸出工業団地がその中心で，台湾や韓国で国内

販売を目的とした多国籍企業の進出が許容されたのも1980年代後半になってからであった。当時は関税一般協定（GATT）体制の時代であり，加工区以外に立地する場合は輸出比率と外資側出資比率をリンクさせたり，地場企業に対する技術移転条件を投資の認可要件としたり，外貨送金や技術料支払を制限するパフォーマンス要求も少なくなかった。反面，NIEsの輸出工業団地は地場企業の入居も可能で，ほかの途上国にみられた飛び地型にはならなかった。政府や当局は地場企業の技術導入に熱心で，輸出工業団地内の外資企業との取引（リンケージ）はスピルオーバー効果のルートとしてみなされた。輸出振興に向けた外資誘致と地場企業育成はキメ細かな制度的工夫でバランスを取って進められた。

　③の自由化はさらに遅れ，1980年代の国内金融自由化が一応，完了した後，90年代になってようやく資本取引の自由化が進んだ。国際金融のトリレンマ（資本移動の自由，為替相場の安定，金融政策の自立は鼎立しない）で考えると，対外志向型発展の初期には為替の安定と自立的金融政策が優先され，資本移動，特にマクロの攪乱要因となりやすい短期資本の流入・流出は長い間，規制がかけられたことは北東アジアに共通する。台湾や韓国では明確な変動相場制への移行と資本取引の自由化が完成したのは2000年代に入ってからであった。工業化の主体が外資より地場企業であったため，輸出条件のみならず，対外資金調達環境という面でもドルにペッグし，安定した為替レートは好都合だった。国際金融センター・香港に至ってはドルとのより厳密な連動がセンター機能そのものの支えであった。

　国民経済建設を目指した台湾や韓国にとって，国際経済環境に大きく左右される対外志向型の開発戦略は本来的にはそれほど望ましくはなく，輸入代替の行き詰まりがなければ政策転換は葛藤を伴った可能性がある。しかしNIEsの特徴は経済の現実が正確に把握されると，政策転換が比較的早かった点で，台湾や韓国の場合，主として２つの点と関わっていた。１つは1980年代後半に対外志向型戦略の成功が確定するまで民主化が遅れ，開発主義が続くなかで，政治的合意形成のコストが小さかったことである。対外的緊張を管理するため，普通選挙は行われず，労働組合活動や報道の自由にも制限が存在しており，幸いにも幼稚産業保護の既得権益は国内市場規模に制約されて大きなものではなかった。このため，対外志向型への転換の政治的困難は小さかった。韓国に

至っては軍事クーデタによる朴正熙政権の下にあったため，大胆な為替切り下げや急速な輸入自由化にも異を唱える勢力は存在しなかった。ただし，台湾，韓国とも戦略転換にあたっては専門教育を受けたエコノミストを動員した国民神益の説得努力には熱心で，その後を構造改革や重要政策の施行の度に政府の説明責任の伝統が形成された。

　もう1つの点は政策転換に当たっては衝撃を緩和する政策や制度形成を怠らず，それによって一貫性を維持しようとした点である。時々に発表された経済計画は大きな方向性を示したが，対外条件の変化次第では柔軟に修正された。前述の①〜③までの自由化は実際にはそれほど急激ではなく，NIEsは自由化の速度や順序を自ら調整し，産業政策と連動させる余地を残して来た。対外志向型の開発戦略と市場規律に結びつける新古典派の立場は自由化の速度や順序への関心には乏しかった。他方，産業政策を肯定する立場は専ら政策と関連制度によるレント創出とその効果に関心が集中し，漸進的ながらも後退しない自由化の影響を等閑視しがちな面があった。

　NIEsの対外志向型戦略は現在では国内市場制約から当然の選択，と片づけられがちだが，より重要な点はそうしたなかでもなお，対外緊張のなかで「自立した」経済基盤を確立することであった。NIEsの経験は圧倒的な市場圧力と内政のバランスをとる政策や制度の重要性を示唆している。

（3）　キャッチアップと動態的国際分業

　NIEs，特に台湾や韓国が特定産業支援で大きな失敗をしなかった理由は提供されるレントが輸出コンテストなど状態依存型で明確な基準を持ったことによる，とする指摘が今日では広く受け入れられている（前掲のAoki, Kim, Oku-no（Fujiwara），1997など）。しかしながら特定産業支援批判のなかにはレントによる歪みや非効率だけでなく，そもそも民間企業よりも情報を持たないはずの政府がどうやって「正しい」産業選択を行えるのか，という問いが存在した。前述のように，官民の情報共有メカニズムが機能した可能性はあるが，この問いに対するより本質的な答えは前掲のAmsden（1989）が指摘した通り，経済発展が先発国に対するキャッチアップだった，ことによるだろう。キャッチアップを図る後発国は基礎研究開発からのリスクを背負う必要はなく，市場性が証明された技術を導入して効率的な生産にのみに集中すればよい，といった

いわゆる「後発の利益」を持つ。台湾や韓国は近隣の日本から必要な資本財や中間財，さらには技術を導入して組み立て加工型の輸出を開始した。ここでのキャッチアップの定義は最終製品輸出で日本との差を縮め，さらに国内で垂直統合を進めて対日輸入誘発を下げることであった。産業選択をめぐるリスクはこのキャッチアップ構造の中で回避され，両者は「後発の利益」をフルに享受しつつ発展することができた。

　とりわけキャッチアップ過程で歴史的な意味を持ったのは1980年代後半から90年代前半まで，台湾や韓国のみならず，ASEANや中国など東アジア全体で進んだいわゆる雁行形態型の連続的，動態的な国際分業構造の変化であった。技術的集約的な財は最初，技術を豊富に持つ高所得国で生産されるが，大量生産技術が確立され，付加価値が低下するにつれて中所得国や低所得国へ，次々に生産が移転される。1985年のいわゆるプラザ合意では円高が急速に進展し，日本はフルセットで国内に抱え込んだ産業を東アジアに再配置しようとした。他方，NIEsを含めてドル・ペッグ制の下にあった東アジアは為替レートの上からも，賃金差に基づく生産費の点でもその格好の受け皿となった。この結果，80年代後半から90年代前半にかけては，プロダクト・ライフサイクルに沿った国際分業（池間編，2009）が，日本を先頭とする雁の群のようにダイナミックに展開されることとなった。すでに一定の工業基盤を持った台湾や韓国は最初の生産移管先となったが，輸出急増に伴ってやがてNIEsも日本同様，為替レートの切り上げや賃金上昇に直面し，90年に入ると，日本の後を追ってASEANや中国沿海部への生産移管に加わった。雁行形態型の分業は先発国が資本財や中間財を輸出して後発国がこれを組み立てる垂直型分業として拡大した。拡大プロセスは輸出と設備投資の拡大，雇用・賃金の増加が続いて，賃金高騰や消費過熱が始まると，先発国は高付加価値産業にシフトし，従来産業を他国に移管するという循環を伴っていた。雁行形態型の発展は後発国からみれば，先発国に対するキャッチアップ型工業化であった（末廣，2000）。台湾や韓国の工業化は日本に対するキャッチアップ競争であると同時に，後発国のキャッチアップ競争に対応し，雁行形態のハブとしての役割を果たした。

　やがて90年代末の通貨危機後は韓国を含めてほとんどの国がドル・ペッグ制を見直して変動相場制に移行し，構造調整に多くの時間を必要とした。このなかで韓国は比較的早期に調整を終え，とりわけ多角化経営を行っていた「財

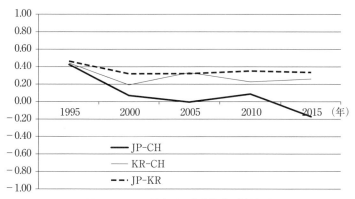

図 8-1　日中韓水平分業度指数（機械類）

出所：UN Contrade dataより筆者作成。

閥」は債務圧縮と同時に思い切った事業の選択と集中を断行した。デジタル化が進み，生産体系がモジュール化した電気電子産業を中心に韓国企業は輸出を大きく伸ばし，日本へのキャッチアップはさらに加速した。

2010年代以降は台湾・韓国はすでに日本同様，資本財や中間財を中国など最終組み立て地に供給する立場となり，さらに日系企業の生産を含むASEANや中国も中間財の産業集積に加わるようになった。日韓の顕示比較優位（Revealed Comparative Advantage：RCA）指数を代表的な産業で比較したものが**図8-1**だが，韓国は家電や半導体，有機化学，プラスチック製品では日本より優位に立ち，自動車でも急速に日本との差を縮めている。日韓の競争力に差がみられるのは工作機械，半導体製造装置，自動車部品程度に過ぎない。機械産業全体でみれば，日韓間では2000年代以降，水平分業が安定的に続くようになった。

3　韓国の開発経験と「北東アジアモデル」

（1）　韓国における政府主導型開発

NIEsの中で最大規模をもつ韓国は農村・農業－都市・工業部門間の構造変化や，国際収支危機など，多くの国が経済開発で直面する問題をほぼ遍く経験してきた。また，援助される側からOECDの政府開発援助委員会（DAC）の正

式メンバーとなった唯一の国として，自身の開発経験を総括し，一般化する必要にも迫られている（深川，2015）。しかし一般的には2012年以降の成長減速がまだ成熟化というより「短期的」な不況と受け止められている面もあり，十分な経験一般化は進んでおらず，むしろ韓国固有の特殊性を強調した議論の方が目立つ。

　政府主導型という点では韓国は前述のように，マクロ調整やインフラ建設といった政府の基礎的役割以上に産業政策を多用した「北東アジアモデル」の典型として扱われてきた。開発体制の特殊性については軍事革命政府の下で基礎が形成されたとして初期条件を重視したもの（谷浦，1989）や，それでも実際の開発計画は作成から実施まで経済企画院といった行政府の関与が大きかったとする点（大西，2005など）が強調されてきた。

　しかしながら，一般化という点では，韓国はガーシェンクロン（1952）が強調した後発経済の特徴を典型的に備えていたという議論（渡辺，1982；Amsden，1989；渡辺・金，1996など）がほぼ定説となり，政策や制度についてこれを超えた論議は少ない。

　ガーシェンクロンが後発国の経済発展について観察した点は日本でも非常によく知られている。①後発国は先進国の技術や資本を用いることができるので，早く成長することができる（後発の利益），②後発国は熟練労働者が相対的に不足するため，技術が体化した機械装備を導入し，大規模な資本集約型産業へと転換を図る，③規模の経済実現は大企業中心の産業組織など，資源動員に適した，特殊な制度を必要とする，④乏しい資源を動員する必要から開発は政府による「上から」のものとなり，政府はこれを推進する特殊なイデオロギーを持つ，などがそれにあたる。

　こうしたガーシェンクロンの指摘に沿った韓国の特徴は多く実証されてきた。日本より後の工業化世代としてはNIEsの高い成長率は世界でも突出しているが，とりわけ韓国は1962年の第一次経済開発計画以降，35年にわたり，実質平均で８％を超える高い実質経済成長率を実現した。1997年の通貨危機以後，2016年までの18年間はこれが4.0％へと大きく屈折したが，それでもタイやマレーシアといった，ASEANの後発国の成長率鈍化が先に始まり，「中進国の罠」（Im and Rosenblatt，2013など）が指摘されたのとは対照的である。1962年当初の韓国の１人あたり所得はマレーシアなどほとんどの東アジアのそれを下回

る最貧国であったが，2015年には名目で27,000ドル，購買力平価でみれば37,000ドルで日本にほぼ完全にキャッチアップし，追い抜く可能性もある。

　後で触れるように，韓国と台湾の成長力との差をもたらしたものは，前者において多大な副作用を残したものの，重化学工業の育成を含め，産業構造の転換が極めて早かったことであり，とりわけ1980年代以降の成長を強く牽引したのは重化学工業であった。韓国は1970年代後半から鉄鋼，石油化学など資本集約型の重化学工業が全体に占める比率（ホフマン比率）が急上昇し，ガーシェンクロンの指摘に沿った発展を遂げた。より熟練集約度の高い造船や一般機械，それに自動車産業の本格的発展は1980年代に入ってからで資本集約度の高い装置産業とは僅かな時差を伴ったが，それでも1980年代後半の円高の進展を受けて機械工業は爆発的な成長を遂げた。

　重化学工業化が極めて強い政府主導で行われたこともよく知られている。韓国政府は直接投資を誘致するより，特定の国内企業を選び，インフラ整備や安価な電力などの供給，借款による対外資金調達，法人税その他の減免，外国からの技術導入，資本財輸入，輸出支援，国内市場における競争制限などあらゆる支援を集中した。資金面では国営化されていた銀行からの低利融資だけでは足りず，国民投資基金（NIF）を通じた資金動員が図られた。拡張的なマクロ政策の下で採られた重化学工業への低金利融資は極端なマイナス金利となることはどうにか避けられたが，資金調達以外を併せたレントは極めて大きく，大企業は新規事業開拓競争にしのぎを削り，成功した企業はレント獲得によって水平的に事業を多角化させる「財閥」へと発展した。国営化された銀行以外にも政府は産業銀行など公的開発金融機関を整備して金融全体を強く統制（いわゆる官治金融）し，銀行のフランチャイズヴァリューを維持し，事業が失敗した場合でも多くの場合は企業を整理させないことで事業の長期的成長を図った。重化学工業化は経済計画を立案する行政府と傘下のシンクタンク，統制された金融機関，「財閥」組織など，ガーシェンクロンのいう，「特殊な動員装置」によって推進された。

　さらに韓国政府は重化学工業化を「上から」進める，明確なイデオロギーさえも有していた。韓国にとっての重化学工業化は単なる産業構造転換ではなく，対立関係にある北朝鮮に軍事的に劣後しないための手段であった。初期条件として，日本統治時代の工業基盤は石炭など資源が相対的に豊かな北朝鮮に集中

立地しており，これを覆すことは冷戦国家・韓国にとって，疑いの余地のない，強力なイデオロギーとなり得た。対外条件としての冷戦は強い国民国家，国民経済建設を要請し，韓国の政府主導はよりグローバルななかで開発を進める後発国よりも，ガーシェンクロンが扱ったナショナリズムの時代の欧州モデルにより親和性を持つものとなった。

（2）　韓国における対外志向型戦略

　マクロ構造調整を経た韓国は1960年代には輸出を中心とした成長に転じたが，その基盤となったのは極めて多様な，労働集約型の軽工業であった。この点は輸出の牽引力が急速に大企業に傾斜した，1970年代の重化学工業化以降とは対照的であった（深川，1992）。前述したように，1960年代にはまだ特定産業への支援は目立たなかった。確かに一部は例えば繊維産業の川上部門への波及として石油化学部門が発展したことはあった。しかしながら，重化学工業案件を左右したのは規模の経済の実現であり，ほとんどの投資案件は最初から輸出を前提としたものであった。対外借款が重要な資金調達源となっていたこともあり，ドル建ての債務返済の安定のためにもドルによる収益は不可欠であった。このため，実際には産業連関を通じた輸入代替と輸出は同時並行しており，全体としてみても輸入代替ばかりに傾斜した多くの途上国に比べれば，結局，中立的な政策体系となっていた。この点は今岡・大野・横山（1985）に詳しい分析がある。政府が産業選択を行い，様々な支援を用意したとはいってもあらゆる産業で輸出規律は働き，品質や納期で市場要請基準を満たすことは必須であった。またレント獲得は「財閥」間の繰り返しゲームでもあり，市場パフォーマンスを無視することはできず，重化学工業化時代に入っても極端な輸入障壁の増大は避けられていた。特定産業育成に向けた政府介入は増えたが，開放的な貿易体制に加えて技術導入や対外資金調達が本格化し，むしろ対外志向度は上がったとみることさえできた。

　一方，開放度が上がることは当然，対外経済環境の変化による衝撃の拡大を意味する。韓国の対外開放は前述のように漸進的ではあったが，それでも国際収支危機を免れることはできなかった。産業政策との関連で韓国は比較的大きな国際収支危機を2度経験しているが，いずれも解決の鍵となったのは輸出の回復であった。漸進的開放が後退したのはいわゆるリーマンショック以降，

2010年代に短期資本規制が導入された程度のものであり，対外志向型開発は一貫した，揺らぎのないものであった。

　対外志向型戦略は維持されたが，同時に看過できない点は，それによって比較的大きな国際収支危機に見舞われた際の対応はいずれも開発主義時代の体制レジームを温存した点である。新たな産業や有望市場の台頭といった対外変化に対する対応は官民共に早いが，これを支えたのはほぼ一貫して旧来型の政府・行政と少数の「財閥」系大企業という開発レジームであった。

　1度目の危機は1980年前半の累積債務膨張によるものであった。重化学工業化に向けた積極的な対外借款導入を進める最中，韓国は1970年代にはエネルギー多消費型産業を直撃する2度のオイルショックに見舞われた。エネルギー輸入は急増し，とりわけ79年の第二次ショック後は先進国の利上げなどによって，世界需要は大きく冷え込み，輸出には急ブレーキがかかった。国営だった銀行や公的金融機関が抱える累積債務はピーク時には対GDP比で8割にも上り，韓国は1980年代には国際通貨基金（IMF）からのスタンド・バイ・クレジットを受けて，構造調整を余儀なくされた。IMFの処方箋はより深刻な債務危機を抱えたラテンアメリカと性質上は大きな違いはなく，総需要抑制と輸入自由化で物価上昇を防ぎ，他方，為替レートの切り下げによる輸出促進，それに金融自由化と資本取引の段階的自由化などであった。韓国はそのほかの途上国と同様，集中的な構造改革は産業基盤の崩壊させる，といった恐怖を抱いた。そこで韓国政府は財政引き締めを全面拒否することもしなかったが，予算編成では新たに勃興しつつあった半導体や家電の高付加価値化など経済開発支援を大きく削ることはしなかった。また，80年代末までを見通した長期の段階的輸入自由化計画は発表されたが，最大の輸入先であり，輸出の競合先でもある日本に向けた規制は事実上，維持された。銀行はようやく民営化され，金利の自由化や資本取引の自由化が進められることとなったが，「財閥」の銀行買収防止の名目で政府の統制（「官治金融」）余地は残され，金融自由化の速度は緩慢なままであった。結局輸出競争力をつけ，累積債務問題の沈静に大きな役割を果たしたのはこうして育成された半導体や家電などであった。IMFの処方箋を全て実行する代わりに，新たな輸出産業を育てた韓国の構造調整は積極的構造政策（PAP）として，世銀などからも注目されたが，その半面，開発レジームが変わることはなかった。

　2度目の危機は1997年にタイから始まった通貨危機が伝播したもので，韓国は急速な資本流出で外貨準備を使い果たし，まだドル・ペッグ制度だった為替レートは暴落に見舞われた。他方，大量の短期外貨債務を抱えていた銀行および「財閥」は激烈な流動性危機に襲われ，むしろIMF救済が決まった後には高金利政策が課されたことでさらに信用収縮が進行した。急激な通貨危機は直接的には短期で外貨を借り入れ，ウォンで長期運用する，といった通貨・満期上のミスマッチの影響が大きかった。しかし本質的な原因は外部資金に依存しつつ，巨大投資で新産業に次々と投資している限り，政府は「大馬不死」（大きすぎてつぶせない）に基づいて大企業を救済するし，「官治金融」によって救済できる，とする旧来の発想が政府も財界をも支配していたことであった。

　構造改革にはIMFという強い外圧が存在したため，さすがに開発レジームの根幹にあった「大馬不死」とこれによる積年のモラル・ハザードは否定された。通貨危機後は不良債権の処理と共に銀行圏，ノンバンク圏とも急激な再編が進み，「大馬不死」を許した金融監督体制も抜本的な見直しが進んだ。多くの「財閥」が淘汰され，残った上位「財閥」の事業も集中的に見直しが進み，産業再編は急激に進んだ。大企業の資金調達は銀行から社債発行に大きくシフトし，他方で銀行も「財閥」系大企業も社外取締役を義務化するなど，不透明な企業統治については厳しい改善策が導入された。不採算事業を余剰人員とともにそぎ落とした韓国大企業は為替の下落に伴って国際競争力を急速に強化し，2000年代前半には力強い輸出主導型の成長が続いた。

　ただし，不幸なことにその期間は長続きしなかった。2008年以降はいわゆるリーマンショックや欧州財政危機など先進国を震源地とする国際金融危機が続き，世界経済は急激に減速，鈍化した。発足から半年でリーマンショックに直面した李明博政権は利下げや財政支出拡大に止まらず，ウォン安の維持，公的金融機関や韓国電力など公企業を通じた企業支援，輸出貢献企業への法人税減免，企業寄りの労働政策，自由貿易協定（FTA）推進による輸出環境確保，環境ビジネスの推進などを一気に進め，産業界支援を図った。企業への集中的な支援は韓国大企業の輸出躍進を支えたが，他方で政府－企業間の関係が通貨危機以前に戻ることにもつながった。公的金融機関や公企業に対する政・官の統制は相変わらず自由な天下りなどを通じて維持され，やがて公企業は莫大な赤字を計上して潜在的に政府財政を圧迫し，株主からの強い圧力にも晒されるよ

うになった。ウォン安誘導には米国から強い懸念が何度も示され，他方で一部の労組要求などを通じて正規職の賃金は上昇を続け，非正規職の増大と格差を生んだ。

　2012年に登場した朴槿恵政権は「経済民主化」を掲げ，前政権の集中支援をめぐる政府－大企業間の癒着関係を見直そうとした。しかしながら，「財閥」への経済力集中は一層高まり，大きく，様々な支援見直しは成長率鈍化に直結する。さらに上位「財閥」が特定地域を選んで中小企業による産業クラスターを作る「創造経済」はすぐには大きな成果を挙げられないまま，2016年の朴槿恵大統領弾劾危機になだれ込んだ。政治危機加速の1つはサムスングループ内の企業合併をめぐる大統領府の介入とそれに対する不透明な資金提供の代価性にあり，癒着関係の根深さを実証することとなった。実は企業合併問題は経営者一族と合併に反対する外国人株主との対立に始まっており，対外志向型戦略の下にあっても相変わらず資本という点では排他性を残す韓国の開発レジームの根強さを示した。サムスングループは李明博政権の支援の下，携帯電話や半導体などの事業で躍進したが，「成長志向型」構造調整の下で開発レジームが温存される再度のケースとなった。

（3）　韓国におけるキャッチアップ体制

　韓国の実質経済成長率は2000〜2010年には4.4％程度あったが，2010〜15年には潜在成長率とみられる3％を割り込み，朴槿恵政権下の2012年〜2016年（2016年はIMF推計値による）では2.8％に留まった。対外志向型経済として世界貿易低迷の影響は免れないが，2012年以降は①生産性を上回る労働費用の持続的上昇，②①や中国経済の減速を受けた企業業績の悪化と債務増，③国内投資の不振，④家計債務の拡大，⑤規制改革の遅れ，など内外の要因が複雑に絡み合い，成長鈍化を招いた。

　①〜⑤はいずれも構造改革の遅れを反映し，本質的には未だ残存するキャッチアップ体制の転換が完了していないことと深く関わっている。韓国のキャッチアップ体制はこれまでみてきたとおり，①安定した為替レート，②特定産業・企業への政府集中支援，③政府の銀行統制，④労使対話のメカニズム欠落，⑤（キャッチアップ目標である）日本産業からの国内産業保護などを特徴としていた。通貨危機の折には一応，それぞれの見直しが進んだが，李明博政権はむ

しろ伝統的な体制への回帰で世界金融危機の乗りきりを図った。

　まず，①の点では通貨危機まではドルにペッグした為替制度が採られており，円高が昂進すれば割安なウォンが輸出を後押しする仕組みが存在した。通貨危機以降は資本市場の開放と共に変動相場制に移行したが，リーマンショックなど世界金融危機以降は再び短期資本規制が導入された。②，③の点では民営化されてもなお，政府が強い影響力を保持した銀行を通じた企業支援は一般的であった。通貨危機後は大企業の資金調達は急速に社債などの直接金融にシフトし，事業不振企業に対する政府系金融機関の構造調整支援を除けば政府の直接介入は後退した。しかしながら，各事業に対する政府の支援は前述のようにむしろ李明博政権の下で一層強化された。④の点では1987年の民主化達成までは労働組合活動は政治的に抑圧され，その代わりに一定の賃上げが政策的に提示される仕組みであった。民主化以降，労組活動は爆発的に活発化し，労使対話の成熟をみないままに激しい賃上げが通貨危機まで続いた。危機によって大量の大企業が解体されたため，その後は労組の組織率も急速に低下した。しかしながら，危機後の金大中政権，盧武鉉政権はそれまでの保守政権と異なる進歩政権として労働保護に熱心で，労組は次第に激しい賃上げや経営参画を要求するようになった。保守への回帰となった李明博政権は企業競争力を損なうとして労働保護には懐疑的であったが，強硬な労組には手がつけられず，結局，保護された正規労働者と非正規労働者の賃金は大きく開く結果となった。⑤の点では韓国は貿易赤字を理由に1970年代後半から間接的な対日輸入規制や日本以外への輸入先の転換指導を行っていた（「輸入先多角化品目」制度）。通貨危機に伴い，同制度は撤廃された。しかしながら2000年代に韓国は多数の２カ国間FTAを推進する一方，日韓FTA交渉の再開には相変わらず貿易赤字を端的理由として応じず，結果として輸入先多角化と同じレジームの骨格は維持された。

　李明博政権の下で①～⑤のキャッチアップ体制は変形しつつも復活し，実際に韓国は金融危機の度に円高が進行する日本へのキャッチアップを果たすことができた。通貨危機後の事業調整で選択と集中を終えた「財閥」系の大企業は造船，鉄鋼，石油化学，半導体，家電，携帯電話などあらゆる既存製造業で輸出攻勢をかけ，日本企業から市場シェアを奪っていった。日本企業の大半は研究開発の強化や先端製品への特化でこれに対処しようとしたが，オープン戦略をうまく展開できないまま，イノベーション・リスクだけを取る結果となり，

応用開発に集中して新興市場でのシェア拡大を図る韓国企業の好調は日本が2013年に金融の量的緩和による円安反転を図るまで続いた。

　しかしながら，李明博政権の無理な開発レジーム体制復活は①賃金格差や若年層失業，②家計債務の増大，③企業債務の再膨脹，④非効率な公企業の赤字拡大など副作用を残した。しかも皮肉なことに「キャッチアップの完了」によって産業構造が日本に接近し，韓国の輸出競争力は円－ウォンの為替レートの影響をさらに大きく受けることとなった。さらに日本の肩代わりをしながら市場シェアを拡大させた中国市場は成長鈍化が始まり，韓国の対日キャッチアップ過程をそのまま中国がより壮大な規模で開始したことで韓国企業は中国企業から大きな挑戦を受けることとなった。

　朴槿恵政権下での成長鈍化は以上のようなキャッチアップ型成長の構造的行き詰まりに依拠しており，それゆえに同政権はベンチャー育成など新たな成長構造を模索した。しかしながら，内政運営の失敗で労働・教育・金融・公的部門といった4大改革にはほとんど手がつけられないままで罷免された。韓国の経験は一度成功し，根づいたキャッチアップ体制を転換することの困難さを実証するものとなった。

4　おわりに――「北東アジアモデル」の課題

（1）　対中経済関係の見直し

　先発経済としてのNIEsはグローバル化が今日ほど進展しないGATT体制の下で開発に成功を収め，「北東アジアモデル」を形成してきた。このため21世紀に入ると，国際経済体制の変化に対応しなければならない部分と，国内経済が成熟期に入ったことを混在させつつ，ポスト開発主義の段階を迎えた。種々の産業政策など，「北東アジアモデル」型開発主義の特徴を色濃く共有しながらも，圧倒的な経済規模を持つ中国の台頭はNIEsの経済運営に大きな影響を与えるようになった。

　香港は中国の資本市場開放や特区設置などにより，国際金融センターとしての発展を図る上海との競合が次第に現実味を帯びた。北京に対する政治的独立性が失われ，センター機能を支える強味だった英米法による法治や透明性への懸念，内政不安もこれを荷重してきた。一方，台湾と韓国は1990年代以降，中

国の最終財を組み立てに必要な中間財を供給する垂直貿易により，中国の対外志向型発展の恩恵を長らく享受してきた。しかしながら，2000年代後半から中国の賃金上昇が本格化し，中国が最終財の高付加価値化や中間財の国産化による対応を本格化させると，中国との貿易は補完的な関係からむしろ競合的な関係へと急速に転換し始めた。スマートフォンなど電子電気産業もさることながら，とりわけ中国側に巨大国有企業が多く存在する鉄鋼や石油化学，造船，一般機械などは大きな脅威感に晒され，高付加価値化による差別化や，研究開発の推進，労働生産性向上への経営改革が急務となっている。

　巨大国内市場を持つ中国は「中国製造2025」などが示すように，モノのインターネット（IoT）やロボットなどの分野に積極投資し，製造業全般の競争力強化を図っている。国内市場とその潜在性をバックに交渉力を高めて国際ネットワークに参加し，オープン・イノベーションを推進しようとする中国に対し，台湾や韓国の対応はむしろ遅れ気味でさえある。中国はハードウェアの輸出で産業発展を遂げ，国際競争に晒される製造業と国内中心で開放の遅れたサービス業との間で労働生産性が拡大するところまではNIEsと似た経路を辿ってきた。しかしながら，サービス産業については様々なシェアリング・エコノミーや，フィンテック，ビッグデータを用いたサービスなど，先端分野を含めて様々な規制緩和の実験や競争を実現し得る内需市場，そして豊富な技術系人材を擁する中国と，こうした環境に乏しいNIEsの違いは大きい。台湾や韓国では生産性向上とイノベーション主体の先進型の成長をどう実現し，中国との新たな差別化を実現し，分業関係を再構築するか，が大きな焦点となりつつある。

（2）　イノベーションの推進

　台湾や韓国では1980年代から研究開発団地の開発や，産官学によるハイテク産業育成が図られてきた。とりわけ2000年代以降はIT化に対応し，電子デバイスや通信技術を中心に，シリコンバレーの影響を受けたイノベーション・システム構築が推進されてきた。産業組織上，中小企業の多い台湾は電子デバイスなどで柔軟な生産が可能な先端産業クラスター形成を急ぎ，他方，「財閥」系大企業が主体の韓国では政府の研究開発助支援を受けながら半導体や液晶に代表される大量生産型産業で世界シェアを構築することが志向されてきた。

　OECD統計によれば対GDP比でみた研究開発支出では韓国が2014年に4.1％

で日本を抜いて世界トップに立っており，台湾も3.0％と米独仏を凌駕する水準に達した（中国は2.0％）。従業員1,000名あたりの研究開発従事者でも台湾や韓国はフィンランドやイスラエルなどと並ぶトップ集団であり，論文の引用数や，米国など主要国における特許出願でも2000年代以降は上位を占めるようになっている。

　ただし，技術導入に依存したキャッチアップ体制からの脱却はそう容易ではない。まず，企業側の要因としては，製品やサービスそのものを創造するイノベーションより，応用イノベーションや，プロセス・イノベーションに集中してリスクを回避し，手っ取り早く利益を追求しがちな姿勢がしばしば指摘される。また共に比較優位に基づいた輸出で成長し，内需をめぐって協調した経験に乏しいことから，韓国・台湾とも産業組織に違いはあっても，大企業−中小企業間の連携に問題を抱える。韓国は朴槿恵政権の下でこの連携を強化する「創造経済」[7]でイノベーション体制を刷新しようとしたが，十分な成果を挙げられずに終わった。政府は連携強化を指導するものの，かつての産業政策のような大きなレントを示せず，他方で「財閥」側も政治的な政策の持続性に大きな期待を持たなくなっており，政府と「財閥」の関係は変わりつつある。一方，台湾では当局の役割はイノベーションのインフラ整備に留まり，中小企業も大企業との協業は進まなかった。

　イノベーション体制は急速に整備されたが，研究費や従事者数は韓国でさえ米国や中国はもちろん，他の主要国にも遠く及ばない。これを補うにはかつての対外志向型戦略がそうであったように，イノベーション体制をより開放的なものにする必要がある。さまざま投資ファンドを受け入れたり，共同開発に参加したり，優れた外国人人材の集積を図るなどである。しかし台湾には国際的孤立というハンディがあり，韓国は大学や政府系研究所のみならず，「財閥」経営の閉鎖性や組織的硬直性が誘致した人材定着の要因として指摘されている。

　もう1つの点はイノベーション推進の効率化である。国立大学や研究所はようやく，組織改革が進み，共同研究や，技術移機関（TLO）を通じた産学連携に熱心に取り組むようになった。しかしながら，産学間の人材交流や規制緩和のあり方，知財制度など連携活性化やベンチャー生態系形成がうまく進んでいるとはいえない。韓国では政府の研究開発支援は拡大したが，華々しい成果を短期に求め，支援内容を短いサイクルで転換する政治や行政の予算管理により，

長期にわたる地道な研究が困難，といった問題点が顕在化した。また，規制という面では「財閥」肥大を防ぐための規制の存在がベンチャー市場の規制緩和を阻害する面も大きくなっている。キャッチアップ時代の駆動力であった「財閥」の存在は現在ではイノベーションの制約要因ともなりつつあり，産業政策の後日のコストは実に大きかった。

（3）　少子高齢化への対応

　NIEsのもう1つの課題は急速な少子高齢化への対応である。高齢化の方は経済発展に伴う食生活の変化，保健・医療水準の向上などによるところが大きいが，出生率の低下の要因と「北東アジアモデル」型開発政策の関係は必ずしも明らかではない。しかしながら，奇妙なことに台湾や韓国のみならず，香港・シンガポールも含めてNIEs全ての出生率は日本をも下回る世界最低水準を続けている。台湾，韓国は2016年前後から労働人口が減少に転じ，現状のまま行くと，2030年以降は世界で最も高齢化の進んだ地域となることが確実である。

　日本とは異なり，対外緊張の存在もあって，NIEsは今日に至るまで自身が移民を多く送り出しており，人口制約に対しては早期に移民を受け入れる，とする楽観論もある。実際に韓国はすでに外国人労働者が100万人に迫り，人口比率では遥かに日本を凌駕して中小企業中心に定着し，受け入れ制度の整備もむしろ日本より先行してきた。しかしながら，分断国家固有の安保問題や移民が引き起こす摩擦など，やみくもな移民取り入れは無理がある。人口動態が成長制約となることを避けるには地道な出生率反転の努力と効果的な移民政策双方が不可欠となっている。

　出生率への対処としては出産奨励金の給付や税控除，産休制度の拡充，幼児教育への補機関など政策努力は増えている。しかし政府部門はともかく，民間企業では男性を中心とした長時間労働の下で出産・育児と職業生活の両立が容易ではないことなどは日本とも共通する。他方，台湾や韓国では長期雇用への企業のコミットは乏しく，日本のように長期雇用およびそれを前提とした企業特殊なスキルの蓄積がハンディを持つ女性の社会進出を制約している，といった可能性は低い。むしろ日本以上のIT化や省力型技術へのシフトなどによって高学歴化した青年失業率が高く，希望する職場が少ないことによる就業困難

がますます教育投資の高騰との悪循環を招き，晩婚・非婚化や出産忌避との循環を起こしている可能性が高い。加えて韓国の場合には組織率は低いものの，既得権を握る労組の絶え間ない要求が結局，非正規雇用の増大による職の不安定性を招いたこと，成熟化に伴う投資機会の減少を支えてきたのが唯一，不動産市場で，住宅費の高騰が出生率低下に拍車をかけていることなどが背景にあり，問題が構造化している。

　一方，高齢者についてみると，「北東アジアモデル」では長らく開発主義の時代が続き，年金や医療といった社会制度整備が本格化した時期はいずれも1990年代になってからであった。このため現在の高齢者には十分な受給資格を持つ者は少なく，皆年金となっても退職後の長い生活を年金だけで維持することは事実上，困難である。かつては退職後の時間は限られており，伝統的な家族に依存することが可能であったが，社会意識の変化とともに依存は容易でなくなってきている。NIEsの高齢者はこれまでは何らかの形で退職後も勤労を続けることで何とか維持を図ってきたが，高齢者の増大や，さらに長寿化が進むことで社会の負担増は避けられない。韓国ではすでに年金制度の維持が困難となって公務員年金の切り下げなどが行われたが，それでも年金・医療はすでに最大の財政支出項目である。開発主義時代の財政は均衡主義によっており，先進国に比べればNIEsの財政はまだ健全性を残している。しかし今後は高齢化が財政制約要因となることは確実で，どの程度の負担で，どの程度の福祉社会を実現するか，国民合意の形成が急がれる。

（4）　地域経済統合の加速

　技術の導入期が長く，台湾・韓国とも基礎研究からの大きな技術ストックが相対的に不十分なまま，人口制約が始まった，とすると，競争力を失った産業を調整し，経営資源を再配分する努力は欠かせない。自由貿易協定（FTA）などによる経済統合はこの点に大きな意味があった。しかしながら，長らく対外志向型戦略を採ってきたため，政策的関心は相手国・地域市場の開放による輸出増に偏重しがちだった。特に韓国は積極的な自由貿易協定（FTA）政策を推進した結果，東アジアで唯一，米国・EU・中国の3大経済圏とFTAを持つ国となった。しかしながら，すでに2010年以降のNIEsは賃金水準が高く，経常収支黒字が定着して通貨高に傾斜しがちなこともあって，かつてのように競争

の激しいハードの製造業輸出だけでの成長は現実性に乏しい。相対的に改善の遅れているサービス業の近代化を促進しつつ内需を一定水準に維持し，他方でさまざまなイノベーションを推進することが急がれている。この点で特に韓国の関税中心の二国間FTAは変容した成長戦略の課題との接点がズレており，本来であれば，自由化水準と包括性が高く，広域的なサプライチェーンを統一ルールでカバーし，知財保護や国営企業をめぐる規定などを盛り込んだ，環太平洋経済連携協定（TPP）のようなプルリ協定に参加することが望ましかった。

　しかしながら，政府の念頭にあったのは相変わらずFTA締結で日本に先んじ，有利な輸出環境を確保することで，観光やフィンテックなど新たなサービス業で日本を市場もしくは技術協力のパートナーとして捉える発想はなかった。

　サービス業は人の往来によって消費されることが多く，生活様式における近接性や人の移動の容易さが需要喚起に大きな意味を持つ。この点で近隣市場との統合の意味は大きいが，キャッチアップ時代の発想から転換が進まない限り，経済パートナーとしての日本を肯定的に位置づけることはできない。対照的に中国市場への期待は著しく大きかったが，中韓FTAの開放水準は低く，自動車部品や化学品など韓国の期待の品目はほとんどが例外となるか，中国のキャッチアップが完了するとみられる10年以上の期間をかけた開放に過ぎなかった。サービス産業の開放水準はさらに低く，韓国のコンテンツ輸出などについても必ずしも法律によらない様々な規制が加えられた。

　一方，台湾は外交的なハンディによるFTA締結が進まず，馬英九政権はむしろ中国と中台経済協力枠組協（ECFA）を締結して状況を打破しようとした。しかしながらECFAを通じた中国の市場開放は中韓FTAと比較してもさらに限定的で，経済的効果を実感できないままむしろ対中感情は悪化し，独立志向が高いといわれる民進党（蔡英文政権）への政権交代を招いた。また，台湾とは対照的に，中国は2004年に成立した香港との経済・貿易関係緊密化協定（CEPA）ではサービス業で香港に立地した外資に中国市場をかなり広範に開放するなど，香港経済の取り込みを積極的に進めてきた。しかしながら金融や不動産，ビジネスサービスといった香港のサービス業は前述したような立地優位を次第に失い，中国自身が経済のサービス化を急ぐなかでは，今後は香港の位置づけに変化が生じる可能性も排除できない。

　対外志向型をとりながらも，実はさまざまな産業政策を通じて地場企業の育

成に注力する「北東アジアモデル」は中国に継承されており，近年の中国は独自ブランド育成や技術集約産業へのシフトという名目の下で外資への情報開示要求を増やすなど，むしろかつてほど外資の取り入れに全面的に積極的とは言い難い面が浮上している。過剰債務や過剰設備投資の構造調整が不可避となった中国はさらなる対外開放や競争圧力をテコに調整を進めるよりも，より調整の政治的の困難さを意識するようになっている。日韓中のFTA交渉やその枠組み段階で合意できず，交渉は遅滞しており，ASEANやインド，豪州・ニュージーランドを含む包括的経済連携交渉（RCEP）もまた，日韓中間の経済統合の困難さが障害になっている面が否めない。「北東アジアモデル」を強く特徴づける，産業政策を通じたキャッチアップの経験はよりグローバル化が進んだ現在ではそのものが修正される必要があるが，韓国の例が示すように成功体験に基づく政策レジームの転換は容易ではない。対外志向型戦略の成功例と賞賛されてきたNIEsは現在ではむしろ成功体験が国内改革を阻害する面がある。今後はグローバル化の変容に即した成長戦略と，「北東アジアモデル」を維持する中国との経済統合を結びつけることが大きな課題といえる。

■　■　■

●注────────
（1）　例えば初期条件を重視した，いわゆる「資源の呪い」（資源を持つ国はむしろ発展が遅れるとする）に対しても，近年では資源収入によって改革インセンティブが削がれ，徴税を担う官僚機構など制度整備が遅れることに着目した議論（Harford and Klein, 2005など）がなされるようになった。しかし，何でも制度に結びつけてほかを無視する傾向については初期条件・政策・制度間の因果関係や内生関係の曖昧さを理由にトートロジーのレベルでしかない（Sachs, 2003）といった批判がある。

（2）　中国については呉（2007）など市場移行をめぐる制度分析への関心が多いが，中兼（2012）はルイス・モデルなど構造論や雁行形態型の国際分業など，初期条件や政策転換と中国の経済発展の間により多くの関係を見出している。

（3）　2000年代に入り教科書の指導内容や，選挙制度をめぐってむしろ軋轢は増し，2014年には激しい学生デモが発生した。

（4）　輸出収入をもたらす天然資源不在のみならず，韓国では米国からの砂糖，小麦

　　など食糧援助の先細りがこれを基盤とした輸入代替の行き詰まりにつながった。

（5）　ほかのNIEsはOECDに加盟しておらず，中国などの新興ドナーはむしろ援助の
　　　原則を定めるDACを束縛要因とみて，経済的実利を優先しがちである。

（6）　典型的な例として輸出企業に安価な電力供給を図る韓国電力に対しては，株主
　　　による集団訴訟集団訴訟が提起された。

（7）　大企業がそれぞれ全国に分散したイノベーション拠点を作り，中小企業との連
　　　携によってクラスターを形成するよう，政府が支援する試みが中核である。

●参考文献

青木昌彦・金瀅基・奥野（藤原）正寛編（1997）『東アジアの経済発展と政府の役割
　　　──比較制度分析アプローチ』日本経済新聞社。

池間誠編（2009）『国際経済の新構図──雁行型経済発展の視点から』文眞堂。

岩崎育夫（2000）『現代アジア政治経済学入門』東洋経済新報社。

今岡日出紀,・大野幸一・横山久（1985）『中進国の工業発展──複線型成長の論理と
　　　実証』アジア経済研究所。

大西裕（2005）『韓国経済の政治分析──大統領の政策選択』有斐閣。

ガーシェンクロン，A（2016）『経済後進性の史的展望』池田美智子訳，日本経済評
　　　論社（Gerschenkron, A.(1952) *Economic Backwardness in Historical Perspec-
　　　tive*, Bobbs-Merrill）。

呉敬漣（2007）『現代中国の経済改革』（叢書「制度を考える」），NTT出版。

司空壱（1994）『韓国経済新時代の構図』渡辺利夫・宇山博訳，東洋経済新報社。

末廣昭（2000）『キャッチアップ型工業化論──アジア経済の軌跡と展望』名古屋大
　　　学出版会。

谷浦孝雄（1989）『韓国の工業化と開発体制』アジア経済研究所。

片山裕・大西裕（2010）『アジアの政治経済・入門』有斐閣。

グラボウスキー，R・セルフ，S・シールズ，M・P（2008）『経済発展の政治経済
　　　学──地域・制度・歴史からのアプローチ』山本一巳他訳，日本評論社。

中兼和津次（2012）『開発経済学と現代中国』名古屋大学出版会。

深川由起子（2015）「韓国──開発経験とODA戦略」黒崎卓・大塚啓次郎編『これか
　　　らの日本の国際協力──ビッグ・ドナーからスマート・ドナーへ』日本評論社。

────（1997）『韓国先進国経済論』日本経済新聞社。

────（1992）「韓国の産業政策と「財閥」」牧戸孝郎編『岐路に立つ韓国企業経営
　　　──新たな国際競争力の強化を求めて』名古屋大学出版会。

渡辺利夫（1982）『現代韓国経済分析──開発経済学と現代アジア』勁草書房。

────・金昌男（1996）『韓国経済発展論』勁草書房。

Aoki M., Kim H-K., and Okuno-Fujiwara M., eds., *The Role of Government in East Asian Economic Development Comparative Institutional Analysis*, Clarendon Press: Oxford : 163-207.

Acemoglu, D. and J. A. Robinson (2012), *Why Nations Fail: The Origins of Power, Prosperity and Poverty*, Crown Business.

――――, S. Johnson and J. A. Robinson (2001), "The Colonial Origins of Comparative Development: An Empirical Investigation," *The American Economic Review*, Vol. 91, No. 5 (Dec., 2001): 1369-1401.

Amsden, A. (1989), *Asia's Next Giant: South Korea and Late Industrialization*, Oxford University Press.

Balassa, B. (1988), "The Lessons of East Asian Development: An Overview," Economic Development and Cultural Change 36, No. S3, The University of Chicago Press, Apr.

Dollar, D. (1992), "Outward-Oriented Developing Economies Really Do Grow More Rapidly: Evidence from 95 LDCs, 1976-85," *Economic Development and Cultural Change: 523-544.*

Im, F. Gabriel and Rosenblatt, D (2013), "Middle-Income Traps: A Conceptual and Emperical Survey" Policy Research Working Paper No.6594, Word Bank.

Krueger, A O. (1979), *The Developmental Role of the Foreign Sector and Aid*, Harvard University Asia Center.

Harford, T. and M. Klein (2005), "Aid and the Resource Curse: How Can Aid Be Designed to Preserve Institutions?", No. 11223, World Bank Other Operational Studies from The World Bank. (http://documents.worldbank.org/curated/en-/714171468765329160/pdf/328400PAPER0vp291Harford1Klein.pdf)

Hellmann, T., K. Murdock and J. Stiglitz (1997), "Financial Restraint: Towards a New Paradigm," in M. Aoki, H-K. Kim and M. Okuno-Fujiwara, eds., *The Role of Government in East Asian Economic Development Comparative Institutional Analysis*, Clarendon Press: Oxford: 163-207.

Rodrik, D., A. Subramanian, and F. Trebbi (2002), "Institutions Rule: The Primacy of Institutions over Geography and Integration in Economic Development," NBER Working Paper No. 9305.

Rodorik, D. and Rorodiguez (2001), "Trade Policy and Economic Growth: A Skeptic's Guide to the Cross-National Evidence" in B. S. Bernanke and K. Rogoff eds., *NBER Macroeconomics Annual* 2000, Vol. 15, MIT Press.

Sachs, J. D. (2003), "Institutions Don't Rule: Direct Effects of Geography on Per

Capita Income", NBER Working Paper No. 9490.

Wade, R. (1990), *Governing The Market: Economic Theory And The Role Of Government In East Asian Industrialization*, Princeton University Press.

Westphal, L. (1978), "The Republic of Korea's experience with export-led industrial development," Reprint Series No. 54 (World Development 6), World Bank.

World Bank (1993), "The East Asian Miracle: Economic Growth and Public Policy", Oxford University Press.

World Bank (1997), *World Development Report: The State in a Changing World*, World Bank.

（深川由起子）

第9章
東南アジア経済
——ASEAN 4 カ国の成長経路——

　タイ，マレーシア，インドネシア，フィリピンのASEAN主要 4 カ国の経済にはそれぞれに特徴があるが，東南アジア経済として共通の性格を整理することもできる。相対的に豊かな天然資源と農業資源の賦与，数次にわたる国際経済環境の激変からの影響，時期が前後しながらも次第に輸出工業化に収斂していく工業化戦略などである。一方で，経済発展の過程でそれぞれの植民地期の遺制の克服が深刻な課題でありつづけ，それが各国の社会経済システムの設計や開発戦略の選択の違いを形作ってきた。

　4 カ国は50年代には独立と建国のなかで植民地型経済からの脱却に努め，60〜70年代には開発体制下の強い政府のもとで次第に輸入代替から輸出志向工業化へ舵を切っていく。80年前後に第二次オイルショックによるマクロ経済の不安定化を経験した後に，プラザ合意後の国際経済環境の変化を捉えて，直接投資を活用した輸出工業化に成功する。その後1997年のアジア金融危機とその回復過程のなかで，経常黒字と貯蓄超過のもとでの安定したマクロ経済が実現する。

　2010年代に入って 4 カ国の経済は，やはり共通した課題に直面している。1 つは，外資誘致型の工業化の限界であり，東南アジアの賦与条件を活かした経済の革新と成長をどのように創造していくかという問題である。もう 1 つは，「中進国」に至る国もあるなかで急速に重要になりつつある社会保障などの再分配の制度をどのように設計するか，という問題である。

1　はじめに——東南アジアという地域

　東南アジアをASEAN加盟国の10カ国で定義すると，2014年末時点で，その総人口は約10億人，地域の名目GDPの総額は日本と韓国のそれぞれ約54％，176％という水準である。地域内での格差が大きく，1 人あたりGDPは米ドルベースの2005年実質値換算で，シンガポールが日本とほぼ同等の37,500ドルと

群を抜き，ブルネイが25,100ドルと続く。人口規模の大きな国ではマレーシアが7,300ドル，タイがそのおおよそ半分で中国と同等の3,400ドルで，そのさらに半分から3分の1程度の水準にインドネシア（1,800ドル），フィリピン（1,580ドル），ベトナム（1,030ドル）が位置する。2000年代になって本格的な成長をはじめたインドシナ諸国は，それらよりもぐっと貧しい。[(2)]

　本章では，このような東南アジアの経済の戦後における変容・発展の特徴を，タイ，マレーシア，インドネシア，フィリピンの先行ASEANの4カ国にもとめて整理してみたい。東南アジアの経済発展の歩みは，韓国，台湾などの北東アジア諸国の経済発展とは決定的な違いがある。第一は，初期条件として天然資源の豊かさを基礎とする農業部門と鉱産物輸出の役割の大きさである。東南アジアの多くの国では農業の高い潜在力と19世紀から植民地体制下の貿易構造に対応した農業開発，さらには鉱産物資源の豊富さが初期条件として存したことから，一次産品輸出は経済成長の過程で一定の役割を果たし，特に戦後の初期の段階では圧倒的な比重を占めた。工業化が進む時期にも，国によっては石油・天然ガス・石炭などのエネルギー資源の輸出が一定の比重を維持してきたし，21世紀に入ってもオイルパームやゴムといった農業部門での新しい革新が経済成長の一角を占めている。

　第二は，工業化の世代と技術進歩の過程である。1980年代半ばに本格化する工業化は，第5世代の工業化と呼ばれるように，先進国からの直接投資が主要な役割を果たしている。直接投資が一定の役割を果たしつつも，政策金融を含む間接金融や地場資本が主導権を保持する形で外資の導入が進んだ韓国・台湾の工業化とは大きく性格が異なり，このことが現在の東南アジア経済に特有の共通構造を形作ってきた。

　本章では，そのような東南アジアの経済発展の特徴を念頭に置きつつ4カ国の経済発展の過程を跡づける。それによって，一見多様にみえる各国の経済発展経路に，核となる東南アジアの共通構造があることを考えたい。本章の構成は以下の通りである。第2節では，成長率の長期趨勢を確認する。第3節では，戦後の国民国家形成から1970年代までの経済発展の経緯を鳥瞰する。第4節では70年代末の第二次オイルショックと85年プラザ合意という国際経済環境の激変が東南アジア経済に及ぼした経緯をみる。第5節では，1997年の東南アジアが経験したアジア金融危機とその後の2000年代の回復過程を跡づける。第6節

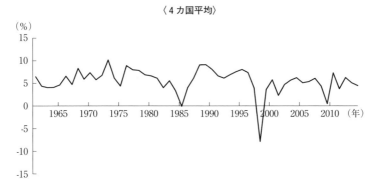

〈4カ国平均〉

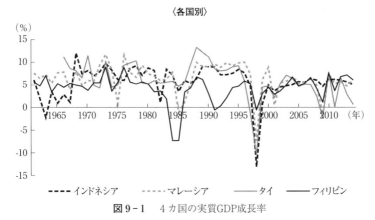

〈各国別〉

----インドネシア　　……マレーシア　　――タイ　　――フィリピン

図 9-1　4カ国の実質GDP成長率

出所：ADB, Key Indicators.

は，2010年代に入って明らかになってきた東南アジア経済の新しい課題を指摘してまとめとする。

2　東南アジア4カ国の成長の軌跡

　最初に，戦後成長を鳥瞰的に眺めてみよう。**図 9-1**は，4カ国の戦後の実質成長率の1960年代以降の推移をまとめたものである。[3]中進国までのキャッチアップを果たした現在から振り返ってみると1960年から2014年までの55年の平均で年6.4％の成長率を実現するという相当に高いパフォーマンスが示されている。「停滞のアジア」の一部とみられていた70年代以前にも成長率は実はそ

れなりに高かったことがわかる。

　勿論，このあいだ成長には様々な段階とサイクルがある。成長率が特に高い時期は各国で政権の正統性の基盤を経済成長におく開発体制が確立した60年代半ばから70年代半ばの時期と，ドル安誘導のプラザ合意の結果この地域への直接投資が急速に拡大する80年代半ばから96年までの時期である。成長率が激しく落ち込むのは第二次オイルショックを主因として各国が深刻なマクロ経済の不安定化に陥る80年代前半，アジア金融危機の1997〜98年，および世界金融危機の2009年である。開発体制のもとでの成長の矛盾が顕在化した70年代半ばにも相対的な景気後退がみられる。

　東南アジアでは国ごとの経済の多様性がしばしば指摘されるところであるが，このように成長率を鳥瞰すると成長の長期傾向は意外なほど似通っており，程度の差はあれ，好景気と景気後退の波はほぼ同期していることがわかる。このことは各国が共通した国際経済環境変化を受けてきたことを意味している。ただ1点，フィリピンのみ80年代前半の景気後退の落ち込みが激しく，80年代半ば以降の輸出工業化への転換に決定的に乗り遅れていることが，共通傾向のはずれ値として顕著である。

　以下では，4カ国の共通要素として析出可能な大枠としての成長段階を区分し，それぞれの時期の特徴を整理してみたい。

3　国民国家の形成から輸出工業化までの歩み

（1）　植民地経済からの脱却と国民経済の形成──戦後独立〜1960年代

　東南アジア4カ国は概ね50年代半ばまでに政治的な独立を果たす。終戦から60年頃までの期間は，ナショナリズムに支えられながら，植民地的な経済構造から脱却して，国民経済を形成していく時期である。インドネシアは独立戦争ののち50年に，フィリピンは戦前期からの米国との取り決めに沿って46年に独立を達成し，マヤラではイギリス連邦の一員としてマラヤ連邦が結成された後，57年に独立した。タイでは戦後の外交処理によって敗戦国の扱いを免れつつ，戦前にあった英国の国内行政への影響力の排除に成功し，48年にはピブン政権のもとで自立的な国家運営が開始された。

　この時期の国民経済の形成の過程における経済の基調は，旧宗主国との関係

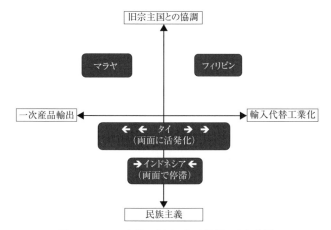

図9-2　1950年代の各国の経済体制の立ち位置

や独立の経緯に依存して，2つの軸の対照で整理することができる（**図9-2**）。第一の軸は対外的なナショナリズムの強弱と国際市場への態度である。フィリピンとマラヤは旧宗主国との協調的な関係を維持しながら，早期に海外市場へのアクセスを回復した。フィリピンではベル通商法，ラウレル・ラングレー協定（LL協定）によって米国資本に内国待遇を付与すると同時に，米国市場へのアクセスを確保し，砂糖，マニラ麻などの植民地期からの一次産品を中心に経済の回復が図られた（森澤，1993，p.68）。マラヤでは57年の独立までの期間，引き続き宗主国であったイギリス主導の開発プランによって通貨改革やゴム，錫の輸出振興が図られた。海峡植民地と植民地マラヤとの関係，植民地期の中国・インド系移民と先住マラヤ人との関係など複雑な社会構造を抱えるマラヤでは，国民国家として統合する政治主体が生まれにくく暫定的なイギリス統治が続いた。このため結果的に世界市場へのアクセスが維持され，経済問題の調整に混乱が少なかった。これに対し，タイとインドネシアでは強いナショナリズムに支えられて，経済運営に協同組合主義のイデオロギーが据えられ，国営企業を主体とする経済運営が指向された。特に，インドネシアでは植民地期からの欧米資本の接収が積極的に進められた。

　第二の軸は，工業化指向の度合いである。マラヤでは，この時期の経済の主軸の重点が一次産品輸出の回復に置かれた。イギリスの支配のもとで植民地型

のモノカルチャー経済の再建が図られ，50年代になると天然ゴムの生産性向上のための補助金政策が実施された。朝鮮戦争の特需もあってゴム輸出は急回復し，60年代まで世界最大の輸出量を維持した。また錫の生産も重視された。インドネシアでは，独立直後には消費財や工業原料の輸入代替が唱われ，輸入・価格統制が布かれた。ただ，工業化は必ずしも速やかには進行せず，またゴム・石油などの一次産品の輸出も伸び悩むという経済の停滞が，50年代から60年代前半を通じて続くことになる。その中で統制は経済活動全般に広がり，石油企業，ゴム農園などの外国資本を接収して立ち上げられた国営企業を中心とする経済運営が，強いナショナリズムを背景に強化された。

　一方，タイとフィリピンでは，輸入代替型の工業化が指向された。フィリピンでは，ベル通商法やLL協定によって米国への特恵関税と米国企業の内国待遇が認められ，40年代後半にはそのため消費財の輸入超過により外貨危機に陥った。これを克服すべく，1949年に輸入・為替の制限措置がとられ，輸入代替工業化を指向し始める。タイでは，国営企業によってマッチなどの労働集約型の消費財の国産化が試みられる。ただ一方で，東南アジア域内の食糧需要の拡大を反映して，米の輸出が増加し，地場（主に華人系）民間資本の精米業が大きな成長をみせる。その点では，一次産品輸出と輸入代替工業化との混合型であったともいえる。

　この時期は，紛争や地方反乱を交えながら現在の東南アジア諸国の領土が徐々に確定していく国民国家の形成期でもある。1957年にマヤラ連邦が独立し，63年にマレーシアが結成される過程では，統一国家（大マラヤ主義）を提唱するインドネシアとの関係が悪化し，またフィリピンも交えてボルネオ（カリマンタン）島のサバ，サラワクの領有をめぐる紛争も生じている。61年にはブルネイ反乱が生じ，この地域は結果的に独立国家として成立する。インドネシアでは1956～58年にかけてスマトラ，スラウェシなどで独立を求める反乱が頻発し，西イリアン領有をめぐってオランダとの武力衝突も起こっている。マラヤ連邦の自治州として成立したシンガポールは，人種暴動を契機に1965年にマレーシアから分離独立する。60年代半ばまでは，ほとんどの国で国民経済としての経済政策を貫徹できる状況には，まだ至っていなかったともいえる。

表9-1　開発体制下（1960～70年代）における各国の成長構造

	1950年代の特質	資源賦与の特徴	社会経済的制約	工業化の方向と成果	
				輸入代替	輸出志向
タイ	一次産品(コメ)輸出と輸入代替工業化の両立	高い一次産品(コメ)の競争力		輸出志向工業化への段階的で順調な移行	
マレーシア	一次産品(ゴム・錫)輸出による成長		民族間の協調の必要性		一足飛びの輸出志向工業化
インドネシア	一次産品(原油)・輸入代替両面の行き詰まり	石油資源の存在と依存の強まり		補助金による輸入代替への拘泥・ハイコスト化	
フィリピン	一次産品(砂糖)輸出と輸入代替工業化の進行		農村エリート(オリガーキ)との妥協	輸入代替からの脱却の失敗	

（2）　開発体制の確立と経済成長の開始——1960～70年代

　1960年代半ばから70年代にかけて，東南アジアの経済体制は大きく転換する。強い統制志向のもとで発展戦略をとったタイやインドネシアでは50年代後半に入るとその戦略に行き詰まりが見え始める。タイでは57年のクーデターを契機にサリット，プラパート，タノムがバトンをつなぐ形で，インドネシアでは65年のインドネシア・クーデター後のスハルトによる，軍事政権が誕生した。フィリピンでは米国企業の存在を許容しながら進められた輸入代替工業化戦略は60年代初めには行き詰まりをみせ，70年代末のLL協定失効への対応も急務となるなかで，65年に産業家の支持のもとでマルコス政権が成立し，72年には戒厳令を布いて強い指導権限を獲得する。57年のマラヤ連邦独立から民族紛争や領土問題に翻弄されてきたマレーシアでも，65年のシンガポール分離後は，ラーマン政権は政策の主導権を掌握する。

　成立時期に多少のばらつきはあるものの，これらの政権はそれぞれに経済開発をイデオロギーの基盤として，強いリーダシップを発揮しながら経済発展計画を主導し，その結果，東南アジアの経済成長は新しい段階に入る。一次産品輸出から輸入代替工業化への緩やかな移行を経験した50年代に対して，この時期の経済発展は，輸出志向工業化への脱皮が課題であり，それにむけての取り組みによって，60～70年代にはかなり高い成長率を実現してきた（1965～79年平均で6.8%（単純平均）図9-1の数値に基づく。以下同様）。

　4カ国の政治体制と経済発展戦略は，現在に至るまでそれぞれの農業部門や資源賦与，あるいはより広く社会経済の構造的特徴に反映された制約を強く受けているが，この時期はそれぞれの原型が形作られた時期であるともいえる。そして，経済成長の成果には，70年代末の段階で，輸出志向工業化の移行をある程度成し遂げたタイ，マレーシアと，輸入代替工業化の中で行き詰まるフィリピン，インドネシアの間で大きな差が現れることになった（**表9-1**）。

　タイでは，57年に新体制が発足すると，1959年に国家経済開発庁（NEDB，のちに国家経済社会開発委員会，NESDB）と投資委員会（BOI）が設置され，3年程度毎の総合開発計画のもとに，インフラ建設と国内民間資本による輸入代替を基調とする産業育成が進められる。60年には「産業投資奨励法」によって製造業部門の外資の誘致を始められる。1970年代初めには，この枠組みのもとで，軽工業の輸出を志向した工業化に政策を転換する(4)（池本，2001）。高い米の輸出競争力をもつタイでは，米輸出への課税（ライス・プレミアム制度）が導入され，これが工業化の重要な原資として活用されるなど，安定的な農業部門が工業化の基盤となってきたことが1つの特徴である（プラチューム・チョムチャイ，1975）。

　マレーシアでは，早くも1958年に「創始産業条例」が制定され，比較的緩やかな保護関税のもとで主に製造業部門を対象とした海外投資の誘致に乗り出した。60年代以降，海外投資法制は幾度も改訂され，輸出特区（SEZ）への輸出製造業の誘致と育成が重視されるようになる。マレーシアでは，60年代に輸入代替型の工業化戦略も緩やかに導入されたが，それにはさほど実効性がなく，50年代までの一次産品輸出の振興からいきなり輸出工業化戦略に転換していることが特徴的として指摘できる。

　マレーシアにはその成り立ちとつながる形で，多民族複合社会への配慮という政策上の優先課題があった。これは50年代のラーマン政権の最大の不安定要因となり，ついには65年のシンガポール分離までつながってもいく。マレーシア成立後も，ラーマン政権はマレー人を中核としつつも華人系・インド系住民の政治勢力のバランスの上で成り立っていた。60年代の輸入代替政策はそのような環境のなかで，非農業部門で優位に立つ非マレー系住民と，農業部門に立脚するマレー系住民との経済格差の広がりを抑制する必要性から，控えめにならざるを得なかった（鳥居，2001）。

　71年にラザク政権のもとで新経済政策（NEP）が採られると，経済開発において2種類のナショナリズムの要素が前面に出るようになる。第一は，植民地の遺制の克服をめざす国民国家としてのナショナリズムである。そのナショナリズムのもとでプランテーションや鉱業部門の欧米系外資の買収・接収が進められ，またこの過程で，政府により公企業が数多く設立された。第二は，華人系・インド系住民に対するマレー系住民の民族主義であり，相対的に不利な立場にあるマレー人の経済環境の改善を優先する，いわゆる「ブミプトラ優先政策」として具体化される。この政策のもとで，比較的体系的な社会保障制度，つまり強制貯蓄の制度が導入され，公的基金が公企業の株主（ブミプトラ株主）を形成し，それによって所有面での民族間格差の是正が図られる。このように独特な形で，マレーシアでは政府所有の比重の高い経済システムが形成される。

　60年代から70年代にかけて輸出志向工業化にむけた転換に成功したタイ，マレーシアに対して，同じ時期のインドネシアでは，50年代に不完全だった輸入代替工業化にそのまま拘泥して，競争力のない（高コストな）製造業部門が形成されてしまう。スハルト政権の初期には製造業部門への外資の導入による輸入代替化政策が進められ，70年代は年平均7.8％という比較的高い成長率を達成した。しかし，73年の第一次オイルショック以降，インドネシア経済は石油輸出への依存を急速に強めていく。輸出に占める原油輸出の比率は73年でも50％であったものが，81年には82％に，財政収入に占める石油収入は73年に30％であったものが，81年には62％にも至っている（長田，2001）。このような石油輸出の収入に依存して，政府は国営企業や華人系企業が担う輸入代替部門への保護・補助金を手厚くした。この結果，製造業の各部門で非効率・高コストな構造が温存され，輸出製造業への転換に遅れをとることとなった。

　70年代の石油輸出収入の増加とその配分の効果には功罪両面がある。上のような製造業への補助金政策はこの部門の非効率化を招き，また石油収入による為替レートの増価は，製造業のみならずゴム，コーヒーなどの伝統的な一次産品の輸出競争力の阻害要素ともなった（オランダ病）。ただし一方で，石油収入による教育，農業，インフラへの投資については一定の成果があったとみることもできる。特に農業部門では，「緑の革命」の導入の原資となり，80年代には米の自給が達成された。

　フィリピンでは，インドネシアとは異なる環境のもとで，結果として輸入代

替工業化がいっそう強化される。LL協定によって米国企業を許容したまま進められた輸入代替化政策が早い時期から行き詰まりをみせるなかで，65年に登場したマルコス政権は70年代末のLL協定の失効もにらみながら，外国資本の投資と輸出振興を図る。「上からの革命」とよばれる財政拡大のもとで道路，農業などへのインフラ整備や，同時期に試みられた農地改革などの改革機運もあって，60年代後半から70年代半ばにかけて，フィリピンでは高い成長率を回復した（65〜75年平均で5.2%）。

　しかしその一方で，中間財，資本財の国内生産が依然として奨励され，そのための補助金・低利融資などの保護措置が強化されたため工業化政策としては中途半端な性格に留まった。マルコスによって主導された政策のもとで，工業化を担う新しい産業家は，大土地所有に基盤を持つ伝統的支配層（オルガーキ）に対する挑戦者ともなり，マルコス政権は両者の妥協の上に成り立っていた。中間財や資本財の保護は，政権に近い産業家（クローニー）への利益誘導としてあからさまに機能し，公的機関の私物化が進む結果となり，非効率な資源配分をもたらした。70年代後半にはこのような形の輸入代替化が行き詰まり，結果として，フィリピンでは，財政赤字と国際収支の赤字という脆弱なマクロ経済が構造化する（福井，2001）。

4　第二次オイルショック後の調整期と輸出製造業の形成
——1980〜90年代半ば

（1）　国際環境の変化と成長戦略の見直し

　1970年代末から1990年半ばまでの約15年間，4カ国では2段階の世界経済環境の変化によって経済の構造転換を迫られることとなった。1979年に始まる第二次オイルショックへの対応としてのマクロ経済調整と，85年のプラザ合意後の日本企業を中心とする製造業外資の本格進出である。各国は，2つの変化に対してさまざまに試行錯誤しながら，90年代半ばまでに直接投資のもとで輸出志向工業化が牽引する成長構造に収束していく（**表9-2**）。各国それぞれに抱える農業部門の構造的特徴，民族間格差，資源賦与環境についての国ごとの違いは依然として残るものの，4カ国は世界経済の中ではそうした相違よりも，低賃金による軽工業品の輸出国として，そして国際分業の一角を占める新世代の工業化地域として登場してくる。

表9-2　開発政策の変遷（第二次オイルショックから1990年代）

	天然資源賦与	第二次オイルショックの影響	構造調整プログラム	開発戦略：1970～80年代半ば	開発戦略：プラザ合意以降
タ　イ	非資源国	エネルギー価格の高騰	受け入れ	国営企業主導の重工業化の試みと挫折	直接投資の本格導入による輸出志向工業化
マレーシア	資源国（石油・天然ガス）	影響を制御			
インドネシア	資源国（石油・石炭）	価格下落期に財政危機	受け入れ	石油収入依存からの脱却と輸入代替工業化の推進	
フィリピン	非資源国	エネルギー価格の高騰によるインフレと輸出の低迷	受け入れ	マルコス政権後期の政治混乱と輸入代替からの転換の遅れ	

　第二次オイルショックは，資源輸出国，非資源輸出国双方に大きなマクロ経済ショックをもたらし，各国は70年代の高成長構造からの調整を余儀なくされた。タイとフィリピンは相対的に資源輸出に依存する比重が低かった。この2国では，エネルギー価格の高騰がインフレと財政悪化を招き，また82年頃からの石油ショックの収束過程では一次産品の価格低迷も成長率が低下した。石油輸出に大きく依存するインドネシアでは，石油価格の高騰でさらに石油依存を強めた後，価格低迷期にきわめて深刻なマクロ経済ショック（財政悪化とインフレ）に直面した。天然ガスなどの輸出と輸出製造業のバランスの中でショックを安定的に乗り切ったマレーシアを例外として，3カ国では，世界銀行の構造調整融資を受けながらマクロ経済構造の調整に取り組むことになる。

　1985年のプラザ合意後のドル安・円高誘導は，日・米・欧先進国の国際金融と貿易構造に大きな変化をもたらした。特に，日本の多国籍製造業企業は，製造・輸出拠点の海外移転を急速に進め，80年代前半に構造調整の過程で通貨の対ドル切り下げを進めていた東南アジア各国がその受け皿となった。すでに輸出志向工業化の施策を一定程度すすめていたタイ，マレーシアではこのような形での成長戦略が明確となり，それに次いでインドネシアが同様の政策に転換した。ただ，レントシーキングが蔓延したマルコス政権から「人民の力革命」によって86年のアキノ政権に至る政治混乱のなかにあったフィリピンでは，こうした方向への成長戦略の転換は90年代初めまで遅れ，その間成長率の低迷が続いた。

　なお，1970年代にすでに一定程度の工業化を果たしていたタイとマレーシアでは，80年代の前半にはそれぞれに政府主導の輸入代替型の重工業化が試みられる。タイではシャム湾で発見された天然ガスを利用した石油化学工業が，マレーシアでは国産車生産を目指した自動車産業がそれである。これらは80年代には一定程度の発展を見せるが，プラザ合意後の環境変化によって，開発政策の前面から後退した。

　以下，この時期に各国が経験した推移をそれぞれに要約しよう。

（2）　各国の対応と成長経路の違い

①　タイ

　タイでは，79年のオイルショックは，石油価格の高騰によるインフレと国際収支の悪化として直接的に現れた。大手金融会社が破綻し，商業銀行の経営不安と株価の暴落が生じるなど金融不安も発生した。マクロ経済の不安定化を克服するために，82年には世界銀行の構造調整融資を受けて財政支出を抑制し，また81年と84年に通貨の切り下げを行って輸出の拡大を図るが，対外債務の拡大は止まらず80年代前半は危機的な経済環境に陥った。好調な成長をみせていた70年代後半には，タイは重工業の輸入代替に乗り出し，シャム湾で開発された天然ガスをもとに政府主導の石油化学工業の振興を図っていた。その目的のために国営企業（タイ石油化学公社：PPT）を設立し，借款によって東南部（Eastern Seaboard）の大規模な港湾・工業用地のインフラ開発を進めていた。オイルショックによる経済の変調は，大規模な借款を伴う重工業の輸入代替による開発戦略を決定的に行き詰まらせる。

　タイ経済は，85年プラザ合意以降の日本からの直接投資の急増のもとで，食品，繊維などの輸出によって回復し，その後多国籍企業による電機，自動車などの重工業品の生産拠点として形成が進む。この85年以降の回復過程では，開発戦略は外資の直接投資を中心に民間資本による工業化に，再び大きく転換されることになる。好調な景気回復のなかで，90年代になると金融部門や資本移動の自由化が進められ，拡張的な金融政策のなかで国内消費も拡大し，90年代半ばにはバブル的な景気過熱の状況を呈するに至る。

② インドネシア

インドネシアでは，第二次オイルショックの悪影響は81年に入って石油価格が軟化する局面で現れた。70年代初頭の第一次オイルショック以降，輸出と財政収支を石油輸出に著しく依存していたため，石油収入の減収は貿易赤字の拡大と財政収入の減少を招き，深刻な国際収支危機に陥った。タイと同様に83年には世界銀行の構造調整融資を受け，80年代には経済構造の根本的な改革が進められる。石油収入に代わる安定的財源の確保のために付加価値税が導入され，為替レートが切り下げられ（83年，29％減価），また広汎な金融・資本自由化が進められた。為替レートの切り下げは，同時に進む海外投資法制の整備とあわせて，発展戦略として輸入代替政策から決別し，輸出製造業を基礎とする工業化にシフトすることを意味していた。プラザ合意後の直接投資の増加の追い風を受けて89年頃には高成長を回復し，90年代前半にはタイに類似したバブル的な景気過熱の様相を呈するようになる。

③ フィリピン

フィリピンが受けた海外経済環境変化の影響は，タイ・インドネシアと同種類のものであったが，その対応としての経済構造調整と工業化戦略の転換の過程は，レントをもつ伝統的エリート層と輸入代替業者の双方の抵抗の中で速やかには進まず，また深刻な政治混乱が生じて，経済成長はほかの3カ国と比べて明らかに周回遅れとなっていく。第二次オイルショックの影響は，タイと同様に直接的にはインフレと国際収支の悪化として現れた。早くも80年には世銀・IMFの構造調整プログラムを受け入れ，為替レートの切り下げ，財政支出の圧縮を試みるが，輸入代替部門の抵抗とインフレの更新によって実効為替レートはむしろ切り上り気味で推移し，また財政収支の改善も議会の抵抗によって進まなかった。こうした状況のなかで急速な資本流出が発生し，83年には債務返済のモラトリアムを宣言する事態に至る。結局，対外債務の繰り延べが妥結した84年からIMFの強い監視の下で，構造調整に挑むことになり，84〜85年には成長率がマイナスに落ち込むほどの景気後退を経験する。

マルコス政権後期の政治混乱は，これらの経済困難と同時進行している。83年にマルコスの批判者だったベニグノ・アキノ上院議員の暗殺事件が起き，85年にはコラソン・アキノを担いだ大規模な市民運動の広がりのもとで，翌年2

月には政変により政権は倒れる。しかし，国際的同情の好条件のもとで改革が始まった86年からのアキノ政権でも，構造調整は遅々として進まなかった。政権はマルコス・クローニーの不正蓄財を追求する一方で，輸入代替化から輸出志向の工業化への転換はアキノ自身が属する伝統的エリート層の発言力が増した議会の抵抗によって，不十分なものに留まった。また，市民運動を背景に大規模インフラ開発(5)に消極的だったこともあり，この時期には電力不足が深刻化した。

　工業化戦略の転換が明確に進むのは，1992年に始まるラモス政権においてである。警察官僚出身のラモスの政権下では治安の維持やインフラ開発が重視され，政府開発援助の受け入れのみならず民間資金の活用による道路，港湾，電力インフラの整備が進められた。外国投資法制の整備や輸入代替型保護関税の撤廃も議会の抵抗を抑えて進められ，93年頃からフィリピン経済は回復傾向を示し始めた。

　このように，フィリピンではほかの3カ国と比べて，第二次オイルショックがもたらした経済混乱の傷が深く，直接投資による輸出製造業を基礎とする工業化への転換が大きく遅れることになった。その結果，80年代から90年代半ばの時期の東南アジアのなかでは，例外的に低成長でこの時期を過ごすことになった。

　④　マレーシア

　この時期マレーシアは，ほかの3カ国と全く違って，第二次オイルショックの影響をうまく制御して乗り切り，世界銀行・IMFの構造調整融資も導入しなかった。マレーシアは石油・天然ガスの輸出国である一方で，70年代末にすでに直接投資による輸出工業化が一定程度進展していた。その結果，資源価格のショックに対して中立的な構造にあった。1980年代にこの混乱を回避するなかでマレーシアが直面していた政策課題は，70年代の輸出加工区への直接投資企業の誘致による輸出工業振興をふまえて，重工業部門の輸入代替をどのように進めるかという問題であった。マレーシアでは機械工業を中心に国営企業を中核としてこの課題に取り組み始める。この動きは前述した同じ時期のタイの重化学工業化の試みと類似するものである。80年に「マレーシア重工業社」が，83年には自動車の国産を目指した「プロトン社」が設立される。82年にラーマ

ン政権からマハティール政権へ移行すると，国営企業の役割を後退させて民間部門の役割をより重視する方針に微調整が図られたものの，このような政府主導の重工業部門の輸入代替は80年代半ばまで推進された。

　しかし，タイと同様に80年代半ばには，このような政府主導の工業化戦略に限界が現れ始める。84年には大きな景気後退を経験し，財政の悪化も顕在化する。80年代後半になると円高による直接投資の加速的な増加も背景に，外資の直接投資を牽引者としてそこに地場の裾野産業を連関させて成長を図る政策に転換していく。1990年代に入るとマハティールは2020年に先進国入りすることを新たな長期目標におく「国民開発政策」（NDP）を打ち出して，民間主導による成長構造へのシフトを強めていく。このようにマレーシアでも，大筋で直接投資と輸出製造業を基礎とする工業化戦略が定着していく。

　この時期の経済政策の転換の過程でも，マレー人の所得向上への配慮という「ブミプトラ優先政策」は維持されている。80年代前半の国営企業を重視した重工業化政策において重視されたのは，従来のマレー人に対する所得・資産の再分配の手段を超えて，国営企業を活用した形でのマレー人企業家・経営者の育成であった。80年代後半以降の直接投資を中心とする工業化戦略へのシフトの過程でも，こうした産業面の担い手におけるマレー人企業家の育成は重視され続けられた。

5　アジア金融危機と回復過程の構造変化——1997〜2000年代

（1）　金融環境の変化とアジア金融危機

　1980年代後半の直接投資の流入を契機に成長を回復し，90年代にはやや過熱気味に推移してきた東南アジア経済にとって，1997年7月のアジア金融危機の発生は多少の意外感を伴ったものだった。東南アジアの成長戦略において，「金融」の要素がこれほどまでに影響を及ぼすという認識はそれまで乏しかったのである。

　少し時期をさかのぼって，東南アジアをめぐる金融環境の変容を整理しよう。1960年代まで国際的な資本移動は限られたものであったし，その大宗は公的資金の流れだった。しかし，70年代には産油国のオイルマネーや，欧米金融機関からラテンアメリカへの対政府貸付などにみられるように，国際資本移動は先

進国間あるいは先進国と途上国との間で双方向に拡大する。1971年の金ドル兌換停止（ニクソン・ショック）とそれに伴う主要通貨の変動相場制への移行は，先進国間の資本移動がもはや米国が支える固定相場制で管理できるレベルを超えたことを意味していた。しかし，その後も80年代までは先進国とアジアの途上国との間では資本移動は比較的穏やかで，事実上の固定相場制（ドル・ペッグ）が続いてきた。それが90年代に入るとこの地域でも銀行信用やポートフォリオ投資といった流動性の高い資金の国際移動が活発化し，固定相場制のもとでは適切なマクロ経済管理が難しい状況に変質しつつあった。

　他方，金融システムをめぐる政策議論では，1970年代半ばから経済発展における「金融自由化」の重要性が強調されてくる。金融自由化の眼目は，金利の自由化によって国内の資金配分を市場にゆだねることにあり，これに付随して国内の銀行部門の業務規制や参入規制の緩和によって銀行部門の資金仲介効率を高めることも主張された。これに国際資本移動の規制の緩和が論点として加わり，途上国の金融システム改革の政策パッケージとして世界銀行やIMFから示されるようになる。

　東南アジアでは早くも1980年代初めにはインドネシアとフィリピンで，構造調整政策によってこのような金融自由化が進められてきたが，金融システムはたびたび不安定化してきた。マレーシアは70年代末に金利自由化を試みるが，80年代に入ると逆に金融システムの安定化を目指して規制色をむしろ強めていく。タイでは金融自由化は比較的緩やかに進められ，金利の自由化は80年代後半になって実施された。好調な実物経済のもとで，90年代には銀行への規制緩和に加え，銀行信用の流入を無制限に受け入れる「オフショア市場」を創設するなど資本移動規制の大幅な緩和が進められた。

　資本移動規制の大幅緩和の一方で，為替レート制度の改革は遅れ，依然として金融当局の裁量によるドル・ペッグ制が維持されてきた。90年代半ばに，通信技術や情報処理技術の向上により世界の金融業にヘッジファンドなどの新業態が生まれ，短期資金の国際的な移動がますます活発になるなかで，ドル・ペッグ制のもとではもはや実勢レートとの調整が十分にできない状況が生まれていた。

　1997年にタイで生じた金融危機は，実物経済が退潮するなかでこのような海外資本が流出する傾向が現れたとき，ドル・ペッグ制度の固定レートと実勢

レートとの間隙をぬって，短期の投機マネーが殺到し，中央銀行がこれを支えられなくなったところから始まる。中央銀行がドル・ペッグ制を放棄すると，通貨バーツは半年あまりの間に対ドルで半分程度の価値まで減価する。

　このような急速な調整は，国内の金融セクターに，そしてそれを通じて実物経済に破壊的な影響を及ぼした。国内の資金チャンネルに直接つながる「オフショア市場」を通じて外貨建て借入を増やしていた大手企業や金融会社の多くが，外貨建て負債の急激な増加によって債務不履行に陥り，その結果，商業銀行でも不良債権が急増し，中堅以下の多くの銀行が破綻した[8]。このような金融部門の激変によって，実物経済も深刻な影響を受け，タイでは1998年の成長率はマイナス10.5％にまで落ち込んだ。

　この危機は資本移動の規制緩和と為替レートのドル・ペッグという同様の制度をとっていたほかの3カ国にも飛び火した。直後にフィリピンもドル・ペッグを放棄し，ペソは減価しつつ変動相場制に移行した。インドネシアでも同様の事態が起こり，数多くの商業銀行が破綻し，タイと同規模のマイナス成長を経験した。マレーシアでは，同様の事態に対し，むしろ資本移動の徹底的な制限という荒療治に出て，国際資本フローの動きから国内金融システムを遮断した。これは結果として比較的早く安定を回復する成果をもたらした。

　この危機が起こると，国際資本移動や通貨制度の問題とは別に，東アジア型の経済成長の問題点も指摘されるようになる。世界銀行は1992年に*East Asian Miracle*（『東アジアの奇跡』）を発表して，選択的政府介入や人的資本への投資を伴うアジアの経済システムを賞賛したが，危機後には*East Asia: Road to Recovery*（1998）や*Finance for Growth*（2001）などによって，むしろ企業ガバナンス，金融システムの未熟さを危機の遠因として挙げるようになる。危機直後から2000年代初めまで，そのような論点に基づく企業ガバナンスや金融システム改革が唱われるようになった[9]。

　金融危機を起点とする大きな景気後退のあと，各国では不良債権処理と商業銀行の再編を模索し，経済の立て直しを図っていく。その傷の深さは国によって異なり，タイでは金融部門の大幅な再編を経験し，インドネシアではスハルト体制の崩壊と国民国家の統合の危機にまで進展した。資本の対外開放の度合いが比較的少ないフィリピンとマレーシアは影響が限定的なものにとどまった。

（2）　アジア金融危機からの回復と新しい成長経路

　東南アジア経済は，この1997～98年のアジア金融危機による混乱との収拾に5～6年の間苦闘し，2000年代半ばから新たな高成長の過程に入る。危機からの回復過程には大きな経済構造の変化を伴い，国によっては「中進国」と呼ばれるまでの段階に達した。その事情を国ごとにみていく前に，まず共通する特徴を指摘しておきたい。第一は，各国とも危機以降の回復の過程では，基本的には一段と輸出志向工業化が進んだことである。これはタイにおいてもっとも顕著であり，インドネシアとフィリピンもそれぞれの特徴を持ちながらも，タイに続く形で工業化を深めていく。輸出工業化が相対的に先行していたマレーシアでは，工業化の進展もさることながら，資源輸出への回帰やサービス部門の成長といった多様な経済基盤を形成する。このような多様性はありながらも，この時期になると，基本的に成長戦略としては，直接投資による技術移転を基礎とした輸出工業化が成長戦略の基本として認知されるようになる。

　第二は，金融面の安定という危機の克服は，輸出製造業の成長によって実物経済が回復することでもたらされたことである。金融危機直後には金融システムや企業統治の未発達の問題が多く指摘されたにもかかわらず，そのような要素は経済の回復にとって決定的な障害ではなかった。また，金融セクターは2000年代には回復と競争総力強化のための統合が進む一方で，経営的には保守的な姿勢を維持してきた。

　第三は，輸出製造業の成長による経済の回復が，東南アジア諸国の国際収支の構造を大きく変容させたことである。1990年代には各国では高い投資率が成長を牽引してはいたが，貿易収支（純輸出）はマイナスであった。これに対し，アジア金融危機の後は貿易黒字が定着した。これは通貨の下落により輸出競争力が強まったことに加え，輸出製品の中間財の生産の現地化が進んだことを要因としている。その結果，経常収支で安定的に外貨準備が積み上がる構造が形成された。アジア金融危機以降，国際資本は直接投資を除いて大きく流出したが，このような経済の回復をふまえて，2004年頃から銀行信用やポートフォリオ投資の流入も再開する。そして潤沢になる外貨準備と外貨資産を背景に，2000年代後半には，東南アジアの居住者から海外に向けての対外投資が活発化し始める。とりわけタイやマレーシアの企業による先進国企業の買収などが盛んになる。[10]

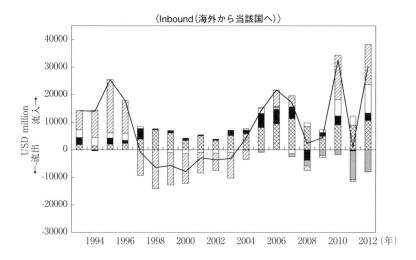

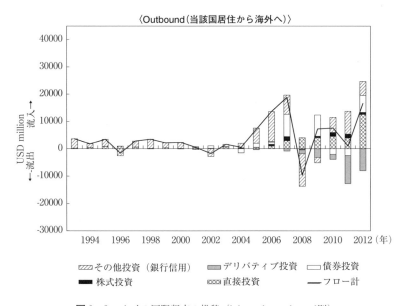

図 9 - 3 タイの国際収支の推移（inbound, outbound別）

出所：IMF, Balance of Payment.

図 9 - 3 は，タイの資本収支の推移を，（1）海外から国内への流出入と
（2）国内居住者から海外への流出入に分けてみたものである。（1）をみると

アジア金融危機のあと急速に流出したのは銀行信用やポートフォリオ投資であって，直接投資はむしろ継続的に増加していることがわかる。銀行信用やポートフォリオ投資の流出も2004年頃には概ね終息し，再び流入に転じているのがわかる。（2）をみると，2005年頃から，それまでほとんどみられなかったタイ居住者の海外投資が急速に増加し，2010年代になると（2）に示される海外への投資（流出）の規模が，（1）に示される海外資本の流入の規模に迫り始めていることがわかる。この頃から，各国とも資本輸出国へと大きく変質してきたのである。

　2008年に米国の金融市場の混乱を震源に世界経済危機が発生すると，世界の資本フローは急速に縮小し，実物面でも世界同時的に貿易量が急減し，世界不況が発生した。東南アジア各国は，上に述べたように輸出に強く依存する経済構造となっていたため実物経済面で強い影響を受けた。しかし金融面についていえば，アジア金融危機以降，金融機関の経営がきわめて保守的になりリスク資産の保有が少なかったこと，そしてこの時期すでに貿易黒字を背景に外貨準備と対外資産を十分に維持していたことから，混乱は限られた。

　2000年代の経済成長の結果，各国の1人あたりGDPは最も高いマレーシアで7,300ドル（2014年末）と，いわゆる「中進国」のレベルにあり，最も低いフィリピンでもまもなく2,000ドルに達するとみられる。2000年代はそのような高度成長期だったが，それゆえに次段階の経済問題が緩やかに現れてくる時期でもあった。その1つは直接投資に依存した成長構造の限界である。直接投資の波及効果による模倣という形での生産性上昇は限界に達し，一方で物価・賃金の高まりにより労働集約的工程の生産基地としての比較優位が徐々に失われつつあり，今後より付加価値の高い，革新性に富んだ産業転換が必要となってきている。そのためには，模倣による技術習得を超えた成長が必要となる。実際にそれがどのような形をとるものであるのか，模索が始まっている。

　もう1つは社会保障などの再分配問題の本格的登場である。2000年代半ば以降，成長が着実に進み「中進国」に近づくなかで，分配の公正性や低所得層への再分配の問題への関心が高まっている。そこには日本を超える勢いで予測されている高齢化や労働力人口の減少など人口動態における変容も背景にある。各国で年金制度と医療保険の両面における社会保障制度の充実が求められるようになってきており，その点で経済体制の大きな組み替えが迫られている。(11)

（3）　各国経済の回復と構造変容

①　タイ

　タイには，この時期の東南アジアの経済構造の変容をもっとも典型的に見出すことができる。アジア金融危機後の1998年には，成長率がマイナス10.5％に落ち込み，過半を超える商業銀行と金融会社が破綻や一時国有化を経験した。IMFの緊急融資のもとで不良債権の処理と金融部門の改革が実施されるが，2000年代初め頃まで経済は不安定な状況が続いた。ただ，自動車産業を中心に流入していた直接投資企業の撤退は少なく，通貨下落によって増した輸出競争力を背景に，直接投資は危機直後からむしろ増加する傾向を示してきた。

　2001年にタクシン政権が成立すると，輸出部門の強化・高度化と，地方・農村振興や社会保障を含む国内部門の双方を重視して外資のさらなる誘致，「一品一村運動」，医療保険改革などが推し進められた。⁽¹²⁾そのようななかで，2004年頃からこの国は，電機・自動車産業の世界的な生産拠点に成長する。この時期には中間財の集積も同時に進み，安定的な貿易黒字が定着する。好調な実物経済の回復に牽引されて銀行部門の不良債権比率も低下し，金融システムが安定化するとともに，銀行信用やポートフォリオ投資といった資本フローも流入に転じる。この時期からタイの企業や金融機関による海外投資も盛んになってくる。

　このような新しい成長構造は，他方で新しい課題を生み出した。タクシン政権は，2004年以降，国営企業，証券市場，国有地に対してさらに大規模な改革を指向し，これが既得権への侵害を警戒する旧支配層や，成長のなかで目立ってきたタクシンの取り巻き実業家への嫌悪感を強める中間層の一部からの強い批判を招いた。これを背景に2006年に政権がクーデターで倒れると，今度は逆に，タクシン政権で再分配の恩恵に浴した地方・農村部の住民が，軍の指導する政権やその後のアピシット政権（2008〜11年）への抗議を示すようになる。2010年代に入ると双方からの政治行動が先鋭化し，国内での衝突が頻発するようになる。政治が，再分配めぐる政治構造の再編の途上にあって，利害調整と国民統合の能力を失っている状況に陥っているのである。

　そうした混乱の一方で，しばらくの間は成長構造そのものは堅調な時期が続いてきた。2006年以降も，自動車，電機等の輸出製造業を中心に高い成長率が続き，2011年には大規模洪水が一時的に影響を与えたものの，2012年頃までは

深い政治混乱にも関わらず経済環境は概ね堅調であった。しかし，2011年にタクシン派のインラック政権が登場すると，地方・農村部への配慮として，最低賃金の引き上げやコメ農家への補助金政策を強化する。(13) こうした政策は，再分配の強化のみならず，成長のエンジンである肝心の輸出競争力を弱める副作用も持たざるを得なかった。2014年に再びクーデターにより軍政が布かれ，テロの頻発など社会環境が騒然とするに至って，さすがに投資先としての不安要素が顕在化しており，成長構造に深刻な影響を与え始めている。

②　インドネシア

　インドネシアは，タイとともにアジア金融危機の影響をもっとも強く受けた。1998年の成長率はマイナス13.1％に陥り，金融部門と企業部門の再編が迫られ，60年代から続いてきたスハルト政権による権威主義体制が崩壊した。経済混乱の政治体制への波及は，1980年代以降のインドネシア経済の工業化が，スハルト自身の一族を含んで，政治と産業界が密接な関係を維持しながら果たされてきたこととも関係している。金融危機に際して，インドネシアはIMF・世銀の融資の条件となっていた経済改革プランを受け入れ，金融・財政部門とマクロ経済構造の改革を進めることになる。スハルトが98年に退陣すると，メガワティ，後にハビビの政権が続き，この間，アチェ州の独立運動，東ティモールの独立（2002年）なども起きている。インドネシアでは政治混乱によって国民国家統合の危機にまで陥ったのである。これらの政権は，スハルト体制下で長期にわたり続いた権威主義体制の行政システムを改革し，地方分権を確立することに注力してきた。

　インドネシアの経済と政治が安定を取り戻すのは，2004年前後で，この頃から金融・企業改革が一段落し，成長率も少し回復する。IMFプログラムは2003年に終了し，2006年までに緊急融資の返済が完了した。財政運営面では，03年にはスハルト政権下で国家開発企画庁におかれていた予算編成権を財務省に移管するなど，分権的な行政体制が確立された。

　2004年から始まるユドヨノ政権のもとで，(14) インドネシアは経済の改革と成長の回復を本格化させる。アジア金融危機後には外資の撤退もあり，輸出製造業の成長は限定的だったものの，資源価格の高騰を背景に石炭など一次産品輸出の好条件に恵まれた。他方，工業化の進捗と消費の拡大に伴うエネルギー消費

の増加から2004年には石油は純輸入に転じ，原油輸出を財源としてきた燃料補助金を削減せざるを得ないなど，政策の基本環境が変化し始めている。しかし基本的には緩やかな工業化と資源輸出のバランスのもとで，2000年代後半は比較的好調な成長を遂げてきた。

　2010年代に入り，インドネシアにはそれまでの成長を基盤としながら，新しい課題が現れ始めている。2011年以降は原油の純輸入増加により，貿易赤字が再び常態化する。12年には資源価格の下落により，これまで成長を支えた石炭輸出が頭打ちとなっている。このような成長構造の変調が見え始めるなかで，経済格差への対処として，社会保障制度の整備が求められ，2012年に社会保障法制が抜本改正され，2014年には社会保険庁が活動を開始している。2014年に発足したジョコ・ウィドド政権では，世界経済の中での指導力の拡大を視野に入れながら次段階の経済戦略を模索している。

　③　マレーシア

　マレーシアは，ほかの3カ国と違ってアジア金融危機に際して，特徴的な対策をとった。国際金融機関の助言とは逆に，資本取引における資本移動のほぼ全面的な規制を導入し（1998年9月），それによって固定レート制を当面維持した。結果的には，これによって国内の金融機関の経営不安は比較的短期のうちに沈静化し，経済混乱も軽微なものに留まった。資本規制は2001年5月まで維持され，本格的な変動相場制に移行するのは05年7月になってからである。

　金融危機への対応をめぐって対立した副首相アンワルの追放などを経て，マハティールは2003年まで政権を維持する。後を継いだアブドゥラ政権は，イスラーム中心主義を掲げ，国営企業を中心とする経済体制への回帰を指向した。この結果，マレーシアの体制を支えてきた与党「統一マレー国民会議（UNMO）」への華人，インド人の支持が低下した。これに対し，ナジブ・ラザクは「1つのマレーシア」を掲げ，マハティールの支援もあって2008年の選挙に勝利し，翌09年から政権を担当している。ナジブ政権のもとではブミプトラ政策の緩和が進められ，特に，ブミプトラ企業家育成政策の廃止や，そうした機能を果たしてきたブミプトラ・ファンドの上場などが進められてきた。2010年にはNEPに代わる形で，「1つのマレーシア」の理念を反映した「ニュー・エコノミック・モデル（NEM）」の成長戦略を打ち出している。

このように，マレーシアではアジア金融危機の影響を最小限に抑えながら，一方で，エスニシティーに配慮した伝統的な再分配政策の再調整を図ってきた。アブドゥラとナジブの対立を経て定着したのは，ブミプトラ優先政策のもとで形成されてきた企業や資本における国営企業主義と政策自体からの緩やかな脱脚である。

マレーシアの成長経路においても，民間主導の輸出成長が成長戦略として収束しつつあるといえる。ただし，マレーシアの場合，いくつかの際だった特徴がある。第一に，輸出成長は必ずしも輸出製造業を中心とするものではなく，原油・天然ガス（輸出の13.0%（2010年）），パームオイル（同6.6%）といった一次産品の輸出がもう１つの柱となっていることである。第二に，貿易黒字の定着をもとにした資本輸出国化の傾向はタイ以上に著しく，国内企業の国外への直接投資，金融投資がきわめて大きいことである。

第三に，ほかの３カ国と異なり，再分配政策は，マレーシアにとっては1970年代から構築されてきたものであり，この時期にはむしろその再調整が課題となっている。この問題は，エスニシティーについての政策の調整と関わって，政治的自由をもとめる社会運動との緊張も生んでいる。2011年には選挙制度改革をもとめるNGO（Bersih2.0）と警察の衝突が生じた。2010年代に入るとUNMOとアンワルの指導する野党，それにこのような新しい勢力の三つ巴の形で対立を深めている。2013年５月の選挙の主な争点は，①政治的自由，②公共料金の値上げと付加価値税，③「ブミプトラ政策」をめぐる路線の対立であった。2010年代に入ってマレーシアは，再分配政策の再調整をめぐる政治体制の再構築というべき課題に直面している。

④　フィリピン

フィリピンでは，アジア金融危機が比較的早い時期にタイから伝染し，変動相場制への移行を余儀なくされたが，1980年代の経済危機の後遺症で外貨誘致による工業化戦略に出遅れたこともあり，海外資本への依存が相対的に少なかったこともあって，影響は軽微に留まった。景気後退の中で，1998年にラモス政権に代わってエストラーダ政権が成立したが，汚職・腐敗批判のなかで2001年には政権をアロヨに譲ることになった。アロヨ政権は，指導力不足を指摘されながらも，民主主義的手続きを整備し，また外国投資のための投資法制

を進めた。2010年までのこの政権のもとで，フィリピンでは遅蒔きながら，直接投資による輸出製造業を主導する工業化が徐々に動き出すことになる。

　2010年にベニグノ・アキノ3世が，国民的人気のもとで登場すると，工業化は本格的に始動し，2010年代半ばには高成長の局面には入りつつある。ほかの3カ国と比較して，周回遅れのタイミングではあるが，フィリピンもまた輸出工業化を基本とする戦略によって成長を実現しつつある。これを4カ国の最後尾として，成長のための基本戦略の「収束」を示す事例とみることもできよう。ただ，フィリピンの場合，製造業の比重が相対的に小さく，翻訳，ソフトウエアのアウトソーシングなど新しいタイプのサービス業の比重が大きいことが1つの特徴となっている。また，未だ海外就労が多く，海外送金が国際収支で無視できない比重を持っている。

　再分配の問題については，アロヨ政権時代の後期から，医療保険制度など社会保障制度整備に関する法案も議会で提出されるようになり，この点でもやや周回遅れのタイミングながら，東南アジアに共通した政策課題が浮かび上がりつつある。

6　おわりに――新しい課題の登場

　戦後70年，東南アジア諸国は植民地経済からの自立を目指し，複雑な社会構造の中で社会経済の安定に配慮しながら，成長戦略を模索してきた。その模索は，国民国家としての統合の確立，その下での政府の強い指導力と国内産業家を重視した開発の推進，さらには外資を含む民間資本と輸出重視の戦略への重点のシフトといった過程を辿り，2010年代に入って，各国ごとに進捗と詳細に違いはあるものの，成長戦略として共通の型を形成し，全体として「中進国」とみられる段階にまで至っている。

　そしてこの段階で，各国には成長構造に関わる問題と再分配に関わる問題の双方において，新しい課題が現れ始めている。成長構造の問題は，World Bank（2007）から「中進国の罠」としても指摘されている。その1つは直接投資をもとに資本・労働の双方における要素投入の増加が牽引する経済構造の限界である。1980年代から東南アジアは直接投資が主導する投資，そこから得られる緩やかな技術普及，そして現地の低賃金労働力によって，安価ではあって

も相対的に完成度の高い輸出製品の製造に成功してきた。しかし，いまや賃金の上昇によってその面での製造拠点としての魅力は低下しつつあり，そうしたなかで生産過程の付加価値の低さが課題として指摘されている。輸出製造業の分野で，内在的な技術進歩による生産性の上昇を生み出すメカニズムをどのように作り出すかが，成長構造にとっての最大の課題である。技術進歩・革新のメカニズムの構築に関しては，外国技術の導入を，特許の購入を中心として政府と国内企業が選択的に導入してきた日本，韓国，台湾の場合と異なり，直接投資による技術普及という受動的な形とった輸出工業化であった東南アジアでは，独自の難しさがある。

　成長構造に関わる問題のもう１つの側面は，輸出製造業以外の分野の成長の可能性である。戦後東南アジアの成長構造の特徴をみると，電機・機械産業を中心とする製造業輸出が成長の主導部分となったのは，もっとも典型的なタイにおいてもせいぜい過去20年程度である。戦後直後からかなりの長い間，東南アジアの経済成長が豊かな農産物輸出品や鉱産物によって牽引されてきたことは，北東アジア（あるいは欧州）の成長過程にはない特徴である。マレーシアやインドネシアなどでは工業化が本格化する1990年代以降も，これらの産業の比重はさほど低下してはいない。

　2000年代から10年代にかけて，タイのゴム，マレーシア・インドネシアのオイルパームなど，農業生産物が比較的高度な製造業分野への後方連関を伴う形で，新しい成長をみせる動きも生まれている。さらに伝統的に華人産業家に担われてきた商業とアグリ分野が結びついて，農業生産，製造，流通の垂直的統合による総合的なアグリビジネスが，世界市場で存在感を示し始めている。[15]順調な国際収支を背景に，徐々に対外投資を活発化させつつある金融面での環境変化ともあわせて，輸出工業化の先にある成長構造のあり方が模索のなかにある，と言えよう。

　成長構造の側面とは別に，2000年代に後半から徐々に現れてきたのは，分配面に関わる課題である。各国ともに社会保障制度の構築が喫緊の政治論点になりつつある。これは高度成長のもとでの格差の広がりと，タイ，マレーシアではすでに人口構成面で少子化が生じつつあることを背景としている。さらに，この問題は，タイでは地方・農村と首都圏との対立，マレーシアではエスニシティー間のバランスの再構築，インドネシアでは地方分権制度の確立など，東

南アジアが従来から抱えてきた社会的課題とからみ合う問題となっている。戦後いく度もの試行錯誤を繰り返してきた成長構造の構築とは質の異なる，再分配の制度構築という課題が登場し，そのための制度変革の過程で国民統合が揺らぎかけ，さらにそれが成長構造にとって負の影響も与えはじめている。現在の東南アジアの新課題である。

┏━■□コラム□■━━━━━━━━━━━━━━━━━━━━━━━━━━━┓

新ASEAN加盟国経済の始動——カンボジア，ラオス，ミャンマー

　本書で詳しく取り上げることのできなかったカンボジア，ラオス，ミャンマーで
も2000～10年代には大きな動きがある。これら3国にベトナムを含めたインドシナ
4国（頭文字をとってCLMVなどとも呼ばれる）は，冷戦期に共産化し，あるい
は孤立主義をとるなどして，もともとASEANやその前のSEATO（東南アジア条
約機構）が向き合う対象だった。

　ラオスは共産化する70年代まで，カンボジアは90年代まで，ミャンマーは今日に
至るまで内戦が続き，国土の荒廃が激しかった。90年代に冷戦が終結してこれらの
国の主要部での内戦がおさまり，2000年代になると国際社会は「戦場から市場へ」
をスローガンに，大規模な経済援助による経済発展支援に乗り出す。ADBの拡大
メコン地域（GMS）開発計画，日本のインフラ借款の拡大などである。また，タ
イはメコン委員会を通じて域内協力を推進し，中国も多くの支援を進めてきた。特
に，地域をつなぐ道路と港湾インフラの整備が急速に進み，鉄道敷設の計画がこれ
に続いている。

　各国経済の現状は，それぞれに特色がある。カンボジアは，最もオーソドックス
な形での輸出工業化に成功しつつあり，2000年代には低賃金を生かした縫製産業が
急成長し，その過程では外資依存のみならず国内の産業家も成長している。主要道
路とシアヌークビル港の整備で輸出製造業の環境整備も進み，機械工業などの次段
階の産業誘致が課題となっている。

　ラオスでは，内陸という立地のなかで，2000年代の成長を支えたのは銅，金など
の鉱物資源輸出と水力発電による電力のタイ・中国への輸出である。資源輸出国型
の経済構造のためマクロ経済の変動が大きい。山岳地も多くインフラが相対的に不
足している。輸出製造業の誘致に取り組んでいるが，必ずしも工業化が進捗しない
のが現状である。

　ミャンマーは長い間孤立主義をとっていたが，2012年に政治，外交，経済面での
抜本的な改革を開始した。軍出身大統領の4年間の改革をへて，2016年には選挙に
よってアウンサンスーチー率いる政党への政権交代が実現した。この間，輸出製造
業のための港湾インフラの整備が進められ，工業化の始動への準備が進んでいる。
ミャンマーは人口規模，天然資源賦与の面でカンボジア，ラオスより遙かに規模の
大きな国であり，潜在力はベトナムに近いとみられている。実際，これまでの間，
経済を支えてきたのは天然ガスと翡翠などの宝石類の輸出である。国内政治の安定
を維持しつつ，輸出製造業への速やかな転換していくことが現在の課題である。

　これらの国々の経済発展戦略は，基本的に先行ASEAN諸国が経験してきた輸出製造業による工業化へのキャッチアップであり，それを担う主要企業にとっては，ASEAN域内からの生産拠点の移転の候補地である。その意味で，3国の工業化はこの地域の経済成長と工業化の外延的拡大と統合の過程でもある。

（三重野文晴）

●注────────

（1）　東ティモールは除いている。

（2）　どれも2014年末の水準。人口は*Key Indicators*，ADB，名目GDPと実質1人あたりGDPは*World Development Indicator*，World Bank。ラオス，カンボジアの1人あたりGDPはそれぞれ745,794ドル，ミャンマーはこの統計では報告されていない。ドルベースの国際比較では比較時期の為替レートによって大きく違ってくるので，大づかみの参考として理解されたい。

（3）　図に示された成長率は1961年以降である。1940〜50年代の成長率は各国から推計値が示されているが，数値にばらつきがみられ必ずしも信頼できない。この時期の成長率の実態は，いまだ歴史統計分野の研究対象として残されている課題である。

（4）　第三次国家経済社会開発計画（1972〜76年）。

（5）　たとえば，電力については，アキノ政権は，85年に完成した原子力発電所の操業許可を見送り，それに代わり地熱発電設備の開発に力を注いだ。

（6）　アジアにおいて「金融自由化」が，途上国に対する政策論として本格的に重視されるようになるのは構造調整プログラムが導入される1980年代である。1989年には世界銀行の*World Development Report*が，「金融自由化」の特集を行っている。

（7）　Bangkok International Banking Facility（BIBF）。BIBFで認可された銀行は事実上無制限に海外資金を国内に貸し付けることができた。

（8）　具体的には，一時国有化後の合併・売却や外資の買収として処理されたケースが多い。

（9）　タイ，インドネシア，韓国ではこうした観点に基づく経済改革が部分的に試みられた。

（10）　この時期に，東南アジアの都市部での消費の様態が大きく変化した背景にも同

　じ要因がある。輸入ワインや先進国ブランドの電化製品など輸入消費財の浸透，先進国への旅行ブームなどは，どれも潤沢な外貨準備のもとでの外貨規制の大幅緩和が可能にしたものである。

(11)　再分配制度がエスニシティー間の所得移転の手段として早い時期から機能してきたマレーシアでは，そのバランスのあり方の見直しという根本的な問題としてやはり大きな焦点となっている。

(12)　この時期の従来型の輸出部門の強化と国内社会経済の充実という意味で，２本立て（デュアル・トラック）政策として当時唱われた。後者については結果的に社会保障や農家負債減免などの再分配政策の性格が強く出た。

(13)　政策金融機関を使って市場より高い価格で米を無制限に買い取る形で補助金が分配された。これによって米の国内価格が上がり，国際競争力を失って2012年には永く維持してきた米輸出の世界首位から転落した。

(14)　2011年に大統領に再選して，14年まで政権を担当。

(15)　一例として，タイのCPグループは，日本の総合商社と中国の食料商社と資本関係を含めた包括提携を進めている。また，ベルギーに食品加工の拠点工場を建設して，欧州内の加工食品の流通に乗り出すなど，垂直的統合型の事業を世界的に展開し始めている。

●参考文献

ボニア，アルドスーズイ（1975）「西マレーシアの経済発展」市村真一編『東南アジアの経済発展』創文社。

原洋之介（1994）『東南アジア諸国の経済発展——開発主義的政策体系と社会の反応』東京大学東洋文化研究所。

福井清一（2001）「フィリピン——〈エリートによる分権的支配〉への挑戦」原洋之介編『新版　アジア経済論』NTT出版。

福島光丘（1990）『フィリピンの工業化——再建への模索』アジア工業化シリーズ９，アジア経済研究所。

池本幸生（2001）「タイ——王様の資本主義」原洋之介編『新版　アジア経済論』NTT出版。

市村真一編（1975）『東南アジアの経済発展』東南アジア研究叢書11，創文社。

桐山昇（2008）『東南アジア経済史——不均一発展国家群の経済統合』有斐閣。

森澤恵子（1993）『現代フィリピン経済の構造』勁草書房。

長田博（2001）「インドネシア——新たな経済運営の模索」原洋之介編『新版　アジア経済論』NTT出版。

プラチューム・チョムチャイ（1975）「タイ国における戦後経済発展」市村真一編

『東南アジアの経済発展』創文社。

佐藤百合（2011）『経済大国インドネシア——21世紀の成長条件』中央公論新社。

鳥居高（2001）「マレーシア——多民族国家における成長と分配」原洋之介編『新版
　　アジア経済論』NTT出版。

World Bank (2001), *Finance for Growth : Policy Choices in a Volatile world*,
　　Oxford University Press.

●**学習のための参考文献**────────

原洋之介編（2001）『新版　アジア経済論』NTT出版。

World Bank (1993), *East Asian Miracle : Economic Growth and Public Policy*,
　　Oxford University Press（白鳥正喜訳（1994）『東アジアの奇跡——経済成長と
　　政府の役割』東洋経済新報社）。

World Bank (1998), *East Asia : Road to Recovery*（柳原透監訳（2000）『東アジア回
　　復への途』東洋経済新報社）。

World Bank (2007), *East Asian Renaissance*, the World Bank（by Gill, Indermit and
　　Homi Kharas）。

（三重野文晴）

第10章
東アジアの移行経済
──ベトナムの発展成果と制度的課題──

　ベトナムは1986年に開始したドイモイ（刷新）政策により，市場経済へ移行し，対外開放を実現した結果，2000年代末に貧困からの脱却，低位中所得国レベルへの発展を果たした。しかし，現在，資本使用の非効率などの資源配分の歪み，公的債務の累積，汚職などの問題が表面化し，今後いわゆる中所得国の罠を避けるために，新たなドイモイが必要とされている。

　本章では，中所得国の罠についての新しい分析枠組みを提示し，ベトナムのような低位中所得国にとって，資本・土地などの生産要素の市場が発展し，生産要素の効率的な使用が重要であることを示した。ベトナムの市場経済への移行戦略は「ベトナム型漸進主義」として特徴づけられるが，その戦略の帰結の１つは，国有企業が長年優遇され，要素市場の歪みが続けられたことであり，今後の改革の焦点として，その移行戦略を改めなければならない。

　現在，改革を妨げる要素となっているのは，共産党の保守勢力や既得権益グループである。他方，新たなドイモイを促進する要素として考えられるのは，世界経済・アジア経済への統合過程が強まりである。筆者の判断では，今後４～５年の中期的視野では制度改革の遅滞を招く要因が強いが，長期的にはそうした要因は弱まり，改革を促進する要因が支配的になるだろう。なお，現在，要素市場の歪みによって国内民間企業の発展が遅れているが，外国からの直接投資（FDI）の増加が続いているので，ベトナムの工業の国際競争力は結果として強化されている。このため，ベトナムは中期的には低位中所得国の罠を避けられるであろう。

1　はじめに──経済発展諸段階と制度的変化

　東アジアは，過去約半世紀にわたって工業化が急速に波及し，各国経済が次から次へ発展を遂げてきた地域として特徴づけられている。ベトナムは戦争や社会主義経済システムのためにこの地域の発展過程への参加に遅れていた。し

かし，1986年に開始したドイモイ（刷新）政策により，市場経済へ移行し，対外開放を実現した結果，2000年代末に貧困からの脱却，低位中所得国のレベルへの発展を果たしてきた。しかし，2010年前後から経済成長の減速，公的債務の累積，投資の非効率性などの問題が表面化し，今後の新たなドイモイが実現できなければベトナムはいわゆる中所得国の罠に嵌められ，持続的成長ができないのであろう。

　本章はこれまでのベトナムの市場経済への移行と発展過程を分析し，現段階の特徴を明らかにした上で，今後の展望を試みる。本章の論点は２つある。１つは，ベトナムの市場経済への移行戦略は「ベトナム型漸進主義」として特徴づけられるが，その戦略は現段階では問題の原因となっており，今後の改革の焦点として「ベトナム型漸進主義」を改めなければならないことである。もう１つは最近議論が盛んになった中所得国の罠の問題がベトナムの場合にどう適用されるべきかという論点である。

　この２つの論点はそれぞれ「移行」と「開発」の問題であるが，両方とも相互に密接に関連し，ベトナムの経済発展にとって重要な視点である。

　以下，第１節は移行と開発の視点から経済発展段階と制度的変化の分析枠組みを提示する。中所得国の範囲は広く低位と高位に分けられるが，「罠」に嵌められる可能性をもたらす要因は理論的に違うことを示す。高位の場合，技術革新が重要であるのに対して，低位の場合は，要素市場の発展状況に関連することを指摘する。

　第２節はドイモイ政策の過程をレビューし，ベトナムの移行戦は貧困の罠からの脱却に成功したが，現在，経済成長の非効率化などの問題が表面化し，従来のドイモイが限界に直面していることを示す。第３節はベトナムの要素市場の低発達の実態を示し，今後，低位中所得国の「罠」を避けるために資本市場，土地市場と労働市場の改革が不可欠であることを論じる。最後に本章の分析結果をまとめる。

（１）　経済発展段階論

　一国の経済発展は，その過程をいくつかの段階に分けられるが，分析視点によってさまざまな段階区分があり得る[1]。

　ここでは世界銀行の分類に従って，発展水準の総合的指標である１人あたり

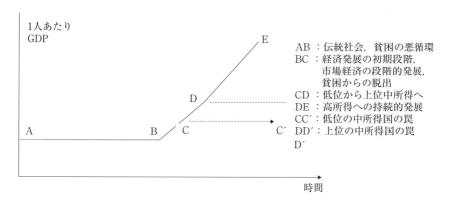

図10-1　経済発展諸段階

出所：筆者作成。

GDP（国内総生産）を基準にして一国の発展過程を4つの段階（低所得，低位中所得，上位中所得と高所得）に分けて，それぞれの段階を経済学的に特徴づけてみる。**図10-1**はそれを表しているが，世銀は名目1人あたりGDPを基準にして，毎年その基準を変更しているのに対して，図10-1では実質1人あたりGDPを考えている。以下では，このような単純な考察から出発するが，各段階の特徴を吟味して，上位中所得だけでなく，低位中所得の罠の可能性も検討する。

　図10-1では，ABは伝統社会が支配的で，未開発が特徴づけられる段階である。この段階では，経済的には低所得が低貯蓄・低投資・低生産性をもたらし，低生産性はまた低所得につながるという貧困の悪循環あるいは貧困の罠が特徴である。また，この段階の経済は自給自足の性格が強く，市場が未発達で，資源配分が習慣や信念といった伝統的ルールによって行われる。

　BDは経済発展が起動し，中所得の水準に達成できる段階である。発展の起動とは，例えば指導力の強い政治家が現れ，強力な政策で貧困の罠から脱出することができるケースである。起動のきっかけは，外国の脅威に晒され，国力を強めなければならない意識がエリート層に芽生えることや，貧困で社会・政治の不安が高まって国民の不満の勃発を心配する支配者または支配集団が積極的に対応しなければならなくなるケースなどがある。

　ところで，AB段階は市場が未発達であると特徴づけることができるならば，

B点から出発する発展過程は市場経済の発達過程として捉えられる。D点以降の経済は2つのケースに分かれる。それは高所得に発展するDEと停滞・低成長に転落するDD'で，いわゆる中所得国の罠に陥ることになる。

　さて，D点はどのような性格を持っているだろうか。現在，中所得国として分類されているマレーシア，タイや中国などの特徴を念頭におくと，発展の初期段階は労働が農業から工業部門へ移動する過程でもあるので，D点はルイスの発展モデルで有名な労働過剰経済から労働不足経済への転換点であると考えられる。また，成長会計の視点で分析すると，発展の初期段階に全要素生産性よりも資本蓄積の成長への貢献が大きいが，その後の段階に資本の限界生産性が本格的に低下するので，全要素生産性の役割が重要になってくる。したがって，D点は要素（資本）投入型発展から全要素生産性中心の発展への分岐点として考えられるのである[2]。

（2）　経済発展と制度要因

　1990年代以降，経済発展の研究が制度（institution）や制度的変化・形成の役割を重視するようになった。制度の変化と経済発展の議論について影響力のあったノーベル賞経済学者のノース（North, 1990）によれば，制度とは社会におけるゲームのルールであり，人間が作る諸制約であるが，このルールや制約が人々の取引，人間の相互行動を規定するものである。ゲームのルールは，具体的には財産権などの法的体系が分かりやすいが，制度はそれだけでなく，かなり範囲が広い。世界銀行（World Bank, 2002）の分類によれば制度には4つのケースがある。公的制度（法律など），私的制度（業界団体など），正規な制度（法律などの成文化，法的拘束力のあるもの），非正規な制度（習慣，社会的規範）である。しかし，この分類は専ら経済制度に関するものである。経済制度は社会システムの下部構造である経済サブシステムであり，その上部構造に政治制度がある。政治制度は民主主義か独裁体制かに大別される。

　経済発展にとって制度がなぜ重要であるか。第一に，経済発展は経済主体（企業，労働者など）の積極的行動によって実現されるが，制度の内容によって経済主体を刺激したり，その行動を制限したりするのである。第二に，明確な制度が確立すれば経済主体間あるいは企業と政府との取引費用（transaction cost）を節約することができる。第三に，投資をはじめとする経済活動は不確

実性が高いものであるので，財産権，インセンティブなどの政策体系が確立することは，経済主体のリスク意識を低減させ，積極的投資を行わせるのである。

　なお，制度は様々なレベルがあり，簡単な体系から複雑で精緻な（sophisticated）体系まで発展するのである。簡単な制度体系は，財産権や所有権を保護する法律，民間企業の生産経営活動の自由化を保証する制度などである。これに対してロドリック（Rodrik, 2007）は，精緻な制度体系を高品質の制度（high quality institutions）といい，経済が高度に発展するため，また，グローバル化に効果的に対応するため，高品質の制度を整備しなければならないことを力説している。具体的には，新産業の技術開発を促進する制度，リスクの高い新分野への投資の促進・インセンティブの供与につながる制度，政策決定への国民各層（利害関係者，独立な言論人，有識者など）の参加促進制度などである。世界経済のショック的変化や不安定に効果的に対応するために，金融システムの健全化，金融制度の整備，監視，監査能力の向上が必要である。ガバナンスの確立，専門性の高い官僚養成も高品質の制度の要因である。[3]

　さて，経済発展諸段階と制度との関係を考えよう。図10-1のB点から経済発展が起動できる国は，伝統社会に根ざした諸制度（文化・習慣，封建制など）の中で発展の阻害要因になったものを打破し，市場経済にとって必要な近代的制度（財産法，企業法，外資導入法など上記の簡単な制度体系）を整備している。制度的変革があったから発展が開始できたと考えられる。このような新しい制度が完成していく過程で，経済が中所得のレベル（D点）に発展できる（低位中所得のC点は後述）。

　D点以降の発展は，高所得国の比較優位である高熟練労働・R&D集約的産業への高度化が必要であるので，技術進歩，イノベーションを促進する高品質の制度が重要になってくるのである。

　ところで，近年，経済発展と制度に関してAcemoglu and Robinson（2012）が話題を集めた。彼らは収奪的な政治制度（extractive institutions）が収奪的な経済制度をもたらし，そのような制度の下では経済が発展できないと主張している。収奪的制度が社会のある集団の利益のために残りの人々から収奪するような制度が設計されるからである。逆に議会制民主主義に代表される包括的な政治制度（inclusive institutions）は，自由で公正な市場経済に代表される包括的な経済制度につながり，経済発展が促進されるという。しかし，この議論は発

展段階別の制度を考慮に入れない。発展の初期段階に必ずしも包括的政治制度でなくても低水準の包括的経済制度を整備できるし，低水準の制度でも投資を促進し，経済が発展する。例えば開発独裁は政治的独裁体制であるが，開発主義というイデオロギーの下で発展の目標に向けて資源が動員され，経済が発展する国が少なくない。ただ，その発展は中所得の段階までで，それ以降，高所得のレベルに発展するためには高度な包括的な政治・経済制度が必要になるのである。これは既述の高品質の制度にほかならない。因みに，Dollar（2015）は法による規制（rule of law）と経済・言論などの自由（civil liberties）との関係について，興味深い分析を示している。すなわち，所得水準が低い国々においてその関係は弱いが，1人あたりGNIの8,000ドル（購買力平価ベース）を超えた所得水準の高い国々においてその関係が強いのである。

　さて，以上の議論は主として高位中所得国のケースを考えたものである。低位中所得の場合，労働がまだ過剰な経済であるし，資本投入型成長の余地がまだあるので，技術革新に必要な高品質の制度がまだ重要でない。しかし，労働・資本市場の健全な発展が必要である。そうでなければ資源配分の歪みが生じ，労働需給のミスマッチ，資本使用の非効率をもたらすのである。特に汚職などで特定の企業や利益団体に資本・外貨へのアクセスを優先的に与えることは，無駄な投資をもたらす。このような資源配分の歪みが長期的に続けば，低位中所得の罠を避けられない。許認可行政が複雑で，行政コストが高いことなど，投資環境の長期的悪化も投資率の低迷をもたらし，低位中所得国の罠に陥る可能性がある。

　要するに，高位中所得国の場合，技術進歩，イノベーションが罠を回避する条件であるが，低位の場合，罠に陥らないために資源配分の歪みを生み出さないことに注意しなければならないのである。

2　ベトナムのドイモイの成果と限界

　ベトナム戦争が1975年に終結し，翌年に南北ベトナムが再統一した後，1955年から推進してきた北ベトナムでの社会主義経済システムが全国に適用されるようになった。しかしその後，ベトナムをめぐる国際環境の悪化に加えて，欠陥の多い社会主義システムが経済に混乱や停滞をもたらした。

（1）　ドイモイの形成と成果

　危機に直面した共産党の指導者は経済システムの転換の必要性を認識し，1986年12月にドイモイ（刷新）政策を決定した。農業の集団的生産を改め，土地の請負制という家族単位ベースの生産システムを導入し，工業・サービスにおいて民間企業の活動を認め，外資導入政策も採択した。1993年に世界銀行や国際通貨基金（IMF）との関係が正常化し，日本などの先進国の政府開発援助（ODA）も導入できるようになったので，インフラの整備が本格化した。1995年にアメリカとの国交正常化，ASEAN加盟も実現した。ドイモイと良好な国際環境の下でベトナム経済が好転し，1990年代初頭から成長軌道に乗った。

　現行の為替レートでベトナムの1人あたりGDPは1993年に250ドルしかなかったが，2008年には1,000ドルを突破した。これでベトナムは世界銀行の分類による低所得国から（低位の）中所得国に仲間入りすることができたのである。ベトナムでの貧困削減も90年代から着実に進展してきた。貧困人口比率（貧困線の下にある人口の比率）が1990年の50％強から着実に低下し，2004年から10％を下回るようになった（World Bank, 2006, p.20）。

　この良好なパフォーマンスの主要な要因として次の2つが挙げられる。第一に，何よりもまず経済システムの転換に伴って制度的に縛られた生産要素が開放され，潜在生産力が顕在化したことである。特に農業部門での改革の成果が大きかった。共産党政治局の「10号決議」（1988年）以降，農民の生産意欲が高まり，米を中心とする農業生産が急速に増加し，食糧生産量が88年から拡大した。1989年には米の輸出が再開され，しかも一気に131万トンを記録した。それ以降91年を除いて年間輸出量が200万トン前後を続けた後，400万トン台に達した。農業生産の停滞・食糧不足の状態が続いてきた1987年までの期間と比べれば画期的な成果であった。

　工業部門においては外資系企業を含む民間企業の発展促進が工業生産の拡大をもたらした。労働力の多くも農業からより生産性が高い工業とサービス業へと移動した結果，雇用に占める非農業のシェアは1985年の25％から2010年の55％まで上昇した。工業化の進展に伴って経済構造が変化し，農業の割合が急速に低下し，工業・サービスのそれが着実に上昇した。90年代初頭において20％程度であった輸出の工業化率（総輸出に占める工業品のシェア）が2010年以降60％を上回るレベルまで上昇した。

表10-1　所有形態別GDPと工業生産シェア　　　　　　（単位：％）

	1995	2000	2005	2010	2011	2013
A．GDP						
国有企業	40.2	38.5	38.4	33.7	33.0	32.2
非国有企業	53.5	48.2	45.6	47.5	48.0	48.2
集団所有	10.1	8.6	6.8	5.4	5.2	5.0
民間企業	7.4	7.3	8.9	11.3	11.6	10.9
自営業	36.0	32.3	29.9	30.9	31.2	32.2
FDI	6.3	13.3	16.0	18.7	19.0	19.5
B．工業生産						
国有企業	50.3	34.2	25.1	19.1	na	16.3
非国有企業	24.6	24.5	31.2	38.9	na	33.6
集団所有	0.6	0.6	0.4	0.4	na	na
民間企業	6.4	14.2	22.7	32.5	na	na
自営業	17.6	9.7	8.1	6.0	na	na
FDI	25.1	41.3	43.7	42.0	na	50.1

出所：（ベトナム）『経済統計年鑑』より著者作成。

　第二に，ドイモイのもう１つの柱である対外開放政策も，様々な面において経済安定化と経済発展を促進した。開放政策では，経済管理・運営に関する新しい知識，アイデアが導入され，マクロ経済政策の改善に役立ったし，海外市場に関する情報も入り，輸出が拡大し，国内資源を有効に活用できた。1985年に５％しかなかった輸出依存度（GDPに対する輸出の割合）は1995年に26％，2008年に64％，2013年に77％へと急速に上昇した。また，国内貯蓄が乏しかったベトナムにとって外国資本の導入が大きな役割を演じた。実際に国内の総投資に占める外国直接投資（FDI）の割合は平均して20％前後に達し，工業生産に占める外資系企業のシェアは2000年頃から40％以上上昇し，2013年には50％にも達した（**表10-1**）。

　ちなみに，その国内の総投資自体が1990年代初頭から急速に拡大し，投資率（GDPに対する投資の割合）が1991年の15％から2001年の31％へと上昇した。その背景に制度改革による国内民間企業の投資，対外開放（外資導入法の制定など）による外国企業の投資があったが，上述のODAが開始された1993年から持続的に増加してきたことも，総投資の拡大に貢献したのである。投資の拡大が資本蓄積を促進し，労働生産性の向上，工業化の進展をもたらしたことはいうまでもない。[8]

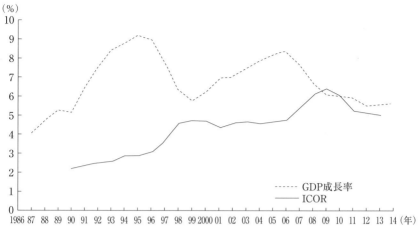

図10-2　ベトナムの経済成長率と限界資本係数（ICOR）の推移（3カ年移動平均）

出所：ベトナム統計総局のデータより筆者作成。

（2）　ドイモイの限界とその要因

　さて，ドイモイは以上のような成果をもたらした。産業構造・輸出構造の高度化，貧困の悪循環からの脱出，低位中所得への発展などの点で高く評価できよう。しかし，他方，次の問題が指摘できる。

　第一に，1990年代以降，内外環境の好転，東アジアのダイナミックな分業の中の技術・資本の導入による急速なキャッチアップの可能性を背景に低いレベルから出発したベトナムは10％前後の高度成長ではなく，6～7％の中成長しか実現できなかった。その期間のベトナムの1人あたり実質GDPの年平均成長率は4～5％で，1960～70年の日本，1990年代までの韓国・台湾，80年代以降の中国と比べてかなり低い。

　第二に，経済発展が概ね非効率で，特に2000年前後以降の期間はそうであった。事実，限界資本産出係数（ICOR）は上昇傾向にあり，特に2000年代後半から急速に増加した。**図10-2**は3カ年移動平均を描いた経済成長率とICORが示されたものである。90年代前半に2または3の値をとったICORは2000年代以降に4そして5まで上昇した。生産要素と技術進歩（全要素生産性）の貢献を分解する成長会計（growth accounting）の考察も同様な結果を示している。例えば，Nguyen et al.（2012）によると，1991～95年の期間と比べて

2006〜2010年の期間における資本投入の貢献が増加し，逆に全要素生産性（TFP）のそれがかなり小さくなった。発展段階の低い国の場合，資本投入の貢献が大きく，TFPのそれは小さいと考えられるが，その変化の方向が問題である。TFPが小さくなったことは非効率化を示すのである。

　非効率な成長，しかも中成長しか実現できなかった要因は何か。次の相互に関連する２つの問題があったと考えられる。

　第一はベトナム型漸進主義的移行戦略に関する問題点である。社会主義経済から市場経済への移行戦略は大別して急進主義と漸進主義がある。[(10)] 本来の漸進主義は３つの段階がある。第１段階は政治的・社会的に敏感な国有企業の改革を棚上げするとともに非国有部門（国内民間企業と外資系企業）の発展を促進する。第２段階では国有企業の改革を進め，具体的には国有企業の市場での競争促進（市場に晒すこと），コーポレートガバナンスの導入などで国有企業の効率性を高める。第３段階は国有企業を本格的に民営化し，市場の失敗などで存在意義が正当化できる分野に限って国有企業の存続・発展をすることである。

　しかし，ベトナムの漸進主義は２・３番目の段階の改革が遅れることが特徴的であるので，ベトナム型漸進主義と名づけることができる。そのような特徴は，国有企業の保護・優遇を特に2007年以降維持・強化した結果，2008年頃からの経済成長の減速・マクロ経済の不安定化をもたらしたのである。優遇された国有企業が企業集団を形成し，土地・信用への有利なアクセスを背景に放漫な投資行動を行い，経済全体の非効率・弱体化をもたらすことになった。[(11)]

　2000年頃からベトナムをめぐる国際環境・地域環境が急速に変化し，貿易・投資の自由化が一層進展したため産業や企業の国際競争力の問題がクローズアップされた。そういう背景で，2001年に共産党が国有企業の改革に関する決議を出し，そのなかではじめて企業集団の形成の必要性が提起された。ほとんどの国有企業は規模が小さいため，競争力強化に限界があるとの見方が支配的であったからである。

　この決定の下で最初（2006年）に，石炭等鉱物資源開発企業集団が設立され，その後郵政テレコミュニケーション集団，石油・ガス集団，船舶郵船集団（VINASIN），繊維・衣類集団，ゴム集団の設立が続いた。2012年５月時点で，国有企業は企業集団が11グループ，大規模総公司10社，小規模総公司80社と国有商業銀行２行で構成されている。これらの企業集団と総公司は共産党の方針

のもとで優遇され，さらに共産党幹部や国有銀行とのコネクションにより土地や信用への優先的アクセスができるほか，政府の保証で外債発行もできる。コーポレートガバナンスが確立されていない状況におけるそのような優遇政策が，企業の放漫な投資をもたらしたのである。特に，企業集団は本業の競争力強化への努力を怠って，短期的利益を追求するため，不動産，金融業などへの多角化を積極的に行った。多額の債務を抱えて経営破たんする企業集団が出てきたのはその結果である。

　なお，国有企業の改革が棚上げされ，非国有企業の発展が促進されるべきであった第1段階においても民間企業や外資系企業の活動に対する規制が多く，規制緩和・発展促進への改革が遅れた。例えば，民間企業の活動はドイモイ決定時（1986年）に認められたが，企業法が制定されたのは1990年で，また，本格的な規制緩和は新しい企業法が導入した1999年まで待たなければならなかった。1987年にできた外資導入法も規制が多く，少しずつしか緩和しなかったため，頻繁に修正しなければならなかった。[12] 投資環境が不安定で不確実性が高かった。このため，ベトナム経済の潜在力が十分に発揮されなかった。

　第二の問題は，国際経済への統合が急速に進むなかで，依然として財政・金融の規律が欠如し，産業の国際競争力の強化政策も遅れたことである。特に急速に台頭する中国との競争のなかでこの問題は深刻だった。2007年のWTO加盟をきっかけに間接投資を中心とする外資の流入が急速に増加したが，それを有効に使用するのでなく，上記の企業集団を中心とする国有企業に流入した。これに加えて，企業集団などへの支援のため金融緩和政策を講じていたため，インフレが高進した。リーマンショックを受けて積極的財政出動を行ったことに加え，企業集団と地方政府の働きかけで，公共投資のばらまかれてきた結果，財政赤字が拡大した。非効率な投資が拡大し産業の国際競争力が弱体化した。また，インフレ高進の下，ベトナム通貨ドン資産を金やドルに移す動きが活発化し，ドンの対ドルレートが下落圧力に晒され，2008年以降ドンの切り下げが何回も行われた。

　第三の問題は，政治・行政改革が遅れ，一党独裁体制の下で，責任所在の不明確，政策決定の不透明などにより，汚職・浪費が経済の非効率をもたらしたことである。特に公共投資の決定過程と実施に透明性が欠けているので無駄な投資や投資予算の漏れ損などが深刻化したのである。投資の決定が大規模な投

資プロジェクトを除いて地方へと分権化が進んできたことも重複投資を招いた。多くの省に国際空港，港などを建設したが，あまり使用されていない。

　これらの点について低位中所得国の罠の可能性を論じる第3節でまた戻ることにしよう。

3　低位中所得国の罠の可能性

（1）　要素市場と資源配分の歪み

　さて，今後のベトナム経済を展望する時，1つのキーワードは「中所得国の罠」であろう。ベトナムでもこの問題についての議論が盛んになっているが，説得力のある見解がみられない。ベトナムの発展段階を特定し，その理論的特徴を明確にしなければ適切な判断ができないと思われる。第1節で分析したような枠組みで考えれば，ベトナムに適用されるのは低位中所得国の罠の可能性であり，その罠を回避して上位中所得国への発展ができるかどうかは，要素市場のあり方に関わることである。現在盛んに議論されている中所得の罠は我々の分析枠組みでは上位中所得レベルであり，資本投入型成長が限界に達し，労働の無制限供給も終焉した経済である。それに対して低位中所得の場合，資本や労働の要素投入型成長がまだ成長への主要な貢献を続けられるのである。このため，低位の罠に陥らず，上位中所得への持続的発展のためには資本や労働の市場が発達し，資源配分の歪みが少ないことが肝要である。この観点からベトナムの現段階の課題をみてみよう。

①　資本市場の現状と問題点

　ベトナムの市場経済への移行から四半世紀以上が経過したが，要素市場の発展は依然として遅れている。特に資本市場と土地市場はそうである。資本市場は法律などの制定により名目上段階的に整備されてきたが，運用の面は恣意的で国有企業や企業集団にとって有利に働いている。

　2015年半ば現在，ベトナムの資本市場は間接金融に加え，直接金融も機能しつつあり，銀行制度において国有，民間所有，外国所有も出揃っている。貸出金利の上限設定など市場への政府の介入も緩和してきている。

　現在，4大国有商業銀行のほか，非国有銀行も増加した。株式商業銀行が

1991年の４行から2013年末に34行へと増加し，外資100％の外銀もその期間に１行から５行に増えた。参入の自由化に伴って信用市場が競争的になり，それは預金金利と貸出金利の差（スプレッド）を，1993年の10％も高かった水準から近年の３～４％まで低下させてきたのである。貸出金利や預金金利への規制も緩和してきている。また，証券市場が2000年にホーチミン市で，2005年にハノイでそれぞれ開設され，両市場での上場企業は2006年の193社から2014年の674社に増加した。

　このように，ドイモイの過程で資本市場が発達してきている。しかし，４大国有商業銀行は，全国の信用残高のシェアを2000年の70％から2013年に55％へ低下させたが，依然として市場の支配力が強い。民間銀行などと比べて，国有商業銀行が国家（中央）銀行から資金供給において優遇されている。その４大銀行の融資先はほとんど国有企業であるので，結果として国有企業が資本市場において有利な立場にある。民間企業，特に中小企業は信用へのアクセスが依然として難しい。全企業数の約95％を占めている中小企業（非国有企業）の約30％しか信用を供給されていないのが現状である[13]。実際に非国有企業がGDPでの貢献は国有企業のそれよりもかなり大きい（表10‐1）。

　現段階の金融市場は，規制緩和により金融サービスを提供する主体が多様化しつつあるが，市場の分散化現象がみられる。すなわち，国有資本系，民間資本系，外国資本系銀行・信用機関は，別々の領域（国有企業，民間企業と外資系企業）でサービスを提供する傾向があり，市場全体の整合性および競争性が欠けている。このような状況で，それぞれの企業部門に対して資本市場へのアクセス条件も異なったのである。

　②　土地市場
　土地市場について工業・建設用土地へのアクセスは資本と同様，民間企業が困難な状況に直面し，国有企業・企業集団が優遇されている。ベトナム共産党経済部会が2014年６月に開催したシンポジウムで報告された資料によると，国有企業が生産・経営用地全体の70％も占めている（Dinh va Pham eds., 2015）。また，公共投資などの開発計画に絡む情報の非対称性が強いので汚職が発生しやすい。

　一方，農地について土地の所有権が国家にある（公有制）という原則が堅持

され，農民には使用権しか与えられない。しかも，農民や農戸が使用できる農地の最大面積（3ヘクタール）が規定されているので，農業経営者が原則として大規模農場を作ることができない。ただ，法律的に認められなくても，農村では土地の集中が少しずつ「もぐり」で実施された。多くの地方政府が農地の売買を黙認しているので，90年代後半から大規模農園が形成されてきた。[14]

しかし，そのようなインフォーマルな取引は土地市場の不安定と非効率をもたらすことだけでなく，法律やルールを無視する形になったので，農村の法的尊重，契約の履行の精神が根付かないという弊害が生じている。2015年7月にベトナムの著名な農学者であるVo Tong Xuan博士から聞いた話では，近年，メコンデルタの農民と農産物流通業者との契約があまり履行されていない。契約が簡単に破棄されることは，農村での市場の発展にとって障害要因になる。土地の所有権を認めて，土地の売買が正式にできることが肝要である。土地の保有・使用権に関する一層の制度改革が求められている。

③　労働市場

市場経済への移行（ドイモイ）に伴って，労働者が自由に職業を選択し，職場間の移動も自由にできるようになった。労働の自由度指数が完全自由移動の場合を100とする労働の自由度指数は，2014年にベトナムが70で，中国やインドネシアより高い。[15]しかし，その評価は近代部門に関するものであり，インフォーマルセクターが大きいベトナムでは労働市場に参加していない労働者が多い。全労働者に占める個人業主・家庭業主の割合は2000年の87％から2013年に78％に低下してきたが，まだ圧倒的である。この期間に，国家部門（国有企業と行政事業）の割合は9％から10％へ，民間企業は2％から8％，FDI部門は1％から3％へとそれぞれ上昇した。このため，賃金労働者が全労働者の約35％にすぎない[16]（2013年）。もちろんこの事情は発展段階を反映しているので，今後改善していくであろう。

なお，大学卒労働者層，管理職，政府の職員などのレベルでの労働配分は効率的でない。縁故のほか，賄賂や仲介料などで取引コストが高い。また，共産党員かどうかによっても就職・昇進の機会が違う。これらの点が改善しなければ労働市場が発展しない。

要するに，資本，土地と労働の要素市場が発展しなければ資源配分が有効で

なく，要素の生産性が改善されない。ベトナムの新たなドイモイの方向はそのような要素市場の発展を促進することである。

4　おわりに——ガバナンスと資源配分

　要素市場の問題のほか，政府サービスの質，許認可行政のあり方も企業の投資，資源配分に影響を与える。国際透明性事務局（Transparency International Secretariat）が毎年発表する汚職認識指数（Corruption Perception Index）をみると，「透明性ランキング」ではベトナムは依然として下位に位置づけられている。例えば2014年の透明性ランキングでは，ベトナムは調査175カ国中，119位である。世界銀行が各国の経営環境に関する状況を調査し，毎年発表する*Doing Business*をみると，ベトナムは中国などと比べて劣悪で，しかも改善速度が遅いことがわかる。例えば企業が納めなければならない各種課税が32件に上り，2005年から2012年まで減少していない（中国は同じ期間に35件から7件への減少）。企業の納税に関する準備と実施は平均して872時間（2012年）に上った。2005年の1,050時間と比べて改善したが，変化速度が遅かった。ちなみに，中国は同期間に832時間から338時間に改善した。

　このように見てくると，要素市場に合わせて，ベトナムのガバナンスも問題が多く，資源配分の歪みをもたらしていると考えられる。

　第1節の参照枠組みの示唆からみて上述のような要素市場の発展のための制度改革が着実に進められていけばベトナムは低位中所得国の罠を回避し，高位中所得国へ発展できると考えられる。逆に制度改革が実行されなければその罠に陥る可能性が高い。ベトナムはどちらの方向に展開するだろうか。現在，その制度改革を妨げる要因がある一方，それを促進する要因もある。

　改革を妨げる要素となっているのは共産党の保守勢力や既得権益グループである。保守勢力はイデオロギーに縛られて社会主義の根幹である全国民所有重視の観点から国有企業の保護の正当化，農地の公有制の堅持を主張し続ける。既得権益グループは保守勢力との癒着により現在の経済体制を維持しようとしている。

　他方，新たな制度改革を促進する要素として考えられるのは，今後世界経

済・アジア経済への統合過程が強まっていく流れにあることである。ベトナム
はASEAN自由貿易地域（AFTA）やASEAN中国自由貿易協定（ACFTA）のメ
ンバーとして工業品の輸入関税を削減・撤廃する義務を負う。AFTAの完全
な実施スケジュールでは，ベトナムの場合，2015年までほぼすべての工業品に
おいて関税率がゼロになった。ACFTAの場合，ベトナムは2015年1月1日ま
でセンシティヴ・トラック品目を除くすべての工業品の対中輸入の関税率が撤
廃された。センシティヴ・トラック品目の関税率も段階的に撤廃し，2015年1
月までに20％以下，2020年1月1日までにはゼロになるのである。[17]

　もう1つの自由貿易地域は環太平洋経済連携協定（TPP）である。TPP関連
の交渉は米国主導の下で進められ，2008年にベトナムも参加意思を表明し，
2010年以降に正式に交渉に参加した。TPPに対してベトナムが積極的な態度
を表明したのは，TPPへの参加に伴って対米輸出が一層拡大することを期待
したものであったし，TPPの非加盟国にとってはアメリカ市場における貿易
転換効果が生じるので，それを回避するため，ベトナムでの直接投資・現地生
産を行い，米国への迂回輸出をする企業が増加するという期待もあったからで
ある。また，ここまでみてきたようにベトナムは，今後の持続的発展のために
国有企業や金融システムの改革が必要であるが，既得権益，イデオロギー的保
守勢力の抵抗でなかなか実現されてこなかった。TPPへの参加は質の高い市
場経済への移行を促進させる外圧となることが，期待できるのである。[18]

　このようにTPPに参加する大きなメリットの1つは，制度改革を早め，市
場経済への移行を促進することであるが，逆にTPPによる市場開放のペース
に制度改革が追いついていけない場合，TPPの負の効果が生じてしまう懸念
もある。制度改革が遅れて，国内企業が十分競争力がついていないうちに，国
際競争力のある新しい工業が発展しないうちに，安価な工業品がTPP加盟国
から大量に輸入されるからである。

　このようにベトナムには要素市場の発展のための抜本的制度改革を妨げる要
因と促進する要因が同時に存在している。結局どちらの要因が支配的になるか。
前者が圧倒的に強いならベトナムは低位中所得国の罠に陥るだろう。後者が圧
倒的に強いならベトナム経済が持続的に発展し，中所得国の罠を回避できる。
筆者の判断では今後4～5年の中期的視野では制度改革を遅らせる要因が強い
が，それが長期的には弱くなり，改革促進要因が支配的になるとみている。す

でに経済成長の減速，要素市場の歪みによる汚職，既得権益の温存が本格的に改善されなければ国民の共産党への信頼が喪失し，共産党の独裁的統治の正統性もなくなるので，保守勢力の立場がますます弱くなっていくのであろう。

　なお，現在，要素市場の歪みで国内民間企業の発展が遅れているが，外国からの直接投資（FDI）の増加が続けているので，ベトナムの工業の国際競争力は向上している。このため，ベトナムは中期的には低位中所得国の罠を避けることができると考えられる。[19]

┌─ ■□コラム□■ ──────────────────────────

ベトナムの新たなドイモイを促進した2つのショック

　本文で述べられたように，ベトナムでは，2010年頃から資源配分の非効率性，要素市場の歪みを特徴づけられた現段階の諸問題が表面化した。実はベトナム共産党は，2011年に「成長モデルのドイモイ（刷新）・経済の再構築」の必要性を主張し，再構築の対象となる3つの領域（国有企業，金融セクターと公共投資）を定めた。これら3つの領域の抜本的改革の目的は，市場の健全な発展を通じて経済の効率的・持続的成長を可能にすることである。

　ところで，2012年にこれらの具体的な方針が発表されたが，なかなか始動しなかった。2014年に生じた2つのショックは，指導層や国民各層における危機感を高めた。1つは中国ショックで，中国の石油リグ「海洋981号」がベトナムの排他的経済水域に侵入し，不法な活動を展開したことである。ベトナムでは反中感情と共に，経済の「脱中」（中国への依存の引き下げ努力）の機運が高まった。2つ目はサムスンショックである。韓国の大手電子企業がベトナム北部両省のバクニンとタイグエンでスマートフォンを製造するための大規模な工場を建設し，本格的に生産を開始したが，大量の素材・部品を中国や韓国から輸入しなければならないことが認識された。ベトナムの裾野産業発展の遅れが露呈したのである。こうした背景により，改革を速めなければならないという意識が高まったのである。特に，サムスンショックなどへの対応策として2014年3月に出された政府決定14号は，企業をめぐる投資・経営環境を一層改善しただけでなく，具体的目標を掲げ，目標達成に努力した。一例として，ベトナムのビジネス環境をマレーシアやタイのASEAN先発国と同等レベルに引き上げることを目標にした。その成功例の1つは，872時間必要とされていた企業の納税関連事務を，半年あまりの間に350時間に短縮したことにも表れている。

（トラン・ヴァン・トゥ）

└──────────────────────────────────

■　■　■

●注

（1）　ここでは省略するが，トラン（2010）第1章は発展段階に関するW. Rostow, S.
　　　Kuznets, A. Lewis, P. Krugman, 速水佑次郎の見解を紹介した上，独自の考え

方を展開した。

（２）　これらの点についての理論的考察の詳細はトラン（2016b）を参照。

（３）　経済発展と高品質の制度との関係についてRodrik（2007），Ch. 6，トラン（2010）第1章を参照。

（４）　Acemoglu and Robinson（2012）を批判したSachs（2012）は，技術の（外国から）導入・普及と自己の技術革新を区別すべきで，前者の場合は独裁的政治制度の下でも促進され，経済発展に成功すると主張している。この見解は示唆的である。確かに，70年代までの韓国・台湾や80年代以降の中国などのケースはそうである。技術革新が必要な段階に高品質の制度が重要になってくるのである。

（５）　社会主義経済システムの欠陥について例えばトラン（2010）第1章と第2章を参照。1976年以降のベトナム経済の状況と問題について同書の第4章を参照。

（６）　詳しくはトラン（2010）第3・4章を参照

（７）　実質ベースでは世界銀行の世界開発指標によると，2005年価格の1人あたりGDPはドイモイ開始年（1986年）に240ドル，1993年に317ドル，2008年に776ドル，2013年に931ドルであった。

（８）　ただし，2007年から2010年まで企業集団の放漫な拡張投資などで投資率が40%前後まで上昇し，インフレの高進，非効率な成長などをもたらした（後出の**図10－2**を参照）。

（９）　一定の生産量を増加させるために必要な資本の追加量を示す概念で，この指標が大きいほど非効率である。

（10）　詳しくはトラン（2010）第2章を参照。

（11）　この点の詳細について例えばTran（2013a）を参照。

（12）　後述のように，外資導入政策はWTOに加盟した2007年以降，逆に開放的すぎて，生産・輸出における外資系企業の存在が大きくなってきた。

（13）　この状況についてDinh va Pham eds.（2015），pp. 412-414が詳しい。

（14）　大規模農場はベトナムで農園（trang trai）といわれる。トラン（2010）第8章を参照。なお，この問題について最近の詳細な分析として高橋（2013）がある。

（15）　シンガポールの指数は100に近い。Pham va Nguyen eds.（2015），p. 330。

（16）　この比率がフォーマル各部門の労働者合計の割合より高いのは，家庭業主も一部賃金労働者を雇っているためであると考えられる。

（17）　詳しくはトラン（2010）第11章。

（18）　詳しくはトラン（2013）を参照。なお，12カ国が参加したTPPからアメリカはトランプ大統領の就任（2017年1月）と共に脱退した。日本を中心にTPP11カ国の可能性が検討されており，将来アメリカが再参加する可能性がある。

（19）　トラン（2016a）はその点を詳細に分析している。

●参考文献

高橋塁（2013）「現代ベトナム農業における経営規模の拡大とその雇用吸収力」坂田正三編『高度経済成長下のベトナム農業・農村の発展』アジア経済研究所，第1章。

トラン・ヴァン・トゥ（2013）「環太平洋パートナーシップ（TPP）とベトナム」『東亞』No. 554。

トラン・ヴァン・トゥ（2016）「アジア新興国と中所得国の罠」『国際経済』。

Acemoglu, D. and J. Robinson (2012), *Why Nations Fail: The Origins of Power, Prosperity and Poverty*, New York : Crown.

Dinh Tuan Minh va Pham The Anh eds. (2015), *Bao cao phat trien nen kinh te thi truong Viet Nam 2014*（ベトナム市場経済の発展報告2014年），Hanoi : Nha xuat ban Tri thuc.

Dollar, D. (2015), "Institutional Quality and Growth Trap", Paper for the PAFTAD 37 Conference, Institute of Southeast Asian Studies, Singapore.

North, D. C. (1990), *Institutions, Institutional Changes and Economic Performance*, New York : Cambridge University Press.

General Statistic Office (2010), *Thuc trang Doanh nghiep qua Ket qua Dieu tra tu nam 2000 den 2009*（2000～2009年のベトナム企業の現状についての調査）GSO編集（www.gso.gov.vn）.

Nguyen, T. et al. (2012), *Kinhte Vietnam Giaidoan 2006-2010 va Trien vong 2011-2020*（ベトナム経済：2006-2010の分析と2011-2020の展望），Trung tam Phan tich va du bao, Vien Khoa hoc xa hoi, Hanoi.

Pincus J., T.T.A. Vu, D.N Pham, B. Wilkinson and X.T. Nguyen (2012) Structural Reform for Growth, Equity, and National Sovereignty. Policy discussion paper prepared for the Vietnam Executive Leadership, Program, Harvard Kennedy School (Asia Programs).

Rodrik, D. (2007), *One Economics Many Recipes*, Princeton University Press.

Sachs, J. (2012), "Government, Geography, and Growth : The True Drivers of Economic Development, *Foreign Affairs*, 91(5), September/October 2012 : 142-150.

Tran Van Tho (2013a), "Vietnamese Economy at the Crosroads : New Doi Moi for Sustained Growth", *Asian Economic Policy Review* (2013) 8 : 122-143.

Tran Van Tho (2013b), The Middle-Income Trap : Issues for Members of the Association of Southeast Asian Nations, *ADBI Working Paper* No. 421 (May).

Tran Van Tho (2013c), "The Problem of Vietnamese Gradualism in Economic Reforms", *East Asia Forum*, April 12th, 2013.

Tran Van Tho (2007), *Bien dong Kinh te Dong A và Con duong Cong nghiep hoa Viet Nam*, （アジアの経済の変動とベトナムの工業化）Young Publisher.

World Bank (2002), *World Development Report 2002: Building Institutions for Markets*, New York : Oxford University Press.

World Bank (2006), *Taking Stock : An Update on Vietnam's Economic Development by the World Bank in Vietnam*, Consultative Group Meeting in Vietnam, Hanoi.

●学習のための推薦図書────────────

トラン・ヴァン・トゥ（2010）『ベトナム経済発展論──中所得国の罠と新たなドイモイ』勁草書房。

World Bank (2011) *Vietnam Development Report 2012: Market Economy for a Middle-Income Vietnam*, Hanoi : World Bank.

トラン・ヴァン・トゥ（2016b）「ベトナム経済──高位中所得国への発展の展望」トラン・ヴァン・トゥ編『ASEAN経済新時代と日本』文眞堂。

（トラン・ヴァン・トゥ）

第11章
東アジアの経済統合

──ASEAN経済共同体（AEC）の創設とRCEP──

　東アジアでは，東南アジア諸国連合（ASEAN）が経済統合をリードしてきた。ASEANは，世界経済の構造変化に合わせて発展を模索し，1976年から域内経済協力を進め，1992年からはASEAN自由貿易地域（AFTA）の確立を目指し，さらに2015年末のASEAN経済共同体（AEC）の実現を目指してきた。ASEAN域内経済協力は，着実な成果を上げてきた。また生産ネットワーク構築も支援してきた。同時に，東アジアの地域協力とFTAにおいてもASEANが中心となってきた。

　そして世界金融危機後の変化は，世界経済におけるASEANの重要性を増すとともに，AECの実現を迫ってきた。これらの変化の下でASEANは，2015年12月31日にはAECを創設した。2015年11月の首脳会議では新たなAECの目標（AEC2025）を打ち出し，2025年に向けて，さらにAECを深化させようとしている。またASEANは，2011年には東アジア地域包括的経済連携（RCEP）を提案し，東アジア全体の経済統合をも進めている。

　グローバル化を続ける現代世界経済の変化に合わせて着実にAECの実現に向かい，さらには世界の成長地域である東アジアにおいて経済統合を牽引しているASEANの例は，現代の経済統合の最重要な例の１つと言える。

　本章では，現在の世界金融危機後の構造変化の下でのASEANとAEC，そしてRCEPについて考察する。

1　はじめに──ASEANと東アジアの経済統合

　東アジアでは，東南アジア諸国連合（ASEAN）が経済統合をリードしてきた。ASEANは従来東アジアで唯一の地域協力機構であり，1967年の設立以来，政治協力や経済協力など各種の協力を推進してきた。加盟国も，設立当初のインドネシア，マレーシア，フィリピン，シンガポール，タイの５カ国から，1984年にブルネイ，1995年にはベトナム，1997年にラオス，ミャンマー，1999

年にカンボジアが加盟し10カ国へと拡大した。

　1976年からは域内経済協力を進め，1992年からはASEAN自由貿易地域（AFTA）を目指し，2010年1月1日には先行加盟6カ国により関税がほぼ撤廃され，2015年末のASEAN経済共同体（AEC）の実現を目指して来た。AECは，2003年の「第二ASEAN協和宣言」で打ち出された，ASEAN単一市場・生産基地を構築する構想である。

　ASEANは，東アジアにおける地域協力においても中心となってきた。東アジアにおいては1997年からのアジア経済危機を契機に，ASEAN＋3やASEAN＋6などの重層的な協力が展開してきており，その中心はASEANであった。ASEANを軸としたASEAN＋1の自由貿易協定（FTA）も確立されてきた。

　そして2008年からの世界金融危機後の変化の下で，世界経済におけるASEAN経済の重要性がより大きくなり，ASEAN経済統合の重要性もより大きくなってきた。また世界金融危機後の構造変化のなかで，環太平洋経済連携協定（TPP）が大きな意味を持ち始め，AECの実現と東アジアの経済統合に大きな影響を与えてきている。東アジア全体のFTAは，これまでは構想されたものの交渉には至らなかったが，TPP交渉が進展するなかで，2011年11月にはASEANが東アジア地域包括的経済連携（RCEP）を提案し，2013年5月には実際に交渉が開始された。また2015年10月にはTPPが遂に大筋合意に至った。

　2015年12月31日にASEANは，AECを創設した。そして2025年に向けての新たなAECの目標（「AEC2025」）を打ち出し，AECをさらに深化させようとしている。

　本章では，世界経済の構造変化の下でのASEAN経済統合と東アジアの経済統合を考察する。筆者は世界経済の構造変化の下でのASEANと東アジアの経済統合を長期的に研究してきている。本章ではそれらの研究の延長に，現在の世界金融危機後の構造変換の下でのASEANとAEC，そしてRCEPについて考察したい。

2　ASEAN域内経済協力の過程

（1）　域内経済協力の開始と転換

　東アジアでは，ASEANが域内経済協力・経済統合の先駆けであった。ASEANは，1967年8月8日の「ASEAN設立宣言（バンコク宣言）」をもとに，インドネシア，マレーシア，フィリピン，シンガポール，タイの5カ国によって設立された。ASEANの設立は，ベトナム戦争やラオス危機といった当時のインドシナ情勢を背景としながら，直接には1963年のマレーシアの成立を巡る域内紛争の緊張緩和の過程からであった（ASEAN域内経済協力の過程に関して詳細は，清水，1998，2008，2011a参照。ASEAN設立の経緯に関しては，山影，1991，第3章参照。ASEANとASEAN各国の歴史に関しては，清水・田村・横山，2011参照）。

　1976年には，第1回ASEAN首脳会議が開催された。第1回首脳会議では，「ASEAN協和宣言」が出され，同時に「東南アジア友好協力条約」が締結された。協力強化の背景には，ASEANを取り巻く世界政治経済の急激な変化があった。1975年にはベトナム戦争が終結してベトナム・ラオス・カンボジアのインドシナ3国が社会主義化し，ASEAN各国は政治協力の一層の強化と同時に，成長による安定を求めた。また1973年からのオイルショックを契機とする不況に対して各国は，ASEANとしての対処と域内経済協力を求めた。こうして当初の政治協力に加えて，域内経済協力が開始された。

　1976年からの域内経済協力は，当時の各国の工業化を背景にして，外資に対する制限の上に企図された各国の輸入代替工業化（それまで輸入していた製品を，自国で生産し代替するタイプの工業化）をASEANが集団的に支援するというものであった（「集団的輸入代替重化学工業化戦略」）。しかし，①ASEAN共同工業プロジェクト（AIP），②ASEAN工業補完協定（AIC），③特恵貿易制度（PTA）などの政策の実践からみても，域内市場の相互依存性の創出という視点からみても挫折に終わった。挫折の主要な原因は，各国間の利害対立とそれを解決できないことに求められた（清水，1998，第1〜3章）。

　だが，1987年の第3回首脳会議を転換点として，プラザ合意を契機とする世界経済の構造変化をもとに，「集団的外資依存輸出指向型工業化戦略」へと転換した。ASEAN域内経済協力の基盤が，世界経済の構造変化を基に変化した

ためであった。1985年9月のプラザ合意以降，円高・ドル安を背景にNIESそしてASEANへの日本からの直接投資の急増といった形で多国籍企業の国際分業が急速に進行した。同時にASEAN各国は，構造変化に合わせて新たな発展・成長戦略，外資依存かつ輸出指向の発展成長戦略に転換し，外資政策もそれまでの直接投資規制的なものから，直接投資を優遇するものへ転換させた。新たな戦略は，80年代後半から始まった外資依存かつ輸出指向型の工業化（外国からの直接投資を積極的に受け入れ工業化し，製品の主要な市場を外国に求め輸出する）を，ASEANが集団的に支援達成するというものであった。この戦略下での協力を体現したのは，日本の三菱自動車工業がASEANに提案して採用されたブランド別自動車部品相互補完流通計画（BBCスキーム）であった（清水，1998，第4・5章）。

（2）　1990年代の構造変化とアジア経済危機後の構造変化

　1991年から生じたASEANを取り巻く政治経済構造の歴史的諸変化，すなわち①アジア冷戦構造の変化，②中国の改革・開放に基づく急速な成長と中国における対内直接投資の急増，③アジア太平洋経済協力（APEC）の制度化等から，集団的外資依存輸出指向型工業化戦略の延長上での域内経済協力の深化と拡大が進められることとなった。諸変化のなかでは，特に冷戦構造の変化が大きな影響を与えた。中国やベトナムは，政治体制においては社会主義体制を維持したまま，経済においては「計画経済」から「市場経済」への移行を始めた。またインドシナ情勢も一変し，1991年にはパリ和平協定が結ばれ，1978年にカンボジアへ侵攻したベトナム軍のカンボジアからの最終撤退とカンボジア和平が実現した（清水，1998，終章）。

　これらの変化を受け，1992年の第4回首脳会議からはAFTAが推進されてきた。AFTAは，共通効果特恵関税協定（CEPT）により，適用品目の関税を2008年までに5％以下にする事を目標とした。また1996年からは，BBCスキームの発展形態であるASEAN産業協力（AICO）スキームが推進された。そして冷戦構造の変化を契機に，1995年にはASEAN諸国と長年敵対関係にあったベトナムがASEANに加盟した。1997年にはラオス，ミャンマーが加盟，1999年にはカンボジアも加盟し，ASEANは東南アジア全域を領域とすることとなった。1980年代からの国際資本移動による相互依存性の拡大と冷戦構造の

変化による領域の拡大こそは，現在進行中のグローバル化のきわめて重要な要因である。ASEANはこれらの両方を含み，世界経済の構造変化の焦点となった（清水，2011a）。

　しかしながら1997年のタイのバーツ危機に始まったアジア経済危機は，ASEAN各国に多大な被害を与えた。アジア経済危機は，これまでの矛盾が噴出し近隣諸国に伝播したものであった。90年代に急速に成長していたASEAN各国では成長が鈍化し，さらにはマイナスに落ち込んだ。1998年にはインドネシア，マレーシア，フィリピン，タイの4カ国はいずれもマイナス成長となった。国際資本移動の急速な拡大は，1980年代後半からのASEAN各国の急速な発展・成長を基礎づけたが，他面ではアジア経済危機の要因となったのである。

　1997年のアジア経済危機を契機として，ASEAN域内経済協力は，さらに新たな段階に入った。ASEANを取り巻く世界経済・東アジア経済の構造が，大きく変化してきたからであった。すなわち第一に，中国の急成長と影響力の拡大である。中国は1997年以降も一貫して7％以上の高成長を維持し，この成長の要因である貿易と対内投資が急拡大した。特に直接投資の受け入れ先としての中国の台頭は，ASEANならびにASEAN各国にとって大きな圧力となった。第二に，世界貿易機関（WTO）による世界全体での貿易自由化の停滞とFTAの興隆であった。第三に，中国を含めた形での東アジアの相互依存性の増大と東アジア大の経済協力基盤・地域協力の形成であった。アジア経済危機以降の構造変化のもとで，ASEANにとっては，さらに協力・統合の深化が目標とされた。

3　AECへ向けての域内経済協力の深化

（1）　AECへ向けての域内経済協力の深化

　ASEAN域内経済協力は，2003年10月に開かれた第9回首脳会議の「第二ASEAN協和宣言」を大きな転換点として，単一市場あるいは共同市場を目標とする新たな段階に入った。「第二ASEAN協和宣言」は，ASEAN安全保障共同体（ASC），ASEAN経済共同体（AEC），ASEAN社会文化共同体（ASCC）から成るASEAN共同体（AC）の実現を打ち出した。AECはASEAN共同体を構成する3つの共同体の中心であり，「2020年までに物品（財）・サービス・投

資・熟練労働力の自由な移動に特徴づけられる単一市場・生産基地を構築する」構想であった（"Declaration of ASEAN Concord II."　AECへ向けての域内経済協力の深化に関して詳細は，清水，2016b参照）。

　AECにおいても直接投資の呼び込みは非常に重要な要因であり，AECは集団的外資依存輸出指向型工業化の側面を有している。2002年11月のASEAN首脳会議において，シンガポールのゴー・チョクトン首相はAECを提案したが，それは中国やインドなど競争者が台頭するなかでの，ASEAN首脳達のASEANによる直接投資を呼び込む能力への危惧によるものであった（Severino, 2006, pp.342-343）。ASEAN各国にとって依然として直接投資と輸出は発展のための切り札であった。しかし中国やインドのような強力な競争者が台頭し，そのような環境のもとで，より直接投資を呼び込むために，各国首脳達はASEANとしての協力・統合を求めたのであった。そして協力・統合の深化が目標とされるとともに，域内経済格差の是正も重要な目標とされるようになってきた。

　2007年1月の第12回ASEAN首脳会議では，ASEAN共同体創設を5年前倒しして2015年とすることを宣言した。2007年11月の第13回首脳会議では，第一に，全加盟国によって「ASEAN憲章」が署名され，第二に，AECの2015年までのロードマップである「AECブループリント」が発出された。ASEAN憲章は翌年12月に発効し，その制定はAECとAC実現のための重要な制度整備であった。またASEAN憲章は，東アジアの地域協力における初の憲章であった。

　AECの実現に直接関わる「AECブループリント」は，3つの共同体の中で最初のブループリントであり，AECに関するそれぞれの分野の目標とスケジュールを定めた。4つの戦略目標と17のコアエレメント（分野）が提示され，コアエレメントごとに具体的な目標と措置（行動）と戦略的スケジュールを示した。4つの戦略目標とは，A.単一市場と生産基地，B.競争力のある経済地域，C.公平な経済発展，D.グローバルな経済統合である。「A.単一市場と生産基地」は，①物品（財）の自由な移動，②サービスの自由な移動，③投資の自由な移動，④資本の自由な移動，⑤熟練労働者の自由な移動を含む（ASEAN Secretariat, 2008b．AECブループリントならびにスコアカードに関しては，石川，2016等を参照）。

　2008年からは，ブループリントを確実に実施させるために，スコアカードと

事務局によるモニタリングを実施している。スコアカードは各国ごとのブルー
プリントの実施状況の点検評価リストである。またAFTA-CEPT協定を大き
く改定したASEAN物品貿易協定（ATIGA）も2010年5月に発効した。

　2010年10月の第17回ASEAN首脳会議では，AECの確立と域内格差の是正を
後押しするために「ASEAN連結性マスタープラン」が出された。「ASEAN連
結性マスタープラン」は，2015年のAEC確立を確実にする意図を有する。
ASEANの連結性については，①物的連結性，②制度的連結性，③人的連結性
の3つの面で連結性を高めることが述べられた。例えば①物的連結性に関して
は，道路，鉄道，海路・港湾，デジタルインフラ，エネルギーインフラ等に言
及し，物的に欠けている部分をつなぐ必要を強調した（ASEAN, Secretariat,
2010．ASEAN連結性マスタープランに関しては，石川，2016等，ASEANの連結性に関
しては，春日，2016等を参照）。こうしてASEANでは，AECの実現に向けて，着
実に行動が取られてきた。

（2）　ASEAN域内経済協力の成果

　これまでの域内経済協力の成果としては，例えばAFTAによって1993年か
ら関税引き下げが進められ，各国の域内関税率は大きく引き下げられてきた。
2003年1月には，先行6カ国で関税が5％以下の自由貿易地域が確立され，
「第二ASEAN協和宣言」からはAECの柱のAFTAの確立も加速を迫られた。
当初は各国がAFTAから除外してきた自動車と自動車部品も，組み入れられ
てきた。最後まで自動車をAFTAに組み入れることに反対していたマレーシ
アも，2004年1月に自動車をAFTAに組み入れ，実際に2007年1月に自動車
関税を5％以下に引き下げた。

　2010年1月には先行加盟6カ国で関税が撤廃され，AFTAが完成した。先
行加盟6カ国では品目ベースで99.65％の関税が撤廃された。新規加盟4カ国
においても，全品目の98.96％で関税が0〜5％となった。各国のAFTAの利
用も大きく増加し，例えばタイのASEAN向け輸出（一部を除きほぼすべてで関
税が無税のシンガポール向けを除く）に占めるAFTAの利用率は，2000年の約
10％，2003年の約20％から，2010年には38.4％へと大きく拡大した。また2010
年のタイの各国向けの輸出に占めるAFTA利用率は，インドネシア向け輸出
で61.3％へ，フィリピン向け輸出で55.9％に達した（『通商弘報』2011年4月30日

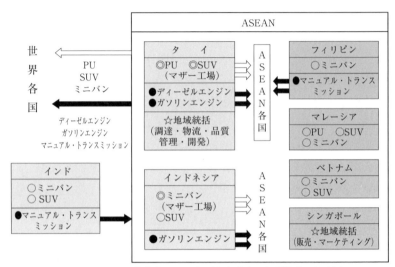

図11-1　トヨタ自動車IMVの主要な自動車・部品補完の概念図

注：ヒアリングをもとに筆者作成。
出所：清水（2011b），p.73。

号。AFTAに関しては，助川，2016a等を参照）。

　域内経済協力によって国際分業と生産ネットワークの確立も支援された。その典型は自動車産業であった。輸入代替産業として各国が保護してきた自動車産業においても，AFTAやAICOによって日系を中心に外資による国際分業と生産ネットワークの確立が支援されてきた。例えばトヨタ自動車は，1990年代からBBCスキームとAICO，さらにAFTAに支援されながら，ASEAN域内で主要部品の集中・分業生産と部品の相互補完流通により，生産を効率的に行ってきている。2004年8月からタイで生産開始したトヨタ自動車の革新的国際多目的車（IMV）プロジェクトも，これまでの域内経済協力の支援の延長に考えられる。IMVは，2004年8月にタイではじめて生産開始された，1トンピックアップトラックベース車を部品調達から生産と輸出まで各地域内で対応するプロジェクトである。

　IMVは，これまでの域内での部品の集中生産と補完を基に，域内分業と現地調達を大幅に拡大し，多くの部品をタイとASEAN各国で生産している。主要部品を各国で集中生産してAFTAを利用しながら補完し，同時に世界各国

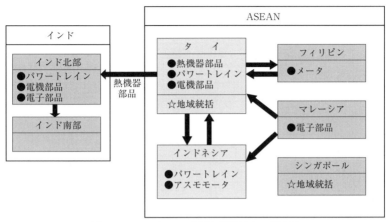

図11-2　デンソーの主要な部品補完の概念図

注：ヒアリングをもとに筆者作成。
出所：清水（2011b），p.74。

へも輸出している。また完成車もASEAN域内で補完し，かつ世界各国へ輸出
している（**図11-1**）。さらにIMVプロジェクトは，一次部品メーカーの代表で
あるデンソーの部品の集中生産と相互補完を拡大し（**図11-2**），一次部品メー
カー，二次部品メーカーや素材メーカーを含め，ASEANにおける重層的な生
産ネットワークを拡大してきた。またそれらによりASEANでの生産と雇用の
拡大，ASEANを含めた現地調達の拡大，技術の向上も促進されてきた（清水,
2011b，2015参照）。

4　ASEANを中心とする東アジアの地域経済協力

（1）　ASEANと東アジアの地域経済協力

　ASEANは，東アジアの地域経済協力においても，中心となってきている
（**図11-3**）。東アジアにおいては，アジア経済危機とその対策を契機に，
ASEAN＋3（日本，中国，韓国）の枠組みをはじめとして地域経済協力が重層
的・多層的に展開してきた。それが東アジアの地域経済協力の特徴であるが，
その中心はASEANである。ASEAN＋3協力枠組みは，アジア経済危機直後
の1997年12月の第1回ASEAN＋3首脳会議が基点であり，2000年5月には

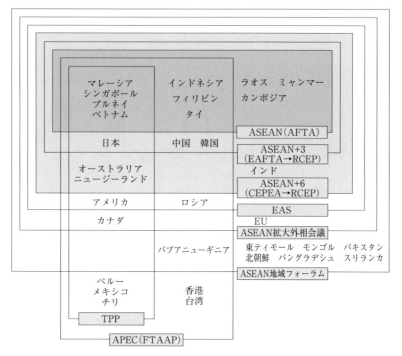

図11-3　ASEANを中心とする東アジアの地域協力枠組みとTPP

注：（　）は自由貿易地域（構想を含む）である。
　ASEAN：東南アジア諸国連合，AFTA：ASEAN自由貿易地域，
　EAFTA：東アジア自由貿易地域，EAS：東アジア首脳会議，
　CEPEA：東アジア包括的経済連携，RCEP：東アジア地域包括的経済連携，
　APEC：アジア太平洋経済協力，FTAAP：アジア太平洋自由貿易圏，
　TPP：環太平洋経済連携協定。
出所：筆者作成。

ASEAN＋3財務相会議においてチェンマイ・イニシアチブ（CMI）が合意された。広域のFTAに関しても，13カ国による東アジア自由貿易地域（EAFTA）の確立へ向けて作業が進められた。

　2005年には，ASEAN＋6の東アジア首脳会議（EAS）も開催された。参加国はASEAN10カ国，日本，中国，韓国に加えて，インド，オーストラリア，ニュージーランドの計16カ国であった。EASはその後も毎年開催され，広域FTAに関しても，2006年の第2回EASで16カ国による東アジア包括的経済（CEPEA）構想が合意された（東アジアの地域経済協力に関して詳細は，清水，

2011a，2016c参照）。

　東アジアにおいては，FTAも急速に展開してきた。そのなかでもASEAN中国自由貿易地域（ACFTA），ASEAN日本包括的経済連携協定（AJCEP），ASEAN韓国FTA（AKFTA），ASEANインドFTA（AIFTA）など，ASEANを中心とするASEAN＋1のFTAが中心である。ASEAN＋1のFTAは，2000年11月に中国の朱鎔基首相がASEANにFTA締結を提案したことに始まり，急速に構築されてきた。2010年にはASEANとインドのFTA（AIFTA），ASEANとオーストラリア・ニュージーランドのFTA（AANZFTA）も発効し，ASEANを中心とするFTA網が，東アジアを覆ってきた。ただし，東アジア全体のFTAについては，日本が推すCEPEAと中国が推すEAFTAが検討されてきたが，いずれも交渉には至らなかった。

（2）　ASEAN域内経済協力の東アジアへの拡大

　ASEANにおいては，域内経済協力が，その政策的特徴ゆえに東アジアを含めより広域の経済協力を求める。ASEAN域内経済協力においては，発展のための資本の確保・市場の確保が常に不可欠であり，同時に，自らの協力・統合のための域外からの資金確保も肝要である。すなわち1987年からの集団的外資依存輸出志向工業化の側面を有している。そしてこれらの要因から，東アジア地域協力を含めた広域な制度の整備やFTAの整備は避けられない。

　ASEANでは，これまで域内経済協力と同時に域外経済協力が展開し，域外経済協力（対外経済共同アプローチ）に関して一貫して効果を上げてきた。域外経済協力は，そもそも1972年の対EC通商交渉，1973年の対日合成ゴム交渉以来の歴史を持つが，最近ではASEAN拡大外相会議，ASEAN＋3会議，EAS，ASEAN地域フォーラム（ARF）にみられるように，東アジア地域における交渉の「場」をASEANが提供し，自らのイニシアチブの獲得を実現してきた。またASEANをめぐるFTA構築競争もこれらの会議の場を主要な舞台としてなされてきた。

　ASEAN域内経済協力のルールが東アジアへ拡大してきていることも重要である。例えば，ASEANスワップ協定（ASA）が，チェンマイ・イニシアチブ（CMI）として東アジアへ拡大した。また，AFTA原則が，ACFTAなどASEANを軸とするFTAに展開してきた。EASの参加基準も，ASEAN基準に

基づくこととなった。ASEANの対話国，東南アジア友好協力条約（TAC）加盟，実質的な関係の3つの条件である。ASEAN憲章も東アジアの地域協力で初の憲章であり，今後の東アジア地域協力における憲章を方向づける可能性がある。こうしてASEANの域内経済協力・統合の深化と方向が，東アジア地域協力を方向づけてきた（清水，2008）。

5　世界金融危機後のASEANと東アジア

（1）　世界金融危機後のASEANと東アジア

　2008年からの世界金融危機後の構造変化は，ASEANと東アジアに大きな転換を迫った。世界金融危機は，アジア経済危機から回復しその後発展を続けてきたASEANと東アジアの各国にとっても打撃となった。危機の影響のなかでも，最終需要を提供するアメリカ市場の停滞と世界需要の停滞は，輸出指向の工業化を展開し最終財のアメリカへの輸出を発展の重要な基礎としてきた東アジア諸国の発展・成長にとって，大きな制約要因となった（世界金融危機後の構造変化とASEAN・東アジアに関しては，清水，2011a，2016c参照）。

　世界経済は新たな段階に入り，これまでのアメリカの過剰消費と金融的蓄積に基づいた東アジアと世界経済の成長の構造は，転換を迫られてきた。そのような構造変化の中で，新たな世界全体の経済管理と地域的な経済管理が求められてきた。現在，WTOによる貿易自由化と経済管理の進展は困難であり，地域による貿易自由化と経済管理がより不可避となってきた。

　ASEANにおいては，アメリカやヨーロッパのような域外の需要の確保とともに，ASEANや東アジアの需要に基づく発展を支援することが，これまで以上に強く要請される。ASEANと東アジアは，他の地域に比較して世界金融危機からいち早く回復して成長を持続し，世界経済における最も重要な成長地域となった。ASEANと東アジアは，主要な生産基地ならびに中間財の市場であるとともに，成長による所得上昇と巨大な人口により，主要な最終消費財市場になってきている。それゆえ，域外との地域経済協力・FTAの構築とともに，ASEANや東アジアにおける貿易自由化や円滑化が一層必要なのである。

　一方，世界金融危機後のアメリカにおいては，過剰消費と金融的蓄積に基づく内需型成長の転換が迫られ，輸出を重要な成長の手段とすることとなった。

主要な輸出目標は，世界金融危機からいち早く回復し成長を続ける東アジアである。オバマ大統領は2010年1月に輸出倍増計画を打ち出し，アジア太平洋にまたがるTPPへの参加を表明した。

　TPPは，2006年にP4として発効した当初は4カ国によるFTAにすぎなかったが，アメリカが参加を表明し，急速に大きな意味を持つようになった。以上のような状況は，ASEANと東アジアにも影響を与え始めた。東アジアの需要とFTAを巡って競争が激しくなってきたのである。

（2）　2010年からのFTA交渉の加速

　世界金融危機後の変化の中で，2010年はASEANと東アジアの経済統合にとって画期となった。1月にAFTAが先行6カ国で完成し，対象品目の関税が撤廃された。同時に，ASEANと中国，韓国，日本と間のASEAN＋1のFTA網もほぼ完成し，ASEANとインドのFTA（AIFTA），ASEANとオーストラリア・ニュージーランドのFTA（AANZFTA）も発効した。6月には中国と台湾の間で，経済協力枠組み協定（ECFA）が締結された。

　TPPにはアメリカ，オーストラリア，ペルー，ベトナムも加わり，2010年3月に8か国で交渉が開始された。更に10月にはマレーシアも交渉に加わった。2010年11月横浜でのAPECでは，首脳宣言でアジア太平洋全体の経済統合の目標であるアジア太平洋自由貿易圏（FTAAP）の実現に向けた道筋として，TPP，ASEAN＋3（EAFTA），ASEAN＋6（CEPEA）の3つがあることに合意した。その中で唯一交渉が進められているTPPの重要性が大きくなってきた。

　TPPがアメリカをも加えて確立しつつあるなかで，また日本の参加が検討されるなかで，中国の東アジア地域経済協力に対する政策も変化してきた。2011年8月には，ASEAN＋6経済大臣会議において日本と中国は共同提案を行い，日本が推していたCEPEAと中国が推していたEAFTAを区別なく進めることに合意し，貿易・投資の自由化を議論する作業部会の設置を提案した。また従来進展の遅かった日中韓の北東アジアのFTAも，3カ国による産官学の交渉が予定よりも早く2011年に終了され，進められることとなった。これらはASEANがRCEPを提案する契機となった。

（3）　ASEANによるRCEPの提案

　2011年11月には，今後の東アジア経済統合を左右する重要な2つの会議が開催された。11月12・13日のハワイでのAPEC首脳会議の際に，TPPに既に参加している9カ国はTPPの大枠合意を結んだ。APECに合わせて，日本はTPP交渉参加へ向けて関係国と協議に入ることを表明した。カナダとメキシコも参加を表明し，TPPは東アジアとアジア太平洋の経済統合に大きな影響を与え始めた。TPPへのアメリカの参加とともに，日本のTPPへの接近が，東アジアの経済統合の推進に向けて大きな加速圧力をかけた。

　2011年11月17〜19日には，バリでASEAN首脳会議，ASEAN＋3首脳会議，EAS等が開催された。ASEAN首脳会議でASEANは，これまでのEAFTAとCEPEA，5つのASEAN＋1のFTAの延長に，ASEANを中心とする東アジアのFTAであるRCEPを提案し，「RCEPのためのASEANフレームワーク」（"ASEAN Framework for Regional Comprehensive Economic Partnership"）を提示した。貿易投資自由化に関する3つの作業部会も合意された。RCEPはその後，東アジアの広域FTAとして確立に向けて急速に動き出すこととなった（ASEANによるRCEPの提案に関して詳細は，清水，2016c参照）。

　一連の会議では，ASEANのAECの構築を参加国全体で支援することが確認されるとともに，ASEAN提案のRCEPを推進することが表明された。EASはこの会議からアメリカとロシアが加わり，東アジアのFTAを一層推進することとなった。オバマ大統領は，APEC首脳会議に続いてアジア重視を強調した。中国は，日本のTPPへの接近の影響により，一連の会議で東アジアの地域協力を強く支持するようになり，同時に北東アジアの日中韓のFTA構築の加速を表明した。

　2012年4月のASEAN首脳会議では，11月までにRCEPの交渉開始を目指すことに合意し，2012年8月には第1回のASEAN＋FTAパートナーズ大臣会合が開催された。第1回のASEAN＋FTAパートナーズ大臣会合では，ASEAN10カ国ならびにASEANのFTAパートナーである6カ国が集まり，16カ国がRCEPを推進することに合意した。同時にRCEP交渉の目的と原則を示した「RCEP交渉の基本指針及び目的」（"Guiding Principles and Objectives for Negotiating the Regional Comprehensive Economic Partnership"）をまとめた。

　プノンペンでの第21回ASEAN首脳会議と関連首脳会議中の2012年11月20日

には，ASEAN10カ国とFTAパートナー諸国6カ国（日本，中国，韓国，オーストラリア，ニュージーランド，インド）の計16カ国により，RCEP交渉立上げ式が開催された。そこでは，8月にまとめられた「RCEP交渉の基本指針及び目的」を承認し，RCEP交渉の立上げが宣言された。2013年早期に交渉を開始し2015年末までに交渉を完了することを目指すことも宣言された。こうして東アジア広域のFTAが遂に交渉されることとなった。また同日には，日中韓の経済貿易相が，2013年に日中韓のFTAの交渉を開始することに合意した。

（4）　TPP交渉の進展とRCEP交渉の開始

TPPに関しては，2012年11月6日にオバマ大統領が再選され，アメリカのアジア重視とTPP推進の政策が続けられることとなり，交渉がさらに進められてきた。12月3日からのオークランドでの第15回TPP交渉会議では初めてカナダとメキシコが参加し，交渉参加国は11カ国に拡大した。

TPPでは，日本の交渉参加も焦点となった。日本は，2012年春のTPP交渉参加を見送り，9月にも11月にも交渉参加を表明できなかった。TPPにおいては，日本が2011年に交渉参加の意向を表明したことが，メキシコ，カナダの交渉参加につながり，RCEPと日中韓のFTAに向けての動きにつながった。日本が玉を突いたことが大きな影響を与えたと言える。しかし，玉を突いた日本が躊躇している間に，各国が経済統合とFTAへ向けて進んでしまった。

2012年12月26日に就任した安倍首相は，就任後初の外国訪問先として2013年1月にベトナム，タイ，インドネシアを訪問してASEAN重視を示すとともに，TPP交渉参加への道を探ってきた。2月22日にはワシントンでオバマ大統領と会談して「TPPに関する日米共同声明」を発表し，3月15日に遂に日本のTPP交渉参加を正式に表明した。

日本のTPP交渉参加表明は，東アジアの経済統合とFTAに更に大きなインパクトを与え，交渉が急加速することとなった。日中韓は，3月26日に日中韓FTAへ向けた第1回交渉をソウルで開催した。日中韓のFTAは中国と韓国が先行していたが，日本のTPP交渉参加表明をきっかけに3カ国のFTAへ向けて動き出した。また3月25日には，日本とEUが経済連携協定（EPA）の交渉開始を宣言した。これまで動かなかった日本とEUの交渉も，遂に動き出すこととなった。日本のTPP交渉参加は，東アジアの経済統合だけでなく，日本

とEUのメガFTAをも後押ししたのである。

　RCEPも5月9〜13日にブルネイで第1回交渉会合が開催された。RCEP第1回交渉では，高級実務者レベルの貿易交渉委員会会合とともに，物品貿易，サービス貿易および投資に関する各作業部会が開催された。その後，8月19日にはブルネイで第1回RCEP閣僚会合も開催された。

　TPP交渉への日本の参加に関しては，7月23日のコタキナバルでの第18回TPP交渉会合において，日本が遂にTPP交渉に参加することとなった。TPPに日本が交渉参加し，TPPは世界第1位と第3位の経済大国を含む巨大なFTAとなることが予想され，RCEPと東アジアの経済統合の実現に更に圧力をかけた。

　こうして世界金融危機後の変化は，ASEANと東アジアの経済統合の実現を追い立ててきた。ASEANにとっては，自身の統合の深化が不可欠であり，先ずはAECの確立が必須の要件となってきた。

6　2015年末のAEC創設とASEAN経済統合

（1）　2015年末のAEC

　世界経済の構造変化がAECとASEAN経済統合を追い立てるなかで，ASEANでは2015年末のAEC実現へ向けて着実に行動が取られてきた。以下，2015年末にAECがどこまで実現されたのかについて，（2015年のAECの目標を定めた）2007年の「AECブループリント（AECブループリント2007）」に即して簡単に述べたい（AECの実現状況に関しては，ASEAN Secretariat, 2015a, 2015b；清水，2016b；石川，2016等，参照。物品貿易の自由化・円滑化に関しては，助川，2016a，2016b等参照。またAECの様々な分野における状況に関しては，石川・清水・助川編，2016の各章を参照頂きたい）。

　「AECブループリント」の「A.単一市場と生産基地」で，その中心である①物品（財）の自由な移動において，関税の撤廃に関しては，AFTAとともにほぼ実現に向かっている。AFTAは東アジアのFTAの先駆であるとともに，東アジアで最も自由化率の高いFTAである。先行加盟6カ国は2010年1月1日にほぼすべての関税を撤廃した。2015年1月1日には，新規加盟4カ国（CLMV諸国）の一部例外を除き，全加盟国で関税の撤廃が実現された（尚，

CLMV諸国においては，関税品目表の７％までは2018年１月１日まで撤廃が猶予される）。2015年１月には，カンボジアで約3,000品目，ラオスで約1,000品目，ミャンマーで約1,200品目，ベトナムで約1,700品目の関税が新たに撤廃され，ASEAN10カ国全体での総品目数に占める関税撤廃品目の割合は95.99％に拡大した（『通商弘報』2015年３月16日号）。また，（その製品がASEAN産であるかどうかを判定する）原産地規則も，利用しやすいように改良されてきた。原産地証明の自己証明制度の導入や税関業務の円滑化，ASEANシングル・ウインドウ（ASW），基準認証も進められている。

　非関税措置（貿易を妨げる関税以外の措置）の撤廃も進められているが，その課題の達成は先進国でも難しく2016年以降の課題である。②サービス貿易の自由化，③投資や④資本の移動の自由化，⑤熟練労働者の移動の自由化も徐々に進められている。

　「B. 競争力のある経済地域」では，①競争政策，②消費者保護，③知的財産権，④インフラストラクチャー，⑤税制，⑥電子商取引が，「C. 公平な経済発展」では，①中小企業，②ASEAN統合イニシアチブ（IAI）が挙げられており，輸送プロジェクトやエネルギープロジェクト，知的財産権，経済格差の是正等多くの取り組みがなされてきている。ただしこれらも徐々に進められているが，2015年末を通過点としてさらに2016年以降の課題である。

　「D. グローバルな経済統合」では，①対外経済関係への一貫したアプローチ，②グローバルサプライチェーンへの参加が挙げられたが，それらはASEAN＋１のFTA網の整備やRCEP交渉の進展によって2015年末の当初予想よりも早く達成された。

　2015年末に2007年の「AECブループリント」で述べられた目標のすべてが実現したわけではないが，AFTAの実現によりASEANにおける関税の撤廃はほぼ実現され，域外とのFTAも整備された。1990年代前半のAFTAが提案された時の状況とは大きく異なり，統合が深化してきている。

（2）　ASEAN経済統合の加速と緊張

　世界金融危機後の変化は，AECの実現の加速を促している。TPPとRCEPの実現が，ASEANの経済統合を追い立てる。ASEANにおいては，域内経済協力が，その政策的特徴ゆえに東アジアを含めより広域の制度やFTAを求める。

しかし同時に，協力枠組みのより広域な制度化は，広域枠組みへの埋没を含めて常に自らの存在を脅かす。それゆえに，東アジア地域協力の構築におけるイニシアチブの確保と自らの協力・統合の深化が求められるのである。ASEANにとっては，常に自らの経済統合をほかに先駆けて進めなければならない（清水，2008）。

　しかしASEANにおいては，そもそも利害対立が起こりやすい構造を有してきた。1990年代後半からは，第一に加盟国のインドシナ諸国への拡大による所得格差と産業競争力格差の拡大，第二にASEAN各国の域内経済協力に対するスタンスの乱れ，第三にASEANよりも広域の協力枠組みの構築などが，統合の遠心力となってきた。

　現在においても各国の状況の違いがあり，依然いくつかの統合への遠心力を抱えている。最近では，長年ASEAN統合の遠心力であったミャンマーの民主化は進展したが，各国の政治の不安定，各国間政治対立，発展格差，各国の自由貿易へのスタンスの違いがあり，南沙諸島をめぐる各国の立場の違い，それにも関連する各国の中国との関係の違いが，統合の遠心力となっている。南沙諸島をめぐる各国の立場の違いと，各国の中国との関係の違いは，さらにASEAN統合に緊張を与える可能性がある。

　しかしASEANは，多くの緊張と遠心力を抱えながらも，経済発展のためにも，ASEANよりも広い協力枠組みが進展してきていることからも，さらに統合を深化させなければならない。これまでの域内経済協力の歴史においても，多くの遠心力を抱えながら少しずつ域内経済協力を深化させ，AFTAを確立し，2015年のAEC創設へ向かってきたのである。

（3）　AECの新たな目標──2015年11月第27回首脳会議と「AECブループリント2025」

　2015年11月21・22日には第27回ASEAN首脳会議と関連諸会議が開催され，11月22日には「ASEAN共同体設立に関するクアラルンプール宣言」によって，2015年12月31日にASEAN共同体を正式に設立することが宣言された。11月21日の第27回ASEAN首脳会議では，これまでのAECの状況に関する報告として『ASEAN経済共同体2015（*ASEAN Economic Community 2015: Progress and Key Achievements*）』（ASEAN Secretariat, 2015a）ならびに『ASEAN統合レポート

2015（*ASEAN Integration Report*）』（ASEAN Secretariat, 2015b）が提出されると
ともに，2025年に向けてのASEAN統合のロードマップである『ASEAN2025
（*ASEAN 2025: Forging Ahead Together*）』（ASEAN Secretariat, 2015c）が採択さ
れた（AECの新たな目標に関しては，清水，2016b；石川，2016；福永，2016等を参
照）。

　『ASEAN2025』は，2025年に向けてのASEAN統合のロードマップであり，
ASEAN共同体（AC）の３つの柱である「ASEAN政治安全保障共同体
（APSC）」，「AEC」，「ASEAN社会文化共同体（ASCC）」のそれぞれのブルー プ
リント，すなわち，「APSCブループリント2025」，「AECブループリント2025」，
「ASCCブループリント2025」を含んでいる。

　AECの目標を定める「AECブループリント2025」においては，「A. 高度に
統合され結合した経済」，「B. 競争力のある革新的でダイナミックなASEAN」，
「C. 高度化した連結性と分野別協力」，「D. 強靭で包括的，人間本位・人間中
心のASEAN」，「E. グローバルASEAN」の５つの柱が示された。５つの柱の
中心と言える「A. 統合され高度に結合した経済」では，①物品貿易，②サー
ビス貿易，③投資環境，④金融統合，金融包摂，金融の安定，⑤熟練労働とビ
ジネス訪問者の移動促進，⑥グローバル・バリュー・チェーンへの参画強化が
述べられている（ASEAN Secretariat, 2015c）（**表11‐1**）。

　2007年の「AECブループリント」に比べると，「C」の部分は新たに加えら
れた柱である。またそれぞれの柱の中身が再編されるとともに，新たな内容が
加えられている。例えば「A. 統合され高度に結合した経済」では，「⑥グ
ローバルチェーンへの参加」は，今回のブループリントでは「A」の部分に付
けられた。また「④金融統合」では，「金融」が前面に出るとともに，2007年
のブループリントでサービスや投資等に含まれていた金融関連の項目がまとめ
られた。

　2016年以降のAECにおいては，これまで達成してきた関税撤廃等の成果の
上に，未達成の部分を達成して統合を深化させていく現実的な路線を採ってい
ると言える。しかし今後，さらに統合の加速を迫られ，新たな目標を追加する，
あるいは達成時期を2025年から前倒しする可能性もあろう。

表11-1　2007年のAECブループリントと2015年のAECブループリント

AEC2015（2007年）	AEC2025（2015年）
A. 単一市場と生産基地 　A1 物品の自由な移動 　A2 サービス貿易の自由化 　A3 投資の自由化 　A4 資本のより自由な移動 　A5 熟練労働者の自由な移動 　A6 優先統合分野 　A7 食糧，農業，林業	A. 高度に統合され結合した経済 　A1 物品貿易 　A2 サービス貿易 　A3 投資環境 　A4 金融統合，金融包摂，金融安定化 　A5 熟練労働者・ビジネス訪問者の移動円滑化 　A6 グローバル・バリュー・チェーンへの参画強化
B. 競争力のある経済地域 　B1 競争政策 　B2 消費者保護 　B3 知的財産権 　B4 インフラストラクチャー 　B5 税制 　B6 電子商取引	B. 競争力のある革新的でダイナミックなASEAN 　B1 効果的な競争政策 　B2 消費者保護 　B3 知的財産権協力の強化 　B4 生産性向上による成長，技術革新，研究開発等 　B5 税制協力 　B6 ガバナンス 　B7 効率的・効果的規制 　B8 持続可能な経済開発 　B9 グローバルメガトレンド・通商に関する新たな課題
	C. 高度化した連結性と分野別協力 　C1 交通運輸 　C2 情報通信技術（ICT） 　C3 電子商取引 　C4 エネルギー 　C5 食糧，農業，林業 　C6 観光 　C7 保健医療 　C8 鉱物資源 　C9 科学技術
C. 公平な経済発展 　C1 中小企業 　C2 ASEAN統合イニシアチブ 　　（IAI）	D. 強靭で包括的，人間本位・人間中心のASEAN 　D1 中小企業強化 　D2 民間セクターの役割の強化 　D3 官民連携（PPP） 　D4 格差是正 　D5 地域統合に向けた努力への利害関係者による貢献
D. グローバルな経済統合 　D1 対外経済関係への一貫した 　　アプローチ 　D2 グローバルサプライチェー 　　ンへの参加	E. グローバルASEAN 　域外国との経済連携協定の改善，協定未締結の対話国との経 　済連携の強化等

出所：ASEAN Secretariat（2008b），*ASEAN Economic Community Blueprint*, ASEAN Secretariat（2015c），*ASEAN 2025: Forging Ahead Together*から筆者作成。日本語訳に関しては，石川・清水・助川編（2009，2016），ASEAN日本政府代表部「ASEAN経済共同体（AEC）ブループリント2025（概要）」等を参照。

7　RCEPと東アジア経済統合

（1）　RCEPとその内容

　世界金融危機後の構造変化は，東アジア全体のFTAであるRCEPをASEAN
が提案することにもつながり，2013年5月には遂に第1回交渉会合が開催され
た。現在，WTOによる貿易自由化とルール化が，貿易円滑化の一部を除き停
滞しており，TPPやRCEPのようなメガFTAが，世界貿易の自由化と通商ルー
ル作りにとって不可欠となっている。アジア太平洋では2010年3月からTPP
の交渉が進められ，ほかのメガFTAの交渉開始に大きな影響を与えている。
そして東アジアにおいては，2013年5月にRCEP交渉が開始された（RCEPと東
アジア経済統合に関して詳細は，清水，2016cを参照。）。

　RCEPの内容に関しては，交渉中のため詳細はわからないが，2012年11月に
承認された「RCEP交渉の基本指針及び目的」によると，RCEPの「目的」は，
ASEAN加盟国およびASEAN のFTA パートナー諸国の間で，現代的な包括
的な質の高いかつ互恵的な経済連携協定を達成することである。ASEANの中
心性や，参加国間の経済協力強化も明記されている。

　「交渉の原則」では，これまでのASEAN＋1を越えるFTAを目指す，貿易
投資を促進し国際的サプライチェーンを支援するとされている。また域内途上
国への特別かつ異なる待遇とASEAN後発途上国への規定があり，それはTPP
などと異なる特徴である。

　「交渉分野」に関しては，①物品貿易（実質上全ての物品貿易についての関税及
び非関税障壁を漸進的に撤廃することを目指す），②サービス貿易（サービス貿易に
関する制限及び差別的な措置を実質的に撤廃する），③投資（自由で，円滑な，かつ，
競争力のある投資環境を作り出すことを目指す。投資交渉は，促進，保護，円滑化，自
由化の4つの柱を含む）とともに，④経済および技術協力，⑤知的財産（貿易お
よび投資に対する知的財産権関連の障壁を削減することを目指す），⑥競争，⑦紛争
解決，⑧その他の事項（新たに生じる事項も考慮する等）について述べた。

　以上のように「交渉分野」に関しては，物品貿易，サービス貿易，投資，経
済技術協力，知財権，競争，紛争解決を含み，包括的なFTAとなっている。
ただしTPPに比べると，環境，政府調達，労働については含まれていない。[1]

RCEPはASEANが提案して進めているとおり，AECとASEAN＋1FTAが扱う分野とほぼ重なっている。RCEPも，ASEANのルールが東アジアへ拡大する例と言える。

（2）　RCEPが与える諸影響

　RCEPは，成長を続ける東アジアにおけるメガFTAであり，また世界人口の約半分と世界のGDPの約30％を含み，東アジア経済や世界経済に大きな影響を与えるであろう。第一に，RCEPの実現は，東アジア全体で物品・サービスの貿易と投資を促進し，さらに新たな通商分野のルール化に貢献し，東アジア全体の発展成長に資するであろう。

　第二に，東アジアの生産ネットワークあるいはサプライチェーンの整備を促進し，東アジア全体の発展成長に大いに資するであろう。東アジアは世界の成長地域でありその成長を生産ネットワークが支えている。このことは東アジアの発展成長の特徴でもある。RCEPは従来の5つのASEAN＋1のFTAの延長に16カ国によるFTAとなり，これまでFTAが結ばれていなかった諸国をもつなぎ，東アジアの生産ネットワークをさらに整備するであろう。原産地規則も，従来の複数の原産地規則が自由度の高い統一された原産地規則となる可能性がある。

　第三に，域内の先進国と途上国間の経済格差の縮小に貢献し，東アジア全体の発展に貢献する可能性がある。第四に，RCEPの実現は，AECの実現と深化を追い立てるであろう。そしてAECの実現と深化が，RCEPの実現と深化を可能にするであろう。第五に，RCEPがTPPを追い立てる可能性もあろう。

　最後に，長期的にRCEPとTPPによりアジア太平洋全体のFTAであるFTAAPの実現が期待され，世界貿易体制においても，WTO交渉が停滞する中で世界大の貿易自由化と新たな通商ルール構築に貢献することが期待される。

（3）　RCEP交渉と各国

　2017年6月までに，RCEP交渉会合が計18回，閣僚会合も計4回開催されている。2014年までは，関税撤廃水準等の協議の前提となる枠組みでの合意も難しかった。例えば関税撤廃品目の割合を示す自由化率では，2014年8月の第2回閣僚会議でインドは下限40％を提案し，80～90％を提案する他国と隔たりが

大きかった。

　しかし2015年7月にはRCEP閣僚中間会合を開催して交渉を進め，2015年8月第3回閣僚会合では，物品貿易に関する枠組み（モダリティー）が合意された。物品貿易に関するモダリティーでは，物品貿易の自由化率は原則として，協定発効時に65％，発効後10年で80％とすると報道された。ただし，発効後10年での自由化率80％は，TPPなどの現在のメガFTAの水準からみて，かなり低い目標である。また原則以外の例外もありうる。そしてインドと中国のようなFTA未締結国間には，例外を設けることとなった。同閣僚会議では，RCEPの交渉妥結目標を2015年末から2016年に延期することも合意された。その後，2016年中にも妥結できず，2017年中の妥結を目指している。

　今後，交渉が妥結しRCEPが実現するかどうかは，各国の事情にも大きく左右される。RCEPはASEANが提案して進めてきており，また交渉16カ国の中の10カ国がASEAN諸国であり，RCEP交渉が妥結できるかはASEANに大きく依存する。RCEPの規定もAECに合わせたものになるであろう。

　RCEPの実現においては，日本の役割もきわめて重要である。そもそも日本のTPP交渉への接近がRCEPの実現を後押しした。日本は東アジアの貿易自由化を進める立場にあり，新たな通商ルールに関しても推進する立場にある。日本企業の東アジアでの生産ネットワークの利用のためにも，RCEPはきわめて有用である。中国や韓国とのFTAが，日中韓FTAではなくRCEPによって可能となる場合も考えられる。日本は，RCEPの早期の実現と質が高く包括的なFTAの実現を進める役割がある。

　中国はTPPへの対抗があり，インドやASEAN各国等への輸出の期待もあり，RCEPを進める立場にある。しかしそれはTPP交渉の進展によるであろう。オーストラリアとニュージーランドは，最も自由貿易を強く推し進める立場を採ってきており，TPPと同様に関税の原則撤廃と質が高く包括的なFTAを求める。最後にインドは，オーストラリアとニュージーランドとは逆に，最も自由貿易とFTAに消極的である。

　今後，各国間利害を調整して早期に高度かつ包括的なメガFTAを実現することが，世界のメガFTA競争のなかで不可欠となる。そして前述したように，ASEANの役割は大きい。RCEPが妥結できるか，そしてRCEPがどのようなFTAとなるかは，ASEANとAECの深化に依存するのである。

（4）　TPP大筋合意とASEAN・東アジア

　最後に，ASEANと東アジア経済統合に大きな影響を与えているTPPについても，述べておきたい。TPPは，2013年においても2014年においても，交渉妥結には至らなかったが，日米協議の進展と2015年6月のアメリカの貿易促進権限（TPA）法案の可決がTPP妥結への道を開き，2015年10月に遂に大筋合意された。2010年3月に8カ国で交渉開始してから約5年半での合意であった。さらに2016年2月4日には，全12カ国によってTPP協定がニュージーランドのオークランドにおいて署名された。TPP協定は，第1章「冒頭の規定及び一般的定義」から第30章「最終規定」まで全30章から構成される（TPP協定に関しては，"Text of the Trans-Pacific Partnership"，日本語訳に関しては内閣官房TPP政府対策本部ホームページの「TPP協定」，参照。TPP大筋合意とASEAN・東アジアに関して詳細は，清水，2016c参照）。

　TPPは高い貿易自由化レベルを有することと，新たな通商ルールを含むことが特徴である。貿易の自由化率に関しては，TPP参加の12カ国平均で工業品では99.9％，農林水産品では97.1％が関税撤廃されて，物品貿易が自由化される。またTPPは，従来の物品の貿易だけではなく，サービス貿易，投資，電子商取引，政府調達，国有企業，知的財産，労働，環境における新たなルール化を含んでいる。

　TPPはASEANと東アジアの経済統合へも大きな影響を与える。第一に，TPPはASEAN経済統合を加速し，追い立てるであろう。第二に，TPPが東アジア広域の経済統合の実現を追い立てるであろう。それがさらにASEANの統合を追い立てるであろう。TPP確立への動きは，ASEANによるRCEPの提案をもたらし，これまで進展のなかった東アジアの広域FTAの実現に大きな影響を与えた。そしてこのRCEP構築の動きも，ASEAN経済統合の深化を迫るのである。第三に，TPPの規定が，ASEAN経済統合をさらに深化させる可能性もある。例えばマレーシアやベトナムの政府調達や国営企業の例などである。

　これまでTPP交渉が進展すると東アジアの経済統合が進展し，逆にTPP交渉が停滞すると東アジアの経済統合も停滞してきた。TPPの今後の行方は，ASEANと東アジアの経済統合を大きく左右する。

8　おわりに——AECの深化とRCEPの実現へ向けて

　ASEANは，世界経済の構造変化に合わせて発展を模索し，1976年から域内
経済協力を進め，1992年からはAFTAの確立を目指し，さらに2015年末の
AECの実現を目指してきた。ASEAN域内経済協力は，着実な成果を上げてき
た。また生産ネットワーク構築も支援してきた。同時に，東アジアの地域協力
とFTAにおいてもASEANが中心となってきた。

　そして世界金融危機後の変化は，世界経済におけるASEANの重要性を増す
とともに，AECの実現を迫ってきた。これらの変化の下でASEANは，2015年
12月31日にはAECを創設した。11月の首脳会議では新たなAECの目標
（AEC2025）を打ち出し，2025年に向けて，さらにAECを深化させようとして
いる。グローバル化を続ける現代世界経済の変化に合わせて着実にAECの実
現に向かい，さらには世界の成長地域である東アジアにおいて経済統合を牽引
しているASEANの例は，現代の経済統合の最重要な例の1つと言えるであろ
う。

　世界金融危機後の変化のなかで，TPP構築の動きは，ASEANによるRCEP
の提案と交渉につながった。東アジア全体の経済統合はRCEPが推進するであ
ろう。RCEPの実現は，東アジア全体で貿易と投資を促進し，生産ネットワー
クの整備を促進し，東アジア全体の発展成長に資するであろう。RCEPの実現
において，RCEPを提案したASEANの役割はとりわけ重要である。RCEPがど
のようなFTAとなるかは，ASEANとAECの深化に依るであろう。

　2015年10月にはTPPが大筋合意され，2016年2月には署名された。TPPの
発効が，さらにASEANと東アジアの経済統合に大きな影響を与えると考えら
れた。しかしながら，2016年11月8日のトランプ氏のアメリカ大統領選挙当選
は，ASEANと東アジアに大きな衝撃を与えた。2017年1月20日には実際にト
ランプ氏がアメリカ大統領に就任し，1月23日にはTPPからの離脱に関する
大統領令に署名した。アメリカのTPP離脱は，ASEANと東アジアの経済統合
へも大きな影響を与える。第1に，ASEAN経済統合を追い立てる力が弱くな
るであろう。第2に，TPPがRCEP交渉を促す力が弱くなり，RCEPがAECを
追い立てる力も弱くなる。第3に，TPPの幾つかの規定がAECを深化させる

可能性は低くなる。またトランプ大統領の保護主義的通商政策が世界の貿易体制に負の影響を与え，それがASEANの経済発展を阻害する可能性もある。

　TPPが進まない現在の状況の中で，ASEANとRCEPはさらに重要となる。ASEANがAECを深化し，RCEPを推進することは，東アジア全体の経済発展のためにも不可欠である。そしてそれは，ASEANの世界経済に占める地位を向上させ，ASEANの交渉力を向上させるであろう。RCEPを提案し牽引しているのはASEANであり，その役割は重要性を増している。ASEANのリーダーシップによってRCEP交渉が妥結する事を期待したい。RCEPの交渉妥結が，TPPや他のメガFTAの存続と進展に大きく繋がるであろう。

　このような状況の中で，日本は，TPP，RCEP，日本EU・EPAの3つのメガFTAを進め，世界全体での貿易自由化と通商ルール化を進めなければならない。日本がASEANと連携してRCEPを進めて行くことは，さらに重要になっている。日本がTPPを立て直すことも肝要である。現在，日本はアメリカ抜きのTPP11を提案している。RCEPとTPP11の進展によって，さらには日本EU・EPAの進展によって，現在の世界の通商政策を巡る厳しい状況も変化していくであろう。

　今後の世界経済の大きな変化のなかで，ASEANと東アジアがさらに発展していくこと，またASEANと東アジアの経済統合がそれらの発展をさらに支援して行くことを期待したい。

━■□コラム□■━━━━━━━━━━━━━━━━━━━━━━

ASEANの連結性強化と日本の協力──カンボジアの「つばさ橋」

　2015年4月には，日本の協力により，カンボジアのプノンペン郊外でメコン川に架かる「つばさ橋（ネアックルン橋）」が開通した。カンボジアで最も重要な幹線道路である国道一号線の一部であるとともに，ベトナムのホーチミンにつながる主要道路でもある。しかし橋が開通するまでは，メコン川をフェリーで渡るしかなかった。

　「つばさ橋」の開通は，ASEANにとっても，きわめて重要な経済回廊と橋梁の整備である。ASEANは，2015年末にAECを創設した。AECにおいては，連結性の強化が重要な目標である。例えば道路，鉄道，港湾等のインフラを建設して，物的に欠けている部分を繋ぐ必要がある。この重要なパーツがこの橋の架橋であり，「つばさ橋」の開通により，タイのバンコク─カンボジアのプノンペン─ベトナムのホーチミン間が道路でつながった。カンボジアやベトナムが，タイなどとの生産ネットワークに参加して発展するための重要なインフラとなる。ASEAN諸国間の経済格差の是正にもつながるであろう。

　「つばさ橋」は，日本の協力で2004年のプロジェクト開始から10年以上をかけて造られた。日本は，この橋を含め，AECとASEANの連結性強化へ向けて多くの協力を行って来ている。それらはASEANの経済統合と経済発展にも大いに役立っている。

完成直前の「つばさ橋（ネアックルン橋）」（2015年2月，筆者撮影）

（清水一史）

■　■　■

●注────────────────

（1）　なお，詳細は不明であるが，交渉の進展によっては，政府調達や労働などが交
渉分野に含まれる可能性はある。

●参考文献────────────────

石川幸一（2016）「ASEAN経済共同体の創設とその意義」石川・清水・助川編
　　（2016）。

石川幸一・清水一史・助川成也編（2009）『ASEAN経済共同体──東アジア統合の核
　　となりうるか』日本貿易振興機構（JETRO）。

石川幸一・清水一史・助川成也編（2013）『ASEAN経済共同体と日本──巨大統合市
　　場の誕生』文眞堂。

石川幸一・馬田啓一・国際貿易投資研究会編（2015）『FTA戦略の潮流──課題と展
　　望』文眞堂。

浦田秀次郎・牛山隆一・可部繁三郎編（2015）『ASEAN経済統合の実態』文眞堂。

春日尚雄（2016）「ASEAN連結性の強化と交通・運輸分野の改善」石川・清水・助川
　　編（2016）。

助川成也（2016a）「物品貿易の自由化に向けたASEANの取り組み」石川・清水・助
　　川編（2016）。

助川成也（2016b）「貿易円滑化に向けたASEANの取り組み」石川・清水・助川編
　　（2016）。

高原明生・田村慶子・佐藤幸人編・アジア政経学会監修（2008）『現代アジア研究1
　　越境』慶應義塾大学出版会。

清水一史（1998）『ASEAN域内経済協力の政治経済学』ミネルヴァ書房。

清水一史（2008）「東アジアの地域経済協力とFTA」高原・田村・佐藤編（2008）。

清水一史（2011a）「アジア経済危機とその後のASEAN・東アジア──地域経済協力
　　の展開を中心に」『岩波講座　東アジア近現代通史』第10巻，岩波書店。

清水一史（2011b）「ASEAN域内経済協力と自動車部品補完──BBC・AICO・
　　AFTAとIMVプロジェクトを中心に」『産業学会研究年報』26号。

清水一史（2015）「ASEANの自動車産業──域内経済協力と自動車産業の急速な発
　　展」石川・朽木・清水編（2015）。

清水一史（2016a）「世界経済におけるASEAN経済共同体と日本」『アジア研究』（ア

ジア政経学会）62巻2号。

清水一史（2016b）「世界経済とASEAN経済統合」石川・清水・助川編（2016）。

清水一史（2016c）「ASEANと東アジア経済統合」石川・清水・助川編（2016）。

鈴木早苗（2016）「ASEANの組織改革と経済統合」石川・清水・助川編（2016）。

福永佳史（2016）「ASEAN経済共同体2025ビジョン」石川・清水・助川編（2016）。

山影進（1991）『ASEAN：シンボルからシステムへ』東京大学出版会。

山影進（1997）『ASEANパワー』東京大学出版会。

山影進編（2011）『新しいASEAN——地域共同体とアジアの中心性を目指して』アジア経済研究所。

ASEAN Secretariat (2008a), *ASEAN Charter*, Jakarta.

ASEAN Secretariat (2008b), *ASEAN Economic Community Blueprint*, Jakarta.

ASEAN Secretariat (2010), *Master Plan on ASEAN Connectivity*, Jakarta.

ASEAN Secretariat (2012), *ASEAN Economic Community Scorecard*, Jakarta.

ASEAN Secretariat (2015a), *ASEAN Economic Community 2015: Progress and Key Achievements*, Jakarta.

ASEAN Secretariat (2015b), *ASEAN Integration Report*, Jakarta.

ASEAN Secretariat (2015c), *ASEAN 2025: Forging Ahead Together*, Jakarta.

"ASEAN Framework for Regional Comprehensive Economic Partnership."

"Guiding Principles and Objectives for Negotiating the Regional Comprehensive Economic Partnership."

Severino, R. C. (2006), *Southeast Asia in Search of an ASEAN Community*, ISEAS, Singapore.

"Text of the Trans-Pacific Partnership."

●**学習のための参考文献**————————

石川幸一・朽木昭文・清水一史編（2015）『現代ASEAN経済論』文眞堂。

石川幸一・清水一史・助川成也編（2016）『ASEAN経済共同体の創設と日本』文眞堂。

馬田啓一・浦田秀次郎・木村福成編（2016）『TPPの期待と課題——アジア太平洋の新通商秩序』文眞堂。

清水一史・田村慶子・横山豪史編（2011）『東南アジア現代政治入門』ミネルヴァ書房。

山影進編（2011）『新しいASEAN——地域共同体とアジアの中心性を目指して』アジア経済研究所。

（清水一史）

終　章
東アジア経済を学ぶ

1　成長までの道のりと残る課題

　財政規律や高い貯蓄率，初等教育や必要なインフラへの手厚い投資，輸出競争力（＝市場パーフォーマンス）というコンテスト・メカニズムを通じた産業・企業支援——。1980年代の所得の悪化なき東アジアの高成長は「東アジアの奇跡」（East Asian Miracle）として世界銀行をはじめ国際的な注目を集めた（World Bank, 1993）。やがて賞賛が過剰な期待に置き換わり，様々な矛盾が露呈すると，1997年には突然の資本大量流出と通貨暴落，そして国内では金融機関と企業の同時大量破綻が起き，「奇跡」は完全に終焉したかにみえた。それでも集中的な構造調整を終えた東アジアは再び輸出を中心に成長軌道に戻り，中国も加わって，結局，1人あたり所得で着実に先進国への収斂をみせるほぼ唯一の経済群となっている。そのように東アジアの成長戦略とその過程が，時に深刻な荒波をかぶったことがあったにしても，最終的には良好なパフォーマンスを実現し，それによって先進国との間の所得水準の収斂が射程に入りつつあることは，世界史的な意義を持つとすらいえよう。

　「東アジアの奇跡」では権威主義体制の下での政府の「産業政策」介入が高成長実現に有効だったのか，或いはむしろ政府介入にもかかわらず，何故，極端な非効率や腐敗を避けられたのか，などに集まり，市場と役割分担し，協力する（Market-Friendly）政府，そして次第に市場の機能を強化する（Market-Enhancing）政府にまで議論が広がった。

　だが今になって振り返ると，高成長の原動力はやはり，第1，2，4，5章で示されたとおり，重層的な域内の市場メカニズムであった。このメカニズムはハブとなる先進経済が存在し，そこにそれぞれの経済がスポークとして依存

する南北型のものではなく，日本からアジアNIEs，ASEAN・中国に広がるフラットなものであり，生産ネットワークの主体は国営大企業ではなく，民間企業であった。日本や韓国，台湾の工業化はもともと地場企業を主体としたが，ASEANや中国ではGATTからWTO体制への移行の下で，直接投資がより大きな役割を果たした。しかし，それでも裾野産業形成や流通，金融，工業団地の開発事業などには多くの地場企業が台頭して外資との協力・分業関係が生まれ，為替レートや賃金上昇など条件変化に柔軟な生産構造を実現した。外資からの技術スピルオーバーは輸出製造業の発展を通じて分配を伴う成長をもたらし，地域内でのダイナミックな比較優位の変化がまた重層的な成長を惹起した。

　ただ，東アジアでこの市場メカニズムがよく機能したのは貿易や直接投資がせいぜいで，アジア金融危機の混乱が露呈させたように，本来，資源配分の主体となる金融・資本市場の発展はモノの市場に比べて大きく遅れた。東アジアは貿易や直接投資では比較的自由化を積極的に推進したが，金融・資本市場の自由化にはむしろ慎重であった。貿易や投資よりむしろ，金融・資本市場の自由化が先行したのはインドネシアぐらいのもので，大半はドルに対してペッグする為替体制をとりながら，資本取引に一定の制限を課し，国内の自律的金利決定を維持していた。資本の自由化が始まっても，変動相場制度への移行はなかなか決断できず，ドル・ペッグ制と相対的に高い国内金利は急激な対外資本流入を招き，やがてバブル化とその破綻，大量の資本流出が金融危機の引き金となった。1990年代以降，急激な規制緩和で国際金融環境が激変するなかで新興経済がこの流れに屈することは困難で，第6章が論じたように，漸進的な自由化が容易でない以上，環境変化による危機のリスクは常に存在することとなる。そこで第7章や第10章で論じられた金融システムをはじめとする経済制度の整備と質の向上が不可欠，ということになるが，制度整備や規制の再設計にはどこでも既得権者の反対や政治的困難が少なくない。例えば，中国や韓国・台湾など，産業政策の伝統が強く，政府による金融機関統制や，金融抑圧型の低金利政策経験が存在するところでは産業金融の改革や外資への開放には抵抗が存在する。地場企業グループについても，事業会社と金融機関の垣根が完全に取り払われれば企業統治や規律に制約が生じるというロジックは，時に制度改革への抵抗の名目になり得る。第8章，第9章あるいは第10章で示されているように，国や地域によって細かな事情は様々に異なるが，金融システムが十

分に機能し，奥深い市場が経済発展を後押しして行くためには，まだ多くの制
度整備が必要となっている。

2　新たなダイナミズムの模索と新しい挑戦課題

　さらには，重層的メカニズムそのものが一定の修正を必要とし，あるいはそ
れに向けて模索が始まりつつある点も見逃せない。アジア金融危機後，中国の
経済プレゼンスが急激に大きくなったため，東アジアの域内貿易比率は大きく
高まった。しかし実態としては，中国自身はまだ内需主導型成長への移行過程
にあり，欧米など先進国に比べれば対外依存度が大きい。域内貿易の主体は中
国，あるいは最近ではベトナムなど後発国から輸出される完成品向けの中間財
であり，中国はまだ最終財の輸入アブソーバーとして金融危機前の米国のよう
な役割を果たせるには至っていない。

　他方，域外では2008年からの世界経済危機以来，先進経済の立ち直りには時
間がかかり，需要減退による資源価格の下落が続いたことから，米国の利上げ
とともに多くの新興経済で混乱が続く。世界の貿易は2015年以降，構造的な低
迷が続き，東アジアも需要の不足に悩むこととなった。この点で中国は欧州ま
での経済交流インフラ建設に協力する「一帯一路」や，アジア開発銀行など既
存の国際機関とは異なるファイナンス提供を企図するアジア投資銀行（AIIB）
の創設で新たな重層的メカニズムを模索している。しかしながら，これらの取
り組みも，自身の過剰設備や不動産問題などで安定性を欠き，中途半端な資本
自由化と人民元の国際化推進との間で政策に振幅をみせるなど，一連の経済外
交はまだ新たなメカニズム創出には至っていない。

　こうしたなかで，先行ASEAN諸国の成長率の鈍化を「中進国の罠」として
捉える見方も出てきている。直接投資による工業化という従来型の成長戦略で
は，スピルオーバー型の技術普及以上の技術進歩を期待することができず，付
加価値の高い生産に移行することができない。そのために先進国へのキャッチ
アップが完了する前に，「中進国」の水準のまま，高度成長が止まってしまう
のではないかという懸念である。

　所得分配も新しい課題として浮上している。第3章で示されたように，分配
を伴う成長を実現してきた東アジアですら経済格差の問題は深刻化している。

また，都市化によって地域共同体による互助のメカニズムが弱まるとともに，少子化による家族形態の変化が加わり，一定の社会保障メカニズムの整備が喫緊の問題として浮上している国が増えてきている。

　これらの問題が2000年代以降の産業技術や金融部門の急激な変貌と複雑に関わっている点にも注意が必要である。アジア金融危機，輸出製造業に牽引された回復，そして世界経済危機への対処，そして2010年代から始まったイノベーション競争の過程で，東アジアの金融部門は変容してきた。金融危機後，大半は銀行の構造調整を断行したが，2000年代以降は不動産価格の回復・上昇やITバブルを受けたベンチャー企業の活性化などが成長に寄与してきた。しかし，こうした成長構造は資産層とそうでない層の格差を拡大させ，労働集約型製造業を通じた所得分配メカニズムはかつてのようには機能しなくなった。また，人口が集中しサービス業の発展が期待できる都市と，従来型構造から抜け出られない地方部間の格差も拡大した。

　さらに，金融危機以降，多くの国では金融機関が産業金融の機能を縮小させ，急速にリテール分野に傾斜した。これは住宅・自動車に加え携帯電話などの耐久消費財の需要拡大をもたらし，都市的消費生活の形成基盤となった。しかし，同時に，危機以前にはなかった幅広い階層の家計債務が拡大し，金利上昇など金融環境に脆弱な構造が浮上した。一部の国では既にクレジット・カード破綻など家計部門の金融問題も生じている。リテール金融へのシフトはノンバンクなど多様な金融サービスの提供につながる反面，新しいタイプの金融監督が必要となっている。家計債務は低所得層の生計型借入や，高齢化が著しい国では年金や医療などの福祉の死角世帯などの借入の問題など，社会的脆弱性を反映しながら複雑化している。

　東アジアではまだ反グローバリズムや保護主義への傾斜は目立たない。しかし，重層的なメカニズムの復活は中国だけには期待できず，各国とも国内に様々な脆弱性を抱えた現状では，第11章で述べられたように，地道に域内の経済統合を推進することで重層的メカニズムを維持・発展させ，環太平洋，ロシア，南アジアなど広域な地域につなげる努力は欠かせないであろう。それは東アジアの共通成功体験に立ち返ることを意味する。

3　東アジア経済を学ぶために

　本書でみてきたように，東アジア経済は極めて多様な地域を抱え，また多面的な課題をもっている。重層的な工業化のダイナミズムを共有しているとは言っても，北東アジアと東南アジアでは，それが本格化した時期は異なるし，それゆえに工業化のプロセスも細部はかなり異なっている。今後，本格的な成長局面に入ると見込まれるCLMV諸国もまた，先行ASEAN諸国とは異なる条件のもとで，違った工業化のプロセスをたどると考えられる。

　したがって共通面が増えた，とは言ってもマクロ経済の成長，工業化プロセスや金融など経済制度問題，そして社会保障といった社会制度など，それぞれの観点からみると，その特徴や課題も相当に異なっている。基礎条件や基層社会の違いを反映した多様性は相変わらずだ。特定の側面から得られるイメージと東アジア経済の全体像との間にはつねにギャップがあるのはこのためである。

　そしてその多様性と多面性のゆえに，東アジア経済の研究は特地域研究的なアプローチと，経済学の枠組みで経済分野，それもマクロ経済や生産・貿易，あるいは金融といった特定の面から地域横断的な分野を切り取る経済研究アプローチが並存してきた。両者の間の溝は依然として大きく，地域研究における普遍性の欠落や経済研究における前提条件の単純化，といった限界が露呈することもある。しかしながら，本書が努力してみたように，東アジア自身の経済発展が国単位の分析を越え，それが地域としての経済メカニズム分析という研究フロンティアを生み出していることは確かであり，この地域が今後とも様々なアプローチによる様々な研究の対象となることは確実であろう。本書では具体的に踏み込むことはできなかったが，経済学の実証分析の手法は最近急速に進化し続けている。ランダム化比較試験（RCT）などの実験や計量経済学の観察データ分析，あるいは一般均衡の数値解析などの新たな潮流は，東アジアのような構造変化の激しい経済分析についても，今後は多くの新たな知見をもたらすかもしれない。

　以上のように，本書は2つのアプローチの接点を模索するというやや野心的な挑戦を試み，東アジア経済に興味を持つ初学者にとって入りやすい入口を用意しようとしてきた。本書で全体像を見渡した上で，特定のテーマに関心を

持った読者は特定分野における理論の体系や分析概念の理解，主要な手法を学んでフィールドを選んでもよいだろう。また，特定の国に関心を持った読者はその経済メカニズムの特性が地域固有の条件とどう関わっているのか，政治や社会その他との接点で掘り下げることもできるはずだ。貿易論や国際金融の東アジア研究があれば，マレーシアやベトナムといった地域固有性と経済論理の接点の変化を観察する東アジア研究もあるだろう。特定の国・地域の深い理解，あるいは特定の分野における理論背景を含んだ分析概念の理解，できれば両方から1つずつ程度の専門性を足場に，全体の大きな議論に参加してみて欲しい。東アジア経済研究は個性あふれる「地域」×「ダイナミックな経済発展」という複合研究の醍醐味を豊かに持つ世界だからだ。

（三重野文晴・深川由起子）

資　料

資料1　東アジア各国・地域の基本情報

	独立年	主要言語	人口(1000人)	GDP(PPP, 100万ドル)	一人当たりGDP(ドル)	実質GDP成長率(%)	財政収支/GDP比率(%)	M2 (GDP比)	
			2013	2014	2014	2014	2015	2005	2014
韓国	1948	韓国語	50.4	1,732,352	34,356	3.3	-3.0	111.1	139.9
台湾	1949	中国語,台湾語,客家語など	23.4	1,074,928	45,930	3.8	-1.0	207.9	234.4
ブルネイ・ダルサラーム	1984	マレー語・英語(・中国語)	0.4	31,716	77,000	-2.3	-14.0	57.8	67.6
カンボジア	1953	カンボジア語	15.2	50,245	4,464	7.1	-2.4	19.5	62.7
インドネシア	1945	インドネシア語	252.2	2,676,109	41,809	5.0	-2.5	43.4	39.6
ラオス	1975	ラオス語	6.8	35,521	5,217	7.6	-4.7	18.7	55.3
マレーシア	1957	マレー語・中国語・タミル語・英語	30.3	771,591	25,499	6.0	-3.2	123.8	140.4
ミャンマー	1948	ミャンマー語	51.5	261,505	5,078	8.7	-4.8	21.6	40.3
フィリピン	1946	フィリピノ語・英語	99.1	692,706	6,991	6.1	-0.9	41.2	58.5
シンガポール	1965(1959自治州)	英語・マレー語・中国語・タミル語	5.5	452,691	82,763	2.9	-1.7	103.6	131.4
タイ	(1782)	タイ語	67.0	1,067,308	15,929	0.9	-2.5	104.1	127.8
ベトナム	1945	ベトナム語	90.7	510,715	5,629	6.0	-5.4	75.6	131.5

	貿易依存度(対GDP比)		産業別GDP比重(対GDP比)			ジニ係数		移民フロー(1000人あたり)	平均寿命		都市人口比率(%)	インターネット利用人口(100人あたり)	携帯電話台数(100人あたり)	自動車保有台数(1000人あたり)
	輸出	輸入	農業	工業	サービス業		年度	2010-2015	1990	2013	2014/2013	2014	2014	2014
	2014	2014	2014	2014	2014									
韓国	50.6	45.3	2.3	38.2	59.4	0.307	(2012)	1.2	71.3	81.5	82.4	39	116	399
台湾	70.1	59.7	1.9	34.1	64.0	0.336	(2013)	na	74.0	80.0	60.2 (2013)	32	130	923
ブルネイ・ダルサラーム	68.2	34.3	0.9	67.8	31.2	…		1.0	73.7	78.6	76.9	7	110	903
カンボジア	62.3	66.6	30.5	27.1	42.4	0.318	(2011)	-2.0	54.8	71.7	22.5	0	155	116
インドネシア	23.7	24.5	13.7	42.9	43.3	0.381	(2011)	-0.6	63.4	70.8	53	1	126	306
ラオス	na	na	24.8	34.7	40.5	0.362	(2012)	-3.6	54.1	68.2	37.6	0	67	161
マレーシア	73.8	64.6	9.0	40.4	50.6	0.462	(2009)	3.1	70.8	75.0	73 (2013)	10	149	706
ミャンマー	17.6	25.4	27.9	34.4	37.7	…		-1.8	58.7	65.1	30	0	49	39
フィリピン	28.7	32.4	11.3	31.4	57.3	0.430	(2012)	-1.4	65.2	68.7	49.1	23	111	72
シンガポール	187.6	163.2	0.0	24.9	75.0	0.425	(1998)	14.9	75.3	82.3	100	28	158	186
タイ	69.2	62.6	10.5	36.8	52.7	0.394	(2010)	0.3	70.4	74.4	44.5 (2013)	8	144	432
ベトナム	86.4	83.1	18.1	38.5	43.4	0.356	(2012)	-0.4	70.5	75.8	33.1	7	147	382

独立年，首都，主要言語，通貨単位は外務省（http://www.mofa.go.jp/mofaj/area/asia.html），インフレ率，財政収支/GDP比率はAsian Development BankのBasic 2016 Statistics，それ以外は，ADBのThe Statistical Database System (SDBS)（https://sdbs.adb.org/sdbs/），およびKey Indicators for Asia and the Pacific 2015による。

資料2　東アジア関連年表

年	月	北東アジア	月	ASEAN5	月	CLMV	月	その他・共通
1945			8	インドネシア共和国独立	9	ベトナム民主共和国独立宣言	8	太平洋戦争終結
1946			4	フィリピン，ベル通商法制定				
			7	フィリピン共和国独立				
1948			2	マラヤ連邦発足	1	ビルマ連邦共和国独立		
			5	タイ，ピブーン政権が国号「タイ」を正式に宣言				
	8	大韓民国成立						
1949	12	中華民国，台湾へ移転	12	ハーグ円卓会議	6	ベトナム国建国		
1950	6	朝鮮戦争勃発	2	タイ，国家経済会議の設置				
			4	インドネシア，「ベンテン」政策				
			7	マラヤ，農村・工業開発公社（RIDA）設置，国営投資会社設置				
1951			11	タイ，クーデターによりピブーン政権成立				
1953				タイ，国営企業設立法制定	11	ラオス王国成立		
					11	カンボジア王国独立，シハヌーク独裁政権成立		
					12	ベトナム，農地改革法制定		
1954			8	東南アジア条約機構（SEATO）設置	7	ベトナムとフランス，ジュネーブ停戦協定		
			10	タイ，投資委員会設置，産業奨励法制定				
1955			7	日タイ特別円協定締結			4	第1回アジア・アフリカ会議
			9	フィリピン，ラウレル・ラングレー協定				
1957			9	タイ，クーデターによるサリット政権成立				
1958			4	マラヤ，創始産業条例制定				
			10	タイ，サリット政権成立				
			12	インドネシア，オランダ企業国有化				
1959	5	台湾，中華開発信託公司設置	4	タイ，国家経済開発庁，11月産業金融公社設置，61年第一次国家経済開発計画				
			4	シンガポール自治政府発足，5月総選挙で人民行動党勝利				
1960	5	台湾，「19点の財政経済措置」		タイ，産業投資奨励法制定	12	南ベトナム解放民族戦線結成，南ベトナム政府に対する武力攻撃開始		
1961				シンガポール，経済開発庁設置				
1962			2	ブルネイ，アザハリの反乱，北カリマンタン統一国家	3	ビルマ，ネウィン政権成立，「ビルマ式社会主義」		

年	月	東アジア	月	東南アジア	月	インドシナ・その他	月	世界
1963	9	台湾，単一為替制度制定	9	マレーシア連邦発足				
			12	インドネシア，国家開発企画庁（Bappenas）設置				
			12	タイ，タノム政権成立				
1964							8	トンキン湾事件
1965			6	マレーシア，RIDAをブミプトラ殖産振興公社（MARA）へ改組	2	米軍による北爆開始，ベトナム戦争開戦		
			8	シンガポール，マレーシアから分離，リー・クワン・ユー政権成立				
			10	インドネシア，9・30事件				
1966			3	インドネシア，スハルト政権成立（～1998）				
			5	インドネシア，経済顧問チーム組成				
			9	インドネシア債権国会合（IGGI）発足				
1967			8	バンコク宣言によりASEAN設立		ミャンマー，反中暴動		
			1	インドネシア，外国投資法制定，68年国内投資法制定				
1968			1	マレーシア，投資奨励法制定				
			7	シンガポール開発銀行（DBS）設置				
1969			5	マレーシア，5月13日事件，ブミプトラ政策開始，ブミプトラ証券取引所開設	8	北ベトナム，高級合作社条例採択		
						カンボジア，平価切下げ，IMF加盟		
	12	韓国，貯蓄増大法成立	9	インドネシア，第一次5か年計画開始，自動車国産化計画	9	ホー・チミン死去		
1970	12	韓国，米価統制全面解除	9	マレーシア，ラザク政権成立。「ルク・ヌガラ」原則	3	カンボジア，クーデターにより親米ロン・ノル政権成立，シハヌーク中国亡命		
1971	10	台湾，国連脱退	8	マレーシア，新経済政策（NEP），73年マレーシア開発銀行設置	8	ネウィン議長，訪中	8	米，金ドル兌換停止（ニクソン・ショック）
	11	韓国，重工業総合計画					10	中国，国連復帰
1972			3	タイ，戒厳令				
	8	韓国，朴大統領が全私債の取引停止を緊急命令	9	フィリピン，クーデター・戒厳令				
	10	韓国，戒厳令	10	タイ，投資奨励法制定				
			11	タイ，外国企業規制法				
			12	タイ，外国人職業規制法				
1973	7	韓国，金大中事件	8	マレーシア，ファイナンスカンパニーの預金金利自由化				
			10	タイ，学生革命「血の日曜日」によるタノム＝プラパート政権崩壊			10	第四次中東戦争勃発，第一次オイルショック

年	月		月		月		月	
			11	フィリピン，国営石油会社PNOC設立				
1974			7	マレーシア，国営石油公社ペトロナス社設立，独占的採掘権付与			1	田中角栄首相の東南アジア歴訪，各国で反対運動
1975			2	インドネシア，国営石油プルタミナ社の債務危機	4	サイゴン陥落，ベトナム戦争終結		
			5	マレーシア，産業調整法実施	4	カンボジア，ポル・ポト政権成立（～1979）		
			7	シンガポール，預金金利自由化	12	ラオス人民民主主義共和国成立		
1976			1	マレーシア，フセイン政権成立	7	南北ベトナム統一		
1977			5	タイ，投資奨励法	7	ラオス，公共投資計画策定		
			8	ASEANスワップ取り決め締結				
1979	7	台湾，科学工業園区設置管理条例制定			1	カンボジア，ポル・ポト政権崩壊，ヘンサムリン政権成立		
					11	ラオス，新経済管理メカニズム導入		
	10	韓国，朴正煕大統領暗殺，全斗煥政権発足（～1988年）			2	中越戦争	2	イラン革命勃発，第二次オイルショック
1980			1	マレーシア重工業公社（HICOM）設置		カンボジア，新通貨リエル再開		
	5	台湾，聯華電子（UMC）設立	2	タイ，プレム政権成立				
	12	台湾，新竹化学工業園区設置	3	フィリピン，金融関連法7法，銀行制度改革，世銀構造調整プログラム受け入れ	3	インドシナに関するクアンタン宣言		
1981			6	フィリピン，預金金利自由化		ラオス，社会経済開発計画（第1次五か年計画）		
			7	タイ，通貨切り下げ（8.7%），IMF構造調整融資開始，輸出奨励				
			7	マレーシア，マハティール政権成立				
			10	マレーシア，英国製品非売政策				
1982			7	タイ，東部臨海工業地帯開発				
			12	マレーシア，「ルック・イースト」政策				
1983			1	フィリピン，貸出金利自由化				
			2	「マレーシア株式会社」政策				
			3	インドネシア，通貨切り下げ				
			5	マレーシア，国営自動車会社「プロトン社」設立				
	11	韓国，外資導入法改正（外国人投資比率５０％以下は即時認可）	6	インドネシア，世銀・IMF構造調整プログラム受け入れ，銀行貸出枠規制撤廃，貸出金利自由化（第一次金融自由化）				

年	月		月		月		月	
			8	フィリピン，ベニグノ・アキノ上院議員暗殺事件				
			10	フィリピン，対外債務モラトリアム宣言，世銀・IMF融資の中断				
1984	1	韓国，貸出金利の弾力化	1	ブルネイ・ダルサラーム国独立，ASEAN加盟	7	ラオス，閣僚議会拡大会議で新経済管理メカニズムの具体的討議		
			1	インドネシア，税制改正，85年5月付加価値税導入				
	11	台湾，貸出金利上下限幅拡大	11	タイ，通貨切り下げ，変動相場制へ移行				
1985	3	台湾，商銀貸出プライムレート制導入			12	ベトナム，ハノイ住宅開発銀行設立	9	プラザ合意
1986			2	フィリピン，アキノ政権成立，ピープルパワー革命，マルコス米国亡命	11	ラオス，「新思考」および「新経済メカニズム」による市場経済化開始		
			2	マレーシア，第1次工業化マスタープラン（～1995）	12	ベトナム，ドイモイ政策を公表		
1987	2	台湾積体電路製造設立	2	フィリピン，構造調整融資再開	12	国連，ミャンマーを「後発開発途上国」と認定		
	6	韓国，民主化宣言						
	7	台湾，外資持ち出し規制						
	7	台湾，戒厳令解除						
	11	台湾，民間人の大陸への渡航解禁						
1988	1	台湾，蒋経国死去，李登輝政権成立（～2000）				ベトナム，中銀と商銀の分離（二階層銀行制度）へ移行		
	2	韓国，盧泰愚政権成立（～1993）			9	ビルマ，ネ・ウィン議長が辞任し社会主義政権崩壊するも軍政復活		
	11	韓国，IMF8条国へ移行	10	インドネシア，規制緩和パッケージ（PAKTO）による第二次金融自由化	10	ビルマ，民間取引規制撤廃，民間外資法制定		
	12	韓国，貸出金利原則自由化，預金金利一部自由化						
1989	3	台湾，銀行法制定	6	タイ，商銀定期預金金利上限廃止	6	ビルマ，ミャンマー連邦へ改称		アジア太平洋経済協力会議（APEC）
	7	台湾，預金金利全面自由化	12	インドネシア，戦略産業庁（BPIS）設置				
	12	台湾，変動為替相場制へ移行						
1990	11	中台，海峡両岸交流基金創設	5	タイ，IMF8条国へ移行，IMF融資完済を公表，外為規制緩和，	6	カンボジア最高国民評議会設置		
			8	インドネシア，デュタ銀行破たん				
			11	シンガポール，リー・クワン・ユー退陣，ゴー・チョクトン政権成立				
1991	3	台湾，国家統一綱領制定	6	マレーシア，国家開発政策（NDP），「ワワサン2010」の開始	1	シハヌーク，カンボジアへ帰国		

					8	ラオス，憲法公布		
					10	カンボジア和平協定，市場経済へ移行		
1992	7	両岸人民関係条例	1	ASEAN自由貿易協定設立合意，共通有効特恵関税スキーム開始				
	11	台中「九二共識」	3	タイ，金融機関金利法				
1993	2	韓国，金泳三政権成立（～1997）	3	タイ，バンコク・オフショア金融市場（BIBF）始動	6	国連監視下でのカンボジア総選挙でフンシンペック党躍進，ラナリット政権成立，憲法制定	9	世銀，『東アジアの奇跡（East Asian Miracle）』発表
			9	タイ輸出入銀行設置				
1994			5	フィリピン，外資系銀行参入規制緩和法制定		カンボジア，投資法施行		
			7	ASEAN地域フォーラム（ARF）発足		米国，対越経済制裁解除		
				タイ，外資系自動車メーカー組立工場の数量制限緩和				
1995			3	タイ，金融改革マスタープラン（～2000）	7	ベトナム，ASEAN加盟	1	WTO設立
			9	フィリピン，IMF8条国への移行	7	米越国交正常化		
1996	6	韓国，預金保険公社設置	5	バンコク商業銀行の経営不振，中銀管理下へ			3	アジア欧州首脳会議（ASEM）
			11	ASEAN産業協力（AICO）スキーム発効				
			11	マレーシア，第2次工業化マスタープラン（IMP-II）（～2005）				
1997	1	韓国，韓宝グループ倒産事件	7	タイ・バーツ暴落を皮切りに，アジア通貨危機発生	7	ミャンマー・ラオスのASEAN加盟		
	11	韓国，資産管理公社（KAMCO）設置						
	12	韓国，IMF構造調整融資開始，	12	インドネシア，銀行預金流出に対する中銀流動性供給				
1998	2	韓国，企業構造改革	1	インドネシア，預金・債務の政府保証，インドネシア銀行再編庁（IBRA）設置				
	2	韓国，金大中政権成立						
	4	韓国，金融監督委員会発足	5	インドネシア，スハルト退陣				
	9	韓国，金融業構造改善法制定						
			9	マレーシア，資本移動規制導入			9	世銀，『東アジア再生への途（East Asia: The Road to Recovery）』
			9	インドネシア債権国会議（パリ・クラブ）による融資	11	カンボジア，フン・セン連立政権成立		
1999	2	韓国，公正取引法改正（持ち株会社解禁）	5	インドネシア，中銀法改正	4	カンボジア，ASEAN加盟	2	日銀，無担保コール翌日物金利引き下げ（初のゼロ金利）
	8	韓国，「5+3」政策による財閥改革				ベトナム，民間企業設立規制の緩和		
2000	5	台湾，陳水扁政権成立						

		（～2008），民主化へ					
	7	韓国，大字グループ破綻					
	7	台湾，銀行法制定	8	タイ，新投資奨励政策，外資出資比率規制緩和			
	8	台湾，中興商業銀行不正融資	12	フィリピン，エストラーダ大統領弾劾			
	12	韓国，公正取引法改正（財閥出資規制）					
2001	1	中国，WTO加盟	2	タイ，タクシン政権成立（～2006）	米国，ベトナムに最恵国待遇を付与		
			4	マレーシア，国家ビジョン政策（NVP），「Kエコノミー（知識集約経済）」の公表		4	世銀，『成長のための金融（Finance for Growth）』発表
			5	マレーシア，資本移動規制撤廃	カンボジア，金融部門開発計画 2001-2010（アジア開銀支援）		
	7	台湾，行政院金融再建基金条例，金融持株会社法制定	6	フィリピン，アロヨ政権成立			
	8	韓国，IMF構造調整融資の完済	7	タイ，資産管理会社 TAMC 設置，国営銀行の不良債権処理		9	米国同時多発テロ
2002	3	韓国，銀行別の「企業信用リスク評価システム」導入	1	フィリピン，インフレ・ターゲット導入	カンボジア，最低資本金引き上げ（銀行再編）		
	6	韓国，IMF構造調整融資受け入れ	5	「チェンマイ・イニシアティブ」合意	ミャンマー，アウンサン・スーチーを軟禁から解放		
	8	台湾，「258条項」	5	東ティモール独立			
			11	日シンガポール経済連携協定発効			
2003	2	韓国，盧武鉉政権成立（～2008）			2	ミャンマー，民間銀行預金取り付け騒ぎ	
	4	韓国サムスン，携帯電話販売台数世界第二位へ			5	米国による対ミャンマー経済制裁法制定	
	7	台湾，農業金融法制定	10	マレーシア，マハティール退陣，アブドラ政権成立			
	10	日韓投資協定	12	インドネシア，IMFプログラム終了			
2004			2	インドネシア，IBRA解散	ラオス，「国家成長・貧困削減戦略」		
	7	台湾，金融監督委員会設立	8	シンガポール，ゴー・チョクトン退陣，リー・シェンロン政権成立		10	カンボジア，WTO加盟
			10	インドネシア，国家開発計画法制定，ユドヨノ政権成立		10	EUによるミャンマー国営企業への制裁措置強化
			12	アチェ地震・津波	12	日越投資協定発効	
2005	5	韓国証券先物取引所発足	1	インフラ・サミット（インドネシア主催）			
	6	現代自動車・広州汽車の合併，広州現代汽車有限公司設立	5	インドネシア，インフレターゲット導入，預金保険機構設置			
			7	マレーシア，変動相場制へ移行，預金保険公社設置			
2006	9	中台直行便運行開始	6	インドネシア，IMF融	ビエンチャン宣言（ラ	8	国連，「中華民国」加

				資を前倒し完済		オス援助協調)		盟却下
			7	日マレーシア経済連携協定発効		東西経済回廊開通		
			9	タイ，無血クーデターによりタクシン失脚，軍政へ				
2007	1	台湾高速鉄路開通	1	インドネシア支援国会合解散	1	ベトナム，WTO加盟		世銀，『東アジアルネッサンス（An East Asian Renaissance)』発表
	2	台湾中銀，「中華民国」から「中華台湾」へ解名	4	インドネシア，新投資法制定				
			6	韓ASEAN自由貿易協定発効	8	ミャンマー，エネルギー公定価格引き上げ		
			11	日タイ経済連携協定発効	9	ミャンマー，大規模デモ		
2008	2	韓国，李明博政権成立（～2013）	7	日インドネシア経済連携協定発効	8	日ラオス投資協定発効	9	米国リーマン・ショック，世界金融危機発生
	5	台湾，馬英九政権成立（～2016）	10	インドネシア，センチュリー銀行中銀流動性支援流用事件発覚	9	ベトナム中銀，利上げ頻発		
	6	台湾，中国資本による製造・金融・不動産の投資を解禁						
			12	ASEAN憲章発効				
			12	タイ，アビシット政権成立				
2009	1	台湾，改正会社法（会社設立のための最低資本金撤廃）	1	フィリピン，経済回復プラン			11	ギリシャ債務危機発生
	2	韓国の短期対外債務が対外貨準備の１０２％を超える	4	マレーシア，ブミプトラ資本出資義務規制の撤廃，金融マスタープラン	5	ベトナム，景気刺激策（金利補助，減税）		
	8	韓国，「中道・実用」路線	6	日ASEAN経済連携協定発効	10	日越経済連携協定発効		
	11	韓国，OECD開発援助委員会加盟						
2010	1	韓印包括的経済連携協定発効	1	ASEAN中国自由貿易協定発効				
			3	マレーシア，新経済モデル（NEM)実施				
			6	フィリピン，ベニグノ・アキノ政権成立				
	9	中台経済協力枠組み協定発効	8	ASEAN自由貿易協定発効（5カ国で先行）				
2011	1	中台両岸経済協力委員会発足	1	インドネシア経済加速化・拡大マスタープラン（MP3EI）	1	ミャンマー，経済特区法制定	3	
			8	タイ，インラック政権成立	3	ミャンマー，テイン・セイン文民政権成立，民主化へ		
			10	バンコク洪水被害	10	ミャンマー，政府公認両替所設置		
			11	タイ，エコカー政策（～2012年12月）				
2012	7	台中投資保護協定，税関協力協定の調印			3	ベトナム，社会経済発展計画，および銀行部門改革スキーム		
					4	ミャンマー，管理変動相場制移行，6月輸入		

年	月	事項	月	事項	月	事項	月	事項
						規制緩和，11月外国投資改正		
			10	インドネシア，首都圏投資促進特別地域構想	11	米によるミャンマー製品の禁輸措置を一部解禁		
2013					1	ベトナム輸出入銀行とサイゴン商信銀行の合併承認		
	2	韓国，朴槿恵政権成立	6	インドネシア，燃料補助金削減	4	EUによるミャンマーに対する武器禁輸措置を除く制裁措置解除		
	7	台湾，馬英九総統再選			7	ミャンマー，中央銀行法改正（中銀独立），証券取引法制定		
	8	台湾，自由経済モデル区開始			11	ベトナム，改正土地法施行		
2014	1	台湾，国家発展委員会発足	1	インドネシア，金融サービス庁設置	1	ミャンマー，経済特区法改正		
			1	インドネシア，国民皆保険制度開始	6	ベトナム，改正企業所得税法施行（法人税率22%）		
			4	マレーシア，国営1MDB債務急増発覚，のちに不正流用も発覚				
			5	インドネシア，社会保険庁設置				
			5	インドネシア，未加工鉱石輸出禁止規制導入				
			5	タイ，憲法裁による閣僚解任，クーデターによりインラック失脚				
			6	フィリピン，インフラ・ロードマップ	8	ミャンマー，外国投資法施行細則制定		
			10	インドネシア，ジョコ政権成立	10	ミャンマー，外銀9行への営業許可		
2015	12	台湾，外国人雇用規制の緩和	8	マレーシア中銀，大規模為替介入			6	中国，アジア・インフラ銀行創設
			9	インドネシア，第一次経済政策パッケージ				
			12	ASEAN経済共同体発足				
2016					1	ベトナム，管理フロート制開始，法人所得税率引き下げ		
	5	台湾，蔡英文政権成立	6	フィリピン，ドゥテルテ政権成立	3	ミャンマー，スーチーを顧問とするティン政権成立		
					9	米国，対ミャンマー制裁解除		

出所：「東南アジア史略年表」石井米雄他監修『東南アジアを知る事典』平凡社，pp.472-479，渡辺利夫編『アジア経済読本』東洋経済新報社，外務省（http://www.mofa.go.jp/mofaj/area/asia.html），アジア経済研究所の「アジア動向データベース」（http://www.ide.go.jp/Japanese/Research/Region/Asia/Db/）ほか，より作成。

索　引

《**執筆者紹介**》（所属，執筆分担，執筆順，＊は編者）

＊三重野 文晴（京都大学東南アジア地域研究研究所教授，はしがき・序章・第9章・終章）

＊深川 由起子（早稲田大学政治経済学術院教授，はしがき・序章・第8章・終章）

東郷 賢（武蔵大学経済学部経済学科教授，第1章）

横田 一彦（早稲田大学商学学術院教授，第2章）

三浦 有史（日本総研調査部上席主任研究員，第3章）

木村 福成（慶應義塾大学経済学部教授，ERIAチーフエコノミスト，第4章）

安藤 光代（慶應義塾大学商学部教授，第4章）

熊谷 聡（日本貿易振興機構アジア経済研究所開発研究センター経済地理研究グループ長，第5章）

黒岩 郁雄（日本貿易振興機構アジア経済研究所開発研究センター上席主任調査研究員，第5章）

金京 拓司（神戸大学大学院経済学研究科教授，第6章）

奥田 英信（一橋大学大学院経済学研究科教授，第7章）

トラン・ヴァン・トゥ（早稲田大学社会科学総合学術院教授，第10章）

清水 一史（九州大学大学院経済学研究院教授，第11章）

《編著者紹介》

三重野文晴（みえの・ふみはる）

1969年　生まれ。
1999年　一橋大学大学院経済学研究科博士課程修了。博士（経済学）。
現　在　京都大学東南アジア地域研究研究所教授。
主　著　『金融システム改革と東南アジア──長期趨勢と企業金融の実証分析』勁草書房，2015年。
　　　　『新版 開発金融論』（共著）日本評論社，2010年。
　　　　『ミャンマー経済の新しい光』（共編著）勁草書房，2012年。

深川由起子（ふかがわ・ゆきこ）

1958年　生まれ。
1998年　早稲田大学大学院商学研究科博士後期課程満期退学。
現　在　早稲田大学政治経済学術院教授。
主　著　『韓国──ある産業発展の軌跡』日本貿易振興会，1989年。
　　　　『韓国・先進国経済論──成熟過程のミクロ分析』日本経済新聞社，1997年。
　　　　『国際協力──その新しい潮流 第3版』（共著）有斐閣，2016年。

シリーズ・現代の世界経済　第5巻
現代東アジア経済論

2017年10月30日　初版第1刷発行　　　　　　　　　〈検印省略〉

定価はカバーに
表示しています

編著者　　三重野　文　晴
　　　　　深　川　由起子
発行者　　杉　田　啓　三
印刷者　　藤　森　英　夫

発行所　株式会社　ミネルヴァ書房
607-8494　京都市山科区日ノ岡堤谷町1
電話代表　(075)581-5191
振替口座　01020-0-8076

© 三重野文晴・深川由起子, 2017　　　亜細亜印刷・藤沢製本

ISBN978-4-623-08079-3

Printed in Japan

ミネルヴァ書房

http://www.minervashobo.co.jp/